国家社会科学基金教育学青年课题"美国公立研究型大学非终身制教师聘用制度研究"（课题批准号：CDA170245）成果

江苏省高校哲学社会科学优秀创新团队（现代大学治理）建设项目资助

美国公立大学
非终身聘用制研究

张伟　著

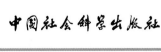
中国社会科学出版社

图书在版编目（CIP）数据

美国公立大学非终身聘用制研究／张伟著．—北京：中国社会科学
出版社，2022.11
ISBN 978 - 7 - 5227 - 0986 - 4

Ⅰ.①美…　Ⅱ.①张…　Ⅲ.①公立学校—高等学校—教师—
聘用—人事制度—研究—美国　Ⅳ.①G649.712

中国版本图书馆 CIP 数据核字(2022)第 205533 号

出 版 人	赵剑英
责任编辑	高　歌
责任校对	李　琳
责任印制	戴　宽

出　　版	中国社会科学出版社
社　　址	北京鼓楼西大街甲 158 号
邮　　编	100720
网　　址	http://www.csspw.cn
发 行 部	010 - 84083685
门 市 部	010 - 84029450
经　　销	新华书店及其他书店

印　　刷	北京明恒达印务有限公司
装　　订	廊坊市广阳区广增装订厂
版　　次	2022 年 11 月第 1 版
印　　次	2022 年 11 月第 1 次印刷

开　　本	710×1000　1/16
印　　张	16.75
插　　页	2
字　　数	263 千字
定　　价	89.00 元

前　言

已有的作品总会随着细节的累积和新的发现，逐渐蒙上尘埃，被历史所遗忘，我们总是需要对问题重新进行总体的检视，以便把所有新的、真实不虚的成功都综合起来。

——［法］马鲁《古典教育史》

历史事件在近距离看往往都是不合理的，但在远距离看又都是合理的。回望 20 世纪的教育场域，最令人惊异的或许就是以大学①为代表的高等教育机构的高歌猛进，这一进程不仅改变了人类社会的发展形态，也间接推动教育世界诸多改革的进行。20 世纪是教育的世纪，同样是大学的世纪，"作为一个教学和科研机构，一个为社会流动提供机会的机构，一个有专门技术和专业能力的机构，大学在现代社会中仍将发挥不可或缺的作用，在过去不到一个世纪的时间里，大学已经从一个虽小但精英荟萃的、完成有限教育使命的机构，变成了以知识为基础的社会的火车头。"② 作为大学的核心要素，教师群体在历次改革中往往处于尴尬的边缘角色，他们不是改革的热情参与者，却总是难以逃脱改革浪潮的波及，左右为难成为大学教师时代命运的缩影。这群"象牙塔"中的局外人如今正身处旋涡中，反思大学教师的境遇既恰逢其时，又刻不容缓。

---

① 本文将使用"高等教育机构""高等院校""高校""大学"等概念，为便于行文，这些概念在文中如不做特殊解释，一般是指"公立大学"；另外，本文中出现的"大学教授""大学教师""教师"等概念，如不做特殊说明，主要指"公立大学中的教师"。

② ［美］阿特巴赫：《比较高等教育：知识、大学与发展》，人民教育出版社教育室译，人民教育出版社 2000 年版，第 5 页。

　　大学教师正在经历外部世界的强烈冲击，曾经高贵的学术职业逐步呈现分层和分化的趋势，这种变化既是全球性的，也是整体性的，它是由学生需求波动、高等教育大众化兴起、公共预算下降以及营利性教育部门崛起所引发的。"高等教育既是国家的也是国际的，在学术的组织与管理上，国家不同，其形式也不尽相同，但其中有一重要因素却是共同的，这就是不仅学术有着共同的历史渊源，而且当前的势力也使得高等教育从来没有像现在这样受到全球化趋势的影响。"① 在全球化时代，大学制度改革成为一项世界性议题，而其中最复杂、最艰难同时也最为关键的内容就是教师聘用制度改革。作为大学的核心资源，教师的质量关乎大学办学的生命线，"能不能把优秀的人才吸引进教师队伍，能不能留住他们并最大限度地发挥他们的潜力，在很大程度上取决于教师任用制度的安排，任用制度把握的不仅是教师步入高校的'进口'，而且它还通过晋职、提升、报酬等塑造着教师的行为，从而影响高等教育的水平。"② 换言之，教师聘用制度既影响着教师的质量，也关系一国高等教育的发展前景，因此，对于大学教师聘用制度的研究便有着特殊意义。

　　无须讳言，成熟于 20 世纪中期的美国公立大学（特别是其中的研究型大学）是世界高等教育办学模式的典范，也是一项较为成功的制度创新。早在 20 世纪 70 年代，比较教育领域的代表性人物——菲利普·G. 阿特巴赫（Philip G. Altbach）就宣称："毫无疑问，高等教育规划者和其他人在规划他们自己国家的高等院校发展时，都经常把美国（研究型大学）看成是最贴切的模式。"③ 美国公立研究型大学是全球基础研究、科技创新和研究生教育等领域的领先者，它在许多方面都处于世界领先地位，因此被视为识别、孵化和支持学术人才发展的理想模型。美国公立大学在取得一系列令人赞叹成绩的同时，也面临着自身难以克服的困难（就像许多久负盛名、高度成功的公司遭受新技术和全球竞争的挑战一样），许多学校

---

　　① ［美］阿特巴赫：《高等教育变革的国际趋势》，蒋凯主译，北京大学出版社 2009 年版，第 134 页。

　　② 周文霞：《美国教授终身制及其对中国高校教师任用制度改革的启示》，《中国人民大学学报》2003 年第 5 期。

　　③ Philip G. Altbach, *Comparative Higher Education: Research Trends and Bibliography*, London: Mansell, 1979, p. 28.

自 20 世纪晚期以来便进入了改革的阵痛期——一些原先不愿面对、不愿提及、不愿思索的矛盾突然总体爆发，其中较为突出的一项便是美国公众对大学教师终身教职制度的不满——在以"自由""竞争""平等"为神圣原则的"新大陆"如何能够容忍这样一种充满"封闭""死板""特权"色彩的"铁饭碗"，废除终身教职成为充满力量的声音，"学术共同体正面临着恶化了的环境、减少了的自治、对额外补贴甚至对教师职位的传统作用的威胁。"① 这一境遇迫使人们必须重新审视大学教师角色。

就像许多生产设备会因为技术的发展而被迫淘汰或升级一样，大学教师聘用制度也需要以新的条件为基础而进行更新，为了保持教育的创造力和竞争力，大学不得不对以终身教职制度为代表的传统教师聘用制度进行改革。变革成为美国高等教育的共识，在此背景下，越来越多的非终身教职教师出现在原先由终身制教师占据的岗位上，根据美国国家教育数据统计中心（National Center for Education Statistics，NCES）2020 年 5 月发布的数据，从 1999—2000 学年到 2018—2019 学年，在实行终身教职制度的公立院校中，全职终身教职教师的占比下降了 9 个百分点；在私立非营利教育机构中，这一比例下降了 7 个百分点；而在私立营利性机构，这一比例下降了 65 个百分点；非终身教职教师的占所有教师的比例从 1999 年 43% 上升到 2018 年的 46%。② 非终身教职教师的涌现有着极为深刻的社会原因，并且也在一定程度上改变了高等教育的办学底色和发展方向。对于这一力量的崛起，美国学界褒贬不一，但总体上以质疑和否定为主，不过几乎所有的研究者都承认这一趋势在短期内无法得到逆转，随着美国社会逐步走向"封闭"与"保守"，可以预计，非终身教职制度将会成为美国各级各类高等教育机构普遍采用的聘用制度。鉴于美国高等教育在全球教育舞台上的影响力，其大学教师聘用制度的变化在一定程度上可能代表了这一领域未来一段时期内的演进方向，因此需要我们用比较的方法予以审视。

---

① ［美］阿特巴赫：《比较高等教育：知识、大学与发展》，人民教育出版社教育室译，人民教育出版社 2000 年版，第 123 页。

② National Center for Education Statistics. Characteristics of Postsecondary Faculty，https：//nces. ed. gov/programs/coe/indicator_ csc. asp. 2019 – 04 – 11.

　　比较是一种需要研究者运用审慎思考与分析来使用的工具，其特色在于"心"与"眼"的分离。科恩（Melvin L. Kohn）认为："不进行跨文化、跨国际比较，就无法断定从一国研究中得出的结论究竟是普遍性的规律，还是某一国家内特定的历史、文化或政治环境的产物。"① 尽管中美两国在政治制度、社会习俗与文化禀赋等方面存在差异，但在大学教师聘用制度方面上同样面临着传统模式难以为继的挑战，并且两者普遍选择用更为灵活的市场机制来打破铁饭碗一统天下的做法。对美国公立大学教师聘用制度的探讨从根本上是为了观照中国高等教育的发展现实，某种程度上说，非终身教职教师在美国公立大学中的崛起不啻为一场大学人事制度的"试验"，其结果不仅关乎美国大学的发展前景，也将会对包括中国在内的世界各国的大学教师聘用制度改革产生影响，我们寄希望于通过探究这一"他山之石"，能够为中国大学教师聘用制度改革提炼并贡献更多的"美玉"。

---

　　① Melvin L. Kohn, *Cross – national research in sociology*（*American Sociological Association Presidential Series*），Chicago：SAGE Publications，1989，p. 2.

目　　录

绪　　论

我们不仅生活在一个不确定的时代，同时也生活在一个流变的时代，这两种状态是相互作用的：流变导致不确定性，不确定性又增加了流变性，大学也不可避免地被卷入到这两种洪流之中。

——［英］兰德尔·柯伦《教育哲学指南》

"大学老师是一个古老而光荣的职业。"① 大学教师的聘用早在中世纪大学初创时就已经成为各方争论的焦点。1245 年，教皇格里高利九世（Gregory IX）为使其创办的图卢兹大学的毕业生能够在找工作时享有与巴黎大学、博洛尼亚大学的学生同等待遇，特颁布一则谕令：凡从本校获得任教资格的学者一律享有不需任何考核程序便可以直接在其他所有大学任教的权利，此后，普遍有效的教师任用资格就成为所有中世纪大学的本体功能，而无法获得教皇或君主谕令授予认证特权的学校便无法称为"大学"。② 自此，大学的特权就体现在能够授予学生普遍有效的教师任职资格，"教权神授"成为教师获得薪酬及其他特殊待遇的合法性来源，对任何一所大学来说，教师聘用兹事体大。

在中世纪大学中，个体想要成为一名大学教师，必须首先得到学者社团的认可，这一过程充满着风险并且常常伴随着挫败，"获得授权的教师关心的是要确保没有人能够在违背他们意愿的情况下成为他们的同

---

① Ashby, Eric, "A Hippocratic Oath for the Academic Profession", *Minerva* (1968): 64 – 66.
② ［英］拉斯达尔：《中世纪的欧洲大学——大学的起源》，崔延强等译，重庆大学出版社 2011 年版，第6—7 页。

事，这种方法一方面限制和阻止了竞争，同时又维护了对传统的尊重"①。当恃才傲物的阿伯拉尔（Pierre Abelard）来到苏瓦松主教会议上接受审判时，对其最为严重的指控就是他没有得到其他教师授权就自行开课（即"无师在场，任己成师"），这种大逆不道的行为被认为是打破了中世纪大学教师法团的习俗，是对神圣权威的侮辱。从中世纪大学开始，聘用教师便不仅是一个单纯的人员任用问题，而是涉及宗教信仰、历史传统、社会文化等维度的复杂问题，这种复杂性延续至今。

现代社会是一个由人组成的高度组织化的复杂网络，人是一切组织寻求发展所仰仗的最重要的资源，作为一个存在于现实世界中的社会组织，大学的发展过程中同样离不开人的设计与参与。大学是各种具有特殊权利的个体或团体所组成的利益共同体，正如剑桥大学前校长理查德·阿里森（Richard Allison）所说，大学是抽象的，而这里的人却是具体的，正是具体的人界定了大学。② 作为最重要的参与者，教师在大学中处于核心地位，在历次教育改革中总是占据重要性位置，如何协调大学与教师的关系，特别是整合制度与教师之间的关系就成为大学治理的一道绕不开的难题。对于大学教师聘用制度的探索，就是对推动大学发展最为能动、最为积极的要素进行的一种内在的、追本溯源的探讨。③ 换言之，关注大学改革，必须将焦点置于大学教师；关注教师，则必须以探讨教师聘用问题为基点

第一节　大学教师聘用制度改革：一项复杂的全球议题

"大学是一种独特的教育机构，它们有着共同的历史渊源，又深深地植根于各自所处的国家之中，现代大学处于社会的中心，在为日益增多的各类专业提供训练方面发挥了关键性的作用，与此同时，大学正面临

---

① ［法］涂尔干：《教育思想的演进》，李康译，商务印书馆 2016 年版，第 124 页。
② 周作宇：《论大学组织冲突》，《教育研究》2012 年第 9 期。
③ 缪榕楠：《大学教师任用制度研究》，博士学位论文，南京师范大学，2007 年，第 3 页。

着前所未有的挑战。"① 与中世纪大学相比，现代大学在功能定位和机制架构上更为复杂，它深受内外部因素的制约，并且自身与外界的边界已经不再泾渭分明，这使得人们对大学的认识也逐步陷入某种混乱，我们已经无法断言一件事情是外部事物而与大学无关，也不能宣称另一事情是大学的内部事务而不受外界干涉。正如比尔·雷丁斯（Bill Readings）所说："大学这一机构的更为广泛的社会角色现在可谓见仁见智、无一定论，大学在社会中究竟扮演什么角色，这个社会确切的性质何在，已不再是不证自明的事情。"② "冷战"结束之后，随着世界政治、经济、文化与外交格局的变化，大学的生存环境面临深层次的调整，其内外部各种制度像流水线上的产品一样，既不断被社会公众所重估与评判，也时刻面临着改革压力，"高等教育正在沿多个相互关联的维度发生重大变化，最重要的是资助模式、知识传递模式、机构和学科之间的等级制度、新型教授和学生以及学术治理，这些维度是众所周知的，并且它们在大多数国家中表现出一致性，通常与该国的经济发展水平无关"③。总体上看，现代大学已经深深嵌入社会发展进程之中，它是一个多元复合体，既极为重要，又极其复杂。

现代大学处在世界知识体系核心位置，这个体系包括技术、通讯及文化，大学是学问的主要中心，是汇集智慧的仓库，在以知识为基础的21世纪社会里，大学将一如既往地处于经济与文化发展的中心。④ 大学现代是社会进步和文化创新的源泉，教师则是大学最重要的成员之一，"教师质量是保持学校名望和地位的最重要因素，最优秀的教师才能吸引最优秀的学生，才能产生最高质量的研究成果，才能获得外界最多的

① ［美］阿特巴赫：《比较高等教育：知识、大学与发展》，人民教育出版社教育室译，人民教育出版社2000年版，第1页。

② ［加拿大］比尔·雷丁斯：《废墟中的大学》，郭军等译，北京大学出版社2008年版，第2页。

③ Stromquist, Nelly P., "The Professoriate: The Challenged Subject in US Higher Education", *Comparative Education* 53.1 (2017): 132 – 146.

④ ［美］阿特巴赫：《比较高等教育：知识、大学与发展》，人民教育出版社教育室译，人民教育出版社2000年版，第5页。

资助"①。如果没有一流的教师，一所大学便难以成功，甚至也不可能开展有效的活动，现代大学功能的发挥几乎都取决于自身与教师之间关系的制度性定位。传统上，大学教师与高等教育领域内的变革保持着若即若离的关系，然而近年来，这种"隔绝"状态正逐步被打破，以聘用制度改革为支点，大学教师正越来越深度嵌入由外部世界变化所引发的改革旋涡之中。对于任何一所大学而言，教师聘用制度都是极为重要的，"如果大学的理念是为人类创造知识、传授知识、传承人类文明、推动社会进步，那么，大学的教师队伍必须是由真正对研究和教学有特殊偏好，最具有使命感、责任心和创造力，最能做出原创性研究成果的学者组成，为此，大学必须有一个良好的治理结构，其中，教师的聘任和晋升制度是最重要的方面"②。对大学教师聘用制度的探讨既正当其时，又刻不容缓。

一 大学教师聘用制度改革成为世界性趋势

大学在现代社会处于知识生产的中心位置，以研究型大学为代表的现代高等教育机构对众多领域产生着深刻影响，"作为一个教学和科研机构，一个为社会流动提供机会的机构，一个有专门技术和专业能力的机构，大学在现代社会中仍将发挥不可或缺的作用，在过去不到一个世纪的时间里，大学已经从一个虽小但精英荟萃的、完成有限教育使命的机构，变成了以知识为基础的社会的火车头"③。教师作为大学最重要的人力资本要素，处于决定学校办学质量和发展水准的关键地位，"大学教师是大学的主要资源，是培养高级人才的人才，也是进行科学技术研究的基本力量，所以高质量的教师队伍是高等教育发展的基本要求"④。吊诡的是，高等教育影响力的提升却并不意味着整个大学的核心因素——教师群体——地位和身份的提高，相反，这一群体的地位近年来

---

① ［美］亨利·罗索夫斯基：《美国校园文化：学生·教授·管理》，谢宗仙、周灵芝、马宝兰译，山东人民出版社 1996 年版，第 22 页。

② 张维迎：《大学的逻辑》，北京大学出版社 2012 年版，第 6 页。

③ ［美］阿特巴赫：《比较高等教育：知识、大学与发展》，人民教育出版社教育室译，人民教育出版社 2000 年版，第 5 页。

④ 巴玺维：《日本大学的教师任期制》，华夏出版社 2007 年版，第 1 页。

在质疑声中逐步下降，教师聘用制度改革已经成为一种全球性现象。

20 世纪 90 年代以来，随着全球经济发展势头日趋放缓，各国普遍进入财政紧缩时期，这使得本已窘迫的大学办学经费更为紧张，许多学校不得不进行必要改革，"大学面临着预算问题、问责、学生注册形式变化等各种压力，学术聘任也在进行一些显著的变革，最重要的变化就是教学和研究职位的聘任方式的多样化，世界各国学术聘任变化的两大主要趋势就是兼职人员的增加；专职的、有固定任期时限的非终身职位的扩大或设立"①。由于经济衰退导致的资源萎缩，大学在保持学术质量和加快制度创新的同时开始调整资源投入重心，教师的发展普遍陷入困境，"高等教育的政治经济环境——不论是全球性的、地区性的、国家的，还是地方性的——都在变化，在高等教育里，编制上的选定、学术职业的任期以及专业人员的职工总数也都在被再次按照阶层划分，被调整，被再次成形"②。大学教师是一个庞大而又复杂的职业群体，在 21 世纪的教育世界中，他们面临着不断增强的压力——工作条件在恶化、传统上享有的学者权利在弱化、学术聘用的条件发生着前所未有的变化，对责任的需求、不断增进的科层化、财政困难以及学生构成的多样化等对教师的职业提出了挑战，财政因素与人口因素一起导致了这一职业的衰微。③ 在一些国家中，大学教师的聘用制度正在发生改变，正式岗位变得稀少，终身教职数量在下滑，许多大学都采用短期合同来代替传统的终身制与长聘制。

在一个预算紧张的时代，各国都在努力创造新的教师聘用模式（英国政府宣布逐步取消教师终身教职岗位，德国正式对"讲座制"教职进行改革，美国"职后评审制"的出现以及中国高校教师的去编制化改革等）。事实上，传统的终身制模式正逐步被非终身制教师扮演更重要角色的就职模式所取代，这一模式以追求绩效和强调竞争为特色，并通过

---

① ［美］阿特巴赫：《高等教育变革的国际趋势》，蒋凯主译，北京大学出版社 2009 年版，第 141 页。
② 王逢振主编：《美国大学批判》，天津人民出版社 2003 年版，第 73 页。
③ ［美］阿特巴赫：《比较高等教育：知识、大学与发展》，人民教育出版社教育室译，人民教育出版社 2000 年版，第 17 页。

各级管理部门的连续预算削减得以延续。总体上看，由于空缺职位越来越少而谋求者的数量越来与多，学术职业在各国都面临着改革的压力，"就学术就业市场而言，尽管不同国家之间存在着显著的差别，但没有哪个国家能够向初级教师提供充分的就业岗位，或者向高级教师提供晋升的机会"①。这些变化实质上在大学内部建立起一种新的隔离形式，将一个仍受保护的"终身核心"与一个可消耗的"脆弱边缘"对立起来，岌岌可危的学者充当了一个缓冲区，保护着更安全就业的学者，后者的相对安全性得到了临时和固定任期同事的有效支撑，这样一来，一些人（而不是所有人）的学术就业条件就被侵蚀了，另一些人的安全感则取决于其他人的不稳定，这些变化反映出全球范围内传统大学教师聘用制度将迎来新的挑战。

二　中国大学教师聘用制度改革面临艰巨挑战

教师聘用制度改革是一项世界性难题，"大学教师聘任制度是教师工作的'指挥棒'，对其角色认同和行为取向起着重要导向作用，它是大学办学理念的集中体现，还涉及社会对教师角色特性以及大学特性的认定，表达了公众对大学和教师在社会系统中的位置和作用的认识"②。大学教师聘用制度改革近年来在中国社会引发高度关注（如围绕武汉大学"双千计划"③引发的争论），围绕这一问题的讨论总是会成为知识界和舆论界的热点。作为一个高等教育后发国家，中国在推进大学教师聘用制度改革时面临着历史与现实、理论与实践、传统与革新等多重维度与性质的矛盾。正如刘献军所指出的，大学教师聘用制度在实施过程中要兼顾方方面面，因而在实施过程中会遇到诸多矛盾，需要处理多种多样的关系：学术目标与效益目标、学术人与社会人；学术管理与行政管理；单位所有制与契约制度；聘用合同的公法属性与私法属性；约束与激励；

---

① ［美］阿特巴赫：《高等教育变革的国际趋势》，蒋凯主译，北京大学出版社 2009 年版，第 136 页。

② 吴鹏：《学术职业与教师聘任》，中国海洋大学出版社 2005 年版，第 144 页。

③ 武汉大学校长窦贤康提出的办学目标，即"五年时间让学校国字号人才突破一千人，教职工总人数 5 年后整体减少一千人"，详见窦贤康《大学发展更重视质量，一流高校要培养新知识创造者》，《南方都市报》2022 年 3 月 9 日第 5 版。

流动与稳定等。① 尽管我们已经认识到教师聘用制度改革将是中国大学迈入世界一流大学的前提条件，但在改革的方向上却面临着诸多困惑。

中国大学教师聘用制度建基于计划经济体制之上，它以任命制为特色，强调以管理干部的形式管理教师——教师的任命、晋升和调配等工作都是行政主导。从 1986 年起，为创设人才快速成长的氛围，我国开始推进大学教师聘用制度改革，但受限于观念、利益与制度等方面的制约，这一改革并未达成既定目标，一些整体性、顽固性与根本性问题没有得到解决。21 世纪以后，政府推进大学教师聘用制度改革的步伐开始加快，"2000 年，国家人事部发布《关于进一步深化高等学校人事制度改革的实施意见》，提出破除职务终身制和人才单位所有制，按照'按需设岗、公开招聘、平等竞争、择优聘用、严格考核、合同管理'的原则在高校全面推行聘用制，2003 年初，华东师大率先推出了'终身教授聘任制'，高校聘用制逐步走向深化，由此也引发了关于教授终身制的讨论"②。自 2006 年起，为了适应事业单位岗位管理改革的时代风潮，大学开始深入推进人事制度改革，很多高校将目光投向了"人事代理"这种灵活的用人制度，旨在突破编制不足的困境，并探索能进能出的用人机制。③ 在这一时期，一些改革领跑者逐步引进美国的终身教职理念，对新入职教师实施以"非升即走"为特色的预聘——长聘制，这些制度在强化教师学术激励以及保障教师职业安全等方面产生了积极的影响，但也涌现出"科研大跃进""双轨制""青年教师幸福感下降"等乱象，"由于制度建设不健全，改革过程中存在聘任合约不明确、考核及晋升标准不合理、强调量化指标、考核受人为因素影响大、工资的合理性与定价偏差、解约困难等问题"④。总体上看，这一时期的大学教师聘用制度改革有了较为明确的方向，打破"铁饭碗"成为社会共识。

---

① 吴鹏：《学术职业与教师聘任》，中国海洋大学出版社 2005 年版，第 1 页。
② 周文霞：《美国教授终身制及其对中国高校教师任用制度改革的启示》，《中国人民大学学报》2003 年第 5 期。
③ 管培：《新论高校人事改革的方向和推进策略》，《北京大学教育评论》，2015 年第 1 期。
④ 王寰安：《高校实施教师聘任制的现状调查及政策建议》，《高等教育研究》2008 年第 2 期。

2018 年，中共中央和国务院共同出台《关于全面深化新时代教师队伍建设改革的意见》，其中明确提出："要积极探索实行高等学校人员总量管理，优化高等学校教师结构；推动高等学校教师职称制度改革，将评审权直接下放至高等学校，由高等学校自主组织职称评审、自主评价、按岗聘任；推行高等学校教师职务聘任制改革，加强聘期考核，准聘与长聘相结合，做到能上能下、能进能出。"① 这一文件为我国大学教师聘用制度改革指明了方向，也表明建立"预聘"与"长聘"相结合的教师聘用制度已成为政府和高校管理者的改革共识。2020 年，中共中央和国务院印发《深化新时代教育评价改革总体方案》，其中明确提出"要规范高校教师聘用和职称评聘条件设置，形成科学的选人用人理念""要科学合理确定岗位职责，坚持以岗定薪、按劳取酬、优劳优酬"等原则，这为未来中国大学教师聘用制度改革提供了清晰的改革思路。

"高素质、高质量的高校教师队伍，是高等教育发展的重要保障，高校教师聘用制度改革是提升高校教师队伍总体水平、增强高校教师职业吸引力的重要制度保证，作为高等教育制度的重要组成部分，高校教师聘用制度的改革与发展，在高等教育改革与发展中具有重要意义。"② 总体上看，教师聘用制度对于一所大学的发展起着至关重要的作用，它是国家、社会、高校、个体等多个主体共同参与、彼此角力的产物，也是保障教师个体良性发展和学校（甚至社会）整体有效运行的根本性制度安排，"中国大学教师聘任制度改革作为高等教育走向市场的一个重要表现之一，是社会需求的反应，也是高等教育从精英教育走向大众教育的必然产物，是确保大学质量得以满足社会需要而采取的必要措施"③。随着我国经济社会运行进入转型期，新一轮大学人事改革面临更高的要求：既需要解决更加迫切的现实问题，同时要

---

① 《中共中央 国务院关于全面深化新时代教师队伍建设改革的意见》，新华网，http://www.gov.cn/zhengce/2018 – 01/31/content_ 5262659. htm, 2020 – 11 – 4.

② 王英杰、刘宝存主编：《中国改革开放 30 年：高等教育卷》，北京师范大学出版社 2009 年版，第 167 页。

③ 吴鹏：《学术职业与教师聘任》，中国海洋大学出版社 2005 年版，第 131 页。

满足更长远和多元的未来需求。尽管大学教师聘用制度改革已经成为社会各界的共识，然而在"为何改""谁来改""如何改"等方面仍然存在一定的争议，一些深层次的体制性障碍还没有得到根本突破，改革仍面临艰巨挑战。

三　美国大学教师聘用制度改革引发关注

自 20 世纪中期以来，美国在高校数量上和高等教育办学质量上都遥遥领先于其他国家，同时不断拉大与其他国家之间的差距。在光彩夺目的发展成绩背后，美国高等教育实则暗潮流动，许多结构性矛盾正持续涌现，大学教师群体的矛盾处境是其中的典型代表，切尔德瑞斯（Herb Childress）对于这一现象曾有一段精彩总结："任何一所大学都是一个重要的商业组织，拥有光鲜亮丽的建筑和场地，在会计、餐饮和财政援助方面雇佣大量员工；矛盾之处在于，本应向年轻人提供的最重要的'商品'——教师——却成为最不稳定因素，由谁执教往往是最后一刻的临时决定；兼职教师、访问学者、博士后、实习教师等充斥着大学的每个角落，他们忍受着苛刻的待遇：临时签约、缺乏工作保障、少得可怜的津贴，而且常常没有任何福利。让我们简单总结一下：大学教师正成为一种临时工作。"① 上述评论是对美国大学教师生存现状的生动描绘，揭示出这一群体在高等教育普及化时代鲜为人知的发展困境。

自 20 世纪初期以来，终身教职制度一直是美国研究型大学教师聘用的主导模式，这一制度旨在为教师提供持续而受保护的就业机会，从而吸引有才华的青年人从事学术职业。随着高等教育发展环境的变化，终身教职制度弊端频现，它已不能充分满足复杂多样的教育需求，许多机构因此创设了形式灵活的非终身制教师岗位以满足特定的教学、研究和服务功能，"在过去的几十年中，美国高等教育领域的劳动力结构发生了显著变化，那种具有固定薪资的终身制职务，从而帮助个体牢固地扎

---

① Childress H. , *The Adjunct Underclass*: *How America's Colleges Betrayed Their Faculty*, *Their Students*, *and Their Mission*, Chicago: University of Chicago Press, 2019, p. 5.

根于中产阶级或中上层阶级的状况已越来越罕见,取而代之的大量临时岗位或非终身制教师的出现,他们普遍没有工作保障,并且收入微薄"①。美国大学教师聘用制度已经发生深刻变革(详情见图 0 - 1)。在没有证据表明这一趋势符合学生利益的情况下,以研究型大学为代表的美国高等教育机构仍然大量招聘非终身制教师,"1975 年,美国高校终身职和终身轨教师的比例尚占学术劳动力的 45% 左右,到 2015 年这一比例已降至 29% 左右,处于终身轨之内的教师已经从多数群体变成了位于金字塔顶端的少数精英群体,在过去 40 年里,美国学术劳动力的结构发生了巨大变化,全职终身教职减少了 26% ,全职非终身轨教师增长了 62% ,兼职教师则增长了 70% "②。非终身教职教师的涌现改变了传统的学术职业聘用格局。

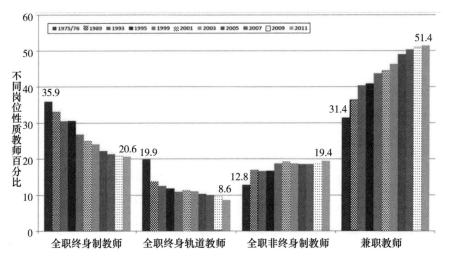

图 0 - 1 1975—2011 年美国高校教师聘用情况变化

资料来源:美国教育部官方网站,IPEDS 历年秋季员工调查。

① House Committee on Education and the Workforce Democratic Staff. A Staff Report Summarizing Forum Responses on the Working Conditions of Contingent Faculty in Higher Education, https://edlabor. house. gov/imo/media/doc/1. 24. 14 – AdjunctEforumReport. pdf. 2020 – 10 – 02.

② American Association of University Professors. Higher Education at a Crossroads, https://www. aaup. org/sites/ default / files/2015—16EconomicStatusReport. pdf. 2021 – 11 – 02.

　　非终身制教师最早出现在以社区学院为代表的教学型教育机构中，然而近年来这一趋势已蔓延到包括公立研究型大学在内的整个高等教育系统之中。根据美国教师联合会（American Federation of Teachers，AFT）在 2009 年的统计，"美国研究型大学中 63% 的教职员工不在任期内，其中 42% 是临时性的兼职教师，21% 是全职非终身教职员工，这些数字不包括研究生助理和博士后在校园教学和研究人员中所占的百分比"①。美国研究所（American Institutes for Research）在 2013 年对 20 所顶尖公立研究型大学的师资聘用状况进行了统计，发现有 16 所大学所聘用的非终身制教师的比重达到或超过 50%，其中华盛顿大学为 68%，密歇根大学为 61%，密苏里大学为 60%（详情见图 0-2），公立研究型大学已经和其他类型的高等教育机构一样，都在大量聘用非终身教职教师。按照芬克尔斯坦（Martin J. Finkelstein）等人的说法："一个新的时代正在向我们走来，高等教育中的学术人员配置正在以令人目眩的速度发生着深刻变化，仅仅是在美国高等教育模式和学术工作者角色的现有概念的边缘上修修补补的做法已经越来越过时，它们未能捕捉到不断升级的变化的范围和速度及其不可避免的深远影响，以前流行的模式正被彻底改变。"②

　　随着大学教师聘用制度改革力度的增强，大学中的兼职教师（Part-time Faculty）数量越来越多，非终身聘用的学术人员的比例越来越高，在过去的几十年里，美国高等教育的学术队伍已经从主要由全职、终身教职的教师组成转变为主要由临时、非终身教职的教师组成，在所有院校中，近三分之二的教职员工现在都脱离了终身教职轨道。总体上看，以终身教职为代表的传统教师聘用模式目前已不再是美国大学中的常态，"今天的大学环境看起来与 100 年、50 年甚至 25 年前的情况大不相同，在大多数院校，兼职的非终身教职员工不再是'附属品'——以辅助的

---

　　① American Federation of Teachers. American Academic：The State of the Higher Education Workforce 1997 - 2007，https：//www. aft. org/sites/default/files/aa_ highedworkforce0209. pdf. 2021 - 01 - 12.

　　② Finkelstein M.，Schuster J.，A New Higher Education：The "Next Model" Takes Shape，https：//origin-www. tiaainstitute. org/sites/default/files/presentations/2017 - 02/ahe_ nextmodel0411. pdf. 2020 - 03 - 11.

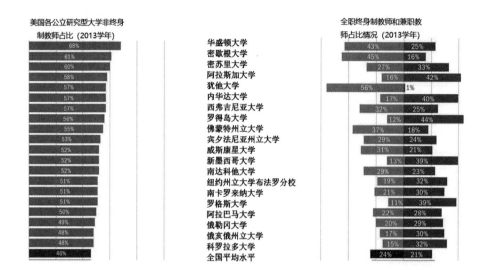

美国各公立研究型大学非终身
制教师占比（2013学年）　　　　　　　　　　　全职终身制教师和兼职教
　　　　　　　　　　　　　　　　　　　　　　师占比情况（2013学年）

大学	非终身制教师占比	全职终身制	兼职
华盛顿大学	68%	43%	25%
密歇根大学	61%	45%	16%
密苏里大学	60%	27%	33%
阿拉斯加大学	58%	16%	42%
犹他大学	57%	56%	1%
内华达大学	57%	17%	40%
西弗吉尼亚大学	57%	32%	25%
罗得岛大学	56%	12%	44%
佛蒙特州立大学	55%	37%	18%
宾夕法尼亚州立大学	53%	29%	24%
威斯康星大学	52%	31%	21%
新墨西哥大学	52%	13%	39%
南达科他大学	52%	29%	23%
纽约州立大学布法罗分校	51%	19%	32%
南卡罗来纳大学	51%	21%	30%
罗格斯大学	51%	11%	39%
阿拉巴马大学	50%	22%	28%
俄勒冈大学	49%	20%	29%
俄亥俄州立大学	48%	17%	30%
科罗拉多大学	48%	15%	32%
全国平均水平	46%	24%	21%

图 0 - 2　美国研究型大学非终身制教师比例（2013 学年）

资料来源：American Institutes for Research. The Shifting Academic Workforce：Where Are the Contingent Faculty?, https：//deltacostproject. org/sites/default/files/products/Shifting-Academic-Workforce-November-2016_ 0. pdf. 2021 - 05 - 21.

方式连接或添加到某个东西上，而是某个院校教学人员的重要组成部分，而且往往是其中的大多数，几乎每一位管理者都把他们描述为完成学院使命不可或缺的一部分"[1]。非终身教职制度在美国公立大学中的实施范围将会进一步扩大，"美国大学中的学术职业聘任方式正在迅速变化，它似乎注定会在不久的将来进一步偏向非终身任命。从职能和地位上讲，教授职位正变成一种独特而令人不安的存在"[2]。在上述背景下，如何妥善处理传统的学术自由理念与竞争性原则间的关系、如何在竞争基础上建设与终身教职制度相媲美的教师聘用制度、如何在新的聘用制度下吸引和保持优秀青年人才都成为摆在美国公立大学面前的挑战。

　　① Frontczak，Deirdre M.，"Adjuncts and the Chimera of Academic Freedom"，*Journal of Collective Bargaining in the Academy*，11. 1 (2020)：8.

　　② Jack H.，Schuster，Martin J.，Finkelstein,On the Brink：Assessing the Status of the American Faculty，https：//cshe. berkeley. edu/sites/default/files/publications/rop. schuster. 3. 07. pdf. 2020 - 12 - 12.

2016 年 3 月，美国大学教授协会（American Association of University Professors，AAUP）发布《处于十字路口的高等教育：2015—2016 年度教师经济状况报告》，该报告对美国大学教师聘用制度的现状进行了分析，明确指出美国高等教育目前正处于"十字路口"，即整个社会面临着"是要寻求短期利益而大量雇用兼职教师，还是面向长远目标而实现兼职教师向终身制教师的转制"的选择，一旦处置不当将会威胁美国高等教育的长期利益。比较研究是洞察世界的一面镜子，"美国拥有最大的学术职业群体，并且代表了世界上非常有声望的体系，这一事实证明了对美国的关注，了解该国当前的发展情况应该可以洞察可能影响其他系统的发展趋势"①。以公立研究型大学为代表的美国高校在世界上处于领先位置，它的改革动向对于其他国家的相关制度调整会产生一系列深远影响。大学教师聘用制度在中国同样是一个值得关注的焦点话题，本书希冀通过对美国相关问题的研究，从国际比较的视角为我国大学教师聘用制度改革提供经验借鉴和模式参考，以便我们及时采取措施，减轻改革带来的阵痛。

第二节　相关概念界定

布罗代尔（Fernand Braudel）提醒人们："社会科学的词汇几乎不可能有明确的定义，这并非是出于万物变化不居的缘故，而是由于大多数词语远非恒久不变，它们因作者而异地在我们眼前发展变化着。"② 历史学家的箴言提醒人们在触碰概念时必须小心翼翼，要认清个体认知的缺陷，同时也要对概念的能指与所指之间的误差保持足够的从容，因为所有定义本质上都是一种个体的自我定义，"每一种定义都把一个领域劈为两半：彼与此、内与外、我们与他们，每一种定义都最终宣告了一种

① Stromquist, Nelly P., "The Professoriate: The Challenged Subject in US Higher Education", *Comparative Education*, 53.1 (2017): 132 – 146.

② ［法］费尔南·布罗代尔：《文明史：人类五千年文明的传承与交流》，常绍民等译，中信出版社 2017 年版，第 3 页。

对立，这种对立的标志就是在界限的这边所存在的某一种特征，恰为界限之另一边所缺乏"①。秉持审慎态度，我们对下述概念做"个体性"界定。

一 公立大学与公立研究型大学

在美国，公立大学是指那些依附于所在州，并且明确是由当地纳税人所支持并由公共行政机构所管理的大学。公立大学的办学主体和实际管理者是州政府，学校代表着公共利益而不是仅为大学内部成员服务，其最高权力机构——董事会——往往是由州长任命或是当地民众选举产生。"与一般意义上我们所理解的管理关系就是上下级之间的垂直关系不同的是，美国绝大多数州与其所管理的公立大学都不是一种垂直关系，而是协调关系，这种独特的治理方式使美国公立研究型大学总能够在自律与他律、自治与问责之间获得适宜的生存环境和发展空间。"② 总体上看，美国公立和私立大学之间除在经费主要来源以及与各级政府关系方面存在着一些区别外，其他领域的差异正变得越来越小，在私立非营利性大学中，其科研经费的较大份额也是由各级政府拨款所组成的。③

"研究型大学"近年成为高等教育研究领域的热点问题，这个概念最早是由美国卡内基教学促进基金会（the Carnegie Foundation for the Advancement of Teaching）在《高等教育机构分类》中提出的，其理念源头可以追溯到19世纪创立的德国柏林大学："研究型大学的起源根植于政府与市场所导致的学术行为方式的变迁，德国的政府官员和市场代言人共同致力于对在其看来处于蒙昧状态的学术体制实施改革和现代化，通过他们的努力，学术实践开始发生官僚化和商业化，由此催生了研究型

---

① ［英］鲍曼:《立法者与阐释者：论现代性、后现代性与知识分子》，洪涛译，上海人民出版社2000年版，第9页。

② 谷贤林:《在自治与问责之间：美国公立研究型大学与州政府的关系》，《比较教育研究》2007年第10期。

③ 在美国公立高校的经费来源中，州政府的拨款一直是其重要组成部分，这就使得公立学校对来自本州的学生的学费一直持照顾原则，而私立学校的经费主要来源于学费和社会捐赠，因此它们不会对州内和州外的学生进行区别对待；另外，公立高校一般会受所在州和当地政府的管辖和约束，它们也应承担为本州和地区社会发展所服务的职责，私立高校则不受政府机构的直接管理，它们只需要向董事会负责，也不具有一定向所在地区服务的义务。

大学。"① 1876 年创立的约翰·霍普金斯大学（Johns Hopkins University）被视为美国研究型大学的代表，直到第二次世界大战结束后，当美国联邦决策者们转向顶尖大学寻求科学专门知识的时候，美国研究型大学才蓬勃兴起，并开始处于世界领先地位。② 王英杰认为："研究型大学对（美国）国家社会、经济和科学技术的发展起着重大的战略作用，它们的发展和改革影响着整个高等教育制度的发展与改革，同时也承担着培养高级人才的重大战略任务，是国家培养高级人才的战略基地。"③ 美国研究型大学已经成为影响世界高等教育发展与变革的重要力量，近半个世纪以来，全球高等教育领域的数次重大变革无不闪现研究型大学的身影。

对于"研究型大学"的界定，学界言人人殊，"研究型大学复杂如同大型联合企业、技术精密程度如同空间计划、离奇古怪如同中世纪的寺院、政治阴谋如同特罗洛普小说所描述，现代研究型大学是一种特殊的机构"④。阿特巴赫曾给"研究型大学"下了一个描述性定义："那些以密切关注科研生产为其部分使命，提供博士生教育，拥有开展研究所必需的基础设施（如图书馆、信息技术和实验室），聘任高素质的、经过严格挑选的学术人员（获得博士学位），维持适合开展研究活动的工作条件，并且尽可能地选拔最高素质的生源的高等院校就是研究型大学。"⑤ 一般认为，研究型大学是指那些以知识生产、传播和应用为使命，以培养高层次人才为目标、对地区与国家政治、经济和文化活动发挥重要影响的大学，这些学校通常规模较大，同时涉及众多学科领域，但有些研究型大学规模较小并且将力量集中于一些特色领域。研究型大学对一国的发展具有深远影响，其作用主要体现在思想理念、科学研究、

---

① ［美］克拉克：《象牙塔的变迁：学术卡里斯玛与研究性大学的起源》，徐震宇译，商务印书馆 2013 年版，第 1 页。

② ［美］格拉汉姆、戴蒙德：《美国研究型大学的兴起：战后年代的精英大学及其挑战者》，张斌贤等译，河北大学出版社 2008 年版，第 1 页。

③ 王英杰：《美国高等教育的发展与改革》，人民教育出版社 2001 年版，第 55—56 页。

④ Charles J. Clotfelter, *Buying the Best：Cost Escalation in Elite Higher Education*, Princeton：Princeton University Press, 1996, p. 20.

⑤ ［美］阿特巴赫：《高等教育变革的国际趋势》，蒋凯主译，北京大学出版社 2009 年版，第 74 页。

人才培养和技术创新等方面，部分学校的影响力甚至超越国界，成为其他国家学习和借鉴的模板。

在美国，衡量一所大学是否是研究型大学有三个基本标准：博士学位授予权、科研经费规模、科研成果水平，研究型大学一般都是美国大学联合会（Association of American University，AAU）① 的成员，同时也处于卡内基高等教育机构分类（Carnegie Classification of Institutions Higher Education）② 中的第一层次。研究型大学必须承担一定数量的政府委托的科学研究项目，必须培养出一定数量的达到最高学位层次的人才，如果说人才培养是所有高等教育机构的职能，那么科学研究则是研究型大学尤为突出、其他类型高等教育机构所无法与之比拟的职能。③ 研究型大学位于学术系统金字塔的顶端并且起着领头的作用，"它们支配着其他各类学校并决定课程模式和其他方面的发展，全面地看，现代研究型大学的主要职能是本科生教学、研究生教学、研究和专业培训，特别之处在于这些活动都不是孤立的"④。研究型大学对知识的创造和传播至关重要，它们不但居于科学、技术和新知识经济的中心，而且还直接参与全球性的交流与合作。

美国公立研究型大学是全世界公立大学的典范，也被视为"美国最重要的社会机构"，"公立研究型大学使得美国高等教育教学、知识和服务资源民主化，这些大学同样反映出一些珍贵的社会目标——通过教育获得升迁机会、通过科研取得进步并实现文化繁荣"⑤。美国公立研究型大学历史上很长一段时间内都依赖于州政府的资助，"在当代之前，它们几乎所有的收入都来自于各自州的立法机关，关于资金何时花费的指示经常随着这种支持而来，这些大学中有许多在运行方面拥有大量的自

---

① 美国大学协会于 1900 年产生，标志着研究型大学这一特殊群体正式被外界所认可。

② 美国卡内基教学促进基金会于 1970 年首次提出并定期修订《美国高等教育机构分类》，这为包括研究型大学在内的美国各类大学和学院提供了公认的分类标准。

③ 沈红：《美国研究型大学形成与发展》，华中理工大学出版社 1999 年版，第 2 页。

④ ［美］罗伯特·M.洛森茨维格、芭芭拉·特林顿：《研究型大学及其赞助者》，张斌贤等译，河北大学出版社 2008 年版，第 19 页。

⑤ ［美］詹姆斯·杜德斯达、弗瑞斯·沃马克：《美国公立大学的未来》，刘济良译，北京大学出版社 2006 年版，第 1 页。

主权，但是它们的视野极少超出州的边界"①。公立研究型大学一般拥有众多专业、系科甚至院所，它们常常是所在地区规模较大的顶尖院校，承担着人才培养与社会服务等多项职能，同时被认为能够对高等教育发挥领导和标杆作用。公立研究型大学在当今社会遭遇发展困境："与美国绝大多数其他形式的中学后教育机构一样，公立研究型大学面临着公共支持减少和财政压力增加的局面。这种压力是由一系列不同的问题导致的，过去的20年里，全国范围内的这些大学从州政府那里获取的资源和经费显著地下降，以前，几乎三分之二的公立研究型大学收入直接来自州政府，而如今这个比例降至不足三分之一。"② 为了更好地应对现实挑战，同时满足深度参与全球范围内的人才、资金和声望竞争的需求，美国公立研究型大学不断扩展自身功能的同时也对传统的制度和理念进行了革新。

二 学术职业

大学教师作为一种职业，因其与学术事务的复杂关联而被视为学术职业的典型代表。"学术职业"，英文为"Academic Profession"，其中 academic 原指古希腊哲学家柏拉图指导弟子探究学术的地方，后来引申为学术、理论、学者；profession 则是指具备某种特殊能力的专业或职业。按照现代语义学的解释，学术职业的涵义有广义和狭义之分：从广义看，所有从事学术活动并以学术事务作为获取生存资源与经济依靠的职业都是学术职业，而从事这类职业的人就是学者；从狭义上看，学术职业是指在高等院校从事学术研究并且以专业知识作为职业凭借的特殊职业，从这一维度上说，从事学术职业的人主要就是指专门从事学术研究和知识传播的大学教师。

学术职业从产生之时便与大学建立起千丝万缕的关系，"从中世纪欧洲大学的兴起来看，当时的大学就是学者们的行会，而当时的学者就相

---

① ［美］罗杰·盖格：《大学与市场的悖论》，郭建如、马林霞等译，北京大学出版社2013年版，第247页。

② ［美］刘易斯、赫恩：《美国公立研究型大学：为新时代公共利益服务》，杨克瑞、王晨译校，河北大学出版社2007年版，第1页。

当于我们现在的大学教师，他们在行会的维护下进行着对高深知识的探索、创新及传播工作，是一种专门化的学术工作，教师们从事的就是学术职业"①。自洪堡改革起，学科的制度化使得学术人在大学中的职业化发展成为一种现实制度安排，大学通过为学者提供良好的经济待遇、稳定的发展平台与优越的职业前景来选拔、保持并吸引优质师资，学者与大学之间的博弈与妥协催生出特点不同、性质迥异的教师聘用制度。按照尤金·赖斯（Eugene Rice）的说法，从事学术职业的人的特点是"其主要精力和生活重心是教学和研究、出于知识自身的目的追求知识、通过国内和国际专业协会建立声誉，职业回报和职业流动性随着职业者持续不断的强化专业化程度而增加。"② 作为教育者，大学教师承担着教书育人的职责，教育的神圣性和独立性赋予教师职业一定的特殊性，同时由于教育又是所在社会系统的子系统，大学教师必然受到外部社会世俗性的影响。

学术职业在西方社会历经动荡，从事学术职业的人的社会地位极不稳定，"学术职业是一种特殊的职业，大学教师是学术人和社会人的统一体，这从根本上决定了其劳动兼具一般劳动和学术劳动的双重特征"③。20 世纪以来，学术职业呈现出明显的中产化趋势，这既是源于高等教育大众化使得教师职业的地位不断提升，也是由于学术入职需要的教育培训越来越长，没有一定的家庭经济条件支撑恐难如愿。④ 第二次世界大战后的美国学术职业体系采用了德国的洪堡模式，这一模式将教学、研究以及专业服务整合到理想的典型学者角色中，从而塑造出现代大学教师这一特殊的学术职业范型，这一范型假定所有的大学教师（无论其所在领域或机构的隶属关系）都将其机构的所有主要职能整合到各自的职能中。

---

① 易静：《美国不同层类高校学术职业的分层研究》，博士学位论文，武汉理工大学，2010 年，第 3 页。

② Rice, R. Eugene, "The Academic Profession in Transition: Toward a New Social Fiction", *Teaching Sociology* (1986): 12 – 23.

③ 吴鹏：《学术职业与教师聘任》，中国海洋大学出版社 2005 年版，第 23 页。

④ 阎光才：《学术职业选择、阶层趣味与个人机遇》，《华东师范大学学报》（教育科学版）2017 年第 6 期。

　　大学教师所从事的学术职业与一般职业存在着根本性差异，"学术职业的源头可以追溯到苏格拉底和柏拉图以及他们将学术思想作为智慧来源的做法，普洛和麦基在 1958 年出版的《学术市场》或许是现代社会第一部专门研究学术职业和劳动力市场的人，他们把学术职业的兴起作为社会现象而关注，他们坚称'大学为社会组织的迷人标本，学术职业与众不同'"①。在威尔逊（Logan Wilson）看来，"每一个自认为文明的社会都有一类特殊的人，他们在被称为高等学府的大学中孤芳自赏，学院中的人以自己与普通人的不同而自鸣得意，外行也承认这一区别"②。按照郭丽君的说法，学术职业一般会有以下特征：一是探究性，学术需要对前人知识和思想有所传承有所发现，需要有思想的创新，学术需要对前人知识和理论有所继承有所发展，需要有理论的创造；二是自主性，在学术活动中始终处于主动的状态、自觉的状态，对自己工作领域的自主性支配成为他们精神统整的黏合剂；三是学科性，学者在分门别类的专业化工作中形成了各自的专业标准，分享着各自的学科文化，形成了各自的价值认同和情感归属，并且在这种相对统一的认知和操作规范的限定下，不同学科甚至分支学科各自所属的领域内，自发地形成了各自的以有影响力学者为核心的圈子。③ 尽管学术职业具有专业性和自主性等特征，但值得指出的是，学术职业的内部充满等级化和差异化，"教授职位的现代分化意味着我们每次用简单化的术语谈论大学教授时，都会直接欺骗自己和他人"④。换言之，以大学教师为代表的学术职业在其内部并不是一个平等或民主的团体，而是高度分化的，其中占据学术职业顶端的少部分人构成所谓的"学术精英"，他们掌握着学术话语权，具有较高的社会声望，绝大多数较低层次的职业成员组成学术金字塔的

---

　　① Baruch, Yehuda, and Douglas T. Hall, "The Academic Career: A Model for Future Careers in Other Sectors?", *Journal of vocational behavior* 64. 2（2004）: 241 – 262.

　　② Logan Wilson, *The Academic Man: A Study in the Sociology of a Profession*, New York: Oxford University Press, 1942, p. 3.

　　③ 郭丽君：《大学教师聘任制：基于学术职业视角的研究》，经济管理出版社 2007 年版，第 17—20 页。

　　④ Clark, Burton R., "The Academic Life: Small Worlds, Different Worlds", *Educational Researcher* 18. 5（1989）: 4 – 8.

底层，尽管他们并不一定在人身关系或权力结构上依附于学术精英，但其个人命运和学术发展仍然与后者存在关联，因此，各国学术职业领域都存在着底层学术职业群体向学术精英群体聚拢的现象。

现代大学中的学术职业是一个极为复杂的实体，"它比过去大得多，在文化和社会渊源上它更具有异质性，它更有活力、更容易激动、更善言辞、更没有礼貌、也更有政治性；今天的学术职业对社会要求更多，它想要更多的资源，它的成员中有数量上足以造成很大影响的人，想要更多的自由来做任何想做的事情"①。总体上看，学术职业是一种具有高度专业性和资格性要求的专门职业，假如一个人想要得到这一职业，就必须在某一专业领域内接受长时间培训，从而掌握这一领域的特殊技能和符号系统，进而通过各种正式与非正式的专业资格考核或认证。近年来，大学教师的自我认知和社会形象发生了深刻变化，"随着学校组织的日益庞大、复杂化，教师被界定为雇佣人员，他们的自治权有了全新的诠释，过去的教师单一角色研究被教师的多重角色研究所取代，人们对不同教师职位、不同学科专业、不同学校环境下的教师工作和学术生活的期待差别更大"②。

三　大学教师聘用制度

任何机构都是由处于不同岗位的人员所构成的，因此都会涉及人员的招募、组织、管理和解聘等问题，笼统地说，这就是所谓的人员任用制度。一般而言，根据机构和个体关系界定的不同，任用制度可分为选任制（如选举制度）、考任制（如科举体制）、委任制（如公务员制度）和聘用制（如合同制）等，由于职责和性质的不同，不同机构甚至同一机构内部都会存在着不同的人员任用制度。在现代社会，聘用制已经成为最为普遍的一种人员任用制度。聘用制，又称"聘用合同制"，是指用工单位通过合同或契约等正式约定的形式与个体建立用工关系的任用

---

① ［美］希尔斯：《学术的秩序——当代大学论文集》，李家永译，商务印书馆2007年版，第432页。

② ［美］冈伯特主编：《高等教育社会学》，朱志勇等译，北京大学出版社2013年版，第17页。

制度，聘用双方的责任、权利和义务都受合同约束，并且双方在法律地位上是平等的。聘用制在实践中较为灵活，双方可以在意见一致的基础上解除、续签或重签合同，聘用制包含一系列形态各异的制度形式，如长聘制（通常在十年以上）、短聘制（通常在一年以内）、试聘制（一般在半年之内）等。就全球范围来说，聘用制是各国普遍采用的针对专业技术人员、学者和科研工作者等群体的用人制度，美国大学普遍采用的终身教职制度在性质上属于聘用制，是一种特殊的长聘制。

　　一般来说，大学教师聘用制度是指教师和大学之间在平等自愿基础上通过签订聘用合同而确定双方之间的权利和义务关系的教师任用制度，其形式是大学与教师之间通过建立契约合同而建立关系，目的是实现教师资源的优化配置。教师聘用制度目前可划分为五个独立而又相互联系的部分：准入制度、考核制度、晋升制度、薪酬制度和退出制度。大学教师聘用制度相较于其他任用制度而言有其特殊性：第一，选择自主化，大学与教师是平等的法律主体，在签订合同和建立聘用关系时具有自主选择的权利，任何一方都不能强行将自身意志施加给对方，学校可以根据聘用合同做出续聘、解聘的决定，教师也可以根据合同选择辞聘；第二，形式合同化，聘用制下的教师不是通过行政任命上岗，而是与高校签订聘用合同，并且在合同中明确各自权利和义务，合同使得双方的权责都受法律保护，也为彼此纠纷的解决提供法律依据；第三，关系灵活化，大学与教师之间的聘用关系不是固定不变、形式单一的，而是灵活多样、形式丰富的，教师可以被一所大学聘用，也可以被多所机构同时聘用，大学可以选择全职聘用、兼职聘用，短期聘用或长期聘用。

　　在英文中，与大学教师聘用制度相关联的词汇有两个：Employment，即雇佣，是一种订立劳动契约的常见形式，主要指劳资双方签订定期聘用合同；Appointment，即任命，指由政府或其他行政机构任命个体担任某一职务。大学教师聘用制度兼有"雇佣"和"任命"两种意涵，从世界范围上看，大学教师聘用制度主要分为三种情况：定期合同制——雇佣性质，聘期一般为五年；职务终身制——任命性质，大学教师等同于国家公务人员；定期合同与职务终身合一制——雇佣和任命性质并存，经过考核后，教师可由合同制转任终身制。

　　学界目前针对"教师聘用制"的准确内涵存在着较为激烈的争论，刘献君认为，"教师聘任制是指在双向选择的基础上，以聘任合同的形式把岗位设置、任职资格、招聘过程、任用管理、争议处理等环节同学校和教师双方的责任、权利、义务组合而形成的教师管理和任用制度系统"①。郭丽君则将"教师聘任制"看成是一种"调整教师和大学之间工作关系的一系列教师管理和任用的制度安排，即通过聘用合同的形式把岗位设置、招聘过程、任用管理、解聘事由、薪资以及争议处理等环节同学校和教师双方的责任、权利、义务组合而成的规则系统"②。由于教师所代表的师资队伍被认为是一所大学最为重要的资源之一，因此，尽管存在着争议，但大学教师聘用制的一些关键性内容必须达成共识：首先，这是一种市场交换关系，这是指作为买方的大学依靠自身所能提供的待遇和福利到市场中进行购买和交换学术人员的知识、技能和经验，大学和学术人员是完全平等的市场主体；其次，教师聘用制是一种双向权力关系，双方一旦签订合约，大学就能够发挥对教师个体的组织、管理和协调作用，而教师也有权利要求大学履行合约所规定的各项义务；再次，教师在聘用制中的晋升需要经过严格考评，大学教师在相应职务上的晋升过程并非自然而然的，而是需要经过缓慢晋升的过程，其中则要经历严格的学术考评；最后，大学教师聘用制的目标是构建大学与教师之间合作共赢关系，学术职业不仅是一种谋生职业，也是富含精神层次涵义的一种志业，"学术聘任与晋升是大学教师职业生涯展开过程中最为核心的环节，因为聘任与晋升本身不仅代表了一种学术认可，而且在如美国、德国等国大学中，它更代表了一种身份地位、稳定的工作保障乃至薪酬待遇水平"③。大学教师聘用制不仅是要选拔和利用合格学术人才进入大学，同时也是建立大学与学者之间合作共赢关系的一种制度尝试，其目标是为大学组织的健康长远发展而服务。

---

　　① 刘献君：《我国高校教师聘任制的特点及实施策略选择》，《高等教育研究》2003 年第5 期。

　　② 郭丽君：《大学教师聘任制：基于学术职业视角的研究》，经济管理出版社 2007 年版，第 37 页。

　　③ 阎光才：《学术聘任制度及其政策风险》，《高等教育研究》2016 年第 5 期。

"大学教师聘任制作为学校人事管理的一种重要制度安排，既植根于历史发展的延绵脉络中，又深置于现实情境，在大学发展的不同历史阶段、在不同的国家、在不同层次不同类型的大学，其制度表现形态各异。"① 值得指出的是，由于大学正在从社会边缘走向中心，其正面临越来越大的外部压力，"这就要求大学逐步实行角色转换，大学职能的变化，市场力量的介入，将导致高等学校发生一定的分化，不同类型、不同层次的学校需要重新定位，高等教育的资源分配面临着重新洗牌，各大学之间面临着生源、资源、声誉的竞争"②。绩效考核成为大学不得不面临的日常挑战，受此影响，各国的大学教师聘用制度也逐渐受到竞争与效率原则的影响。

与源远流长的美国高等教育办学历程相比，大学教师聘用制度形成固定模式是较为晚近的事情，"从宏观上讲，美国整个高等教育具有非系统性的特征，其最大特色是始终处于一种创造性紊乱状态，但美国人通常对其学术系统的规模、多样性和复杂性觉得理所当然"③。当然这种"非系统性"和"紊乱"并不代表混乱和无序，其背后隐藏着较为深厚的社会秩序的积淀。美国大学普遍采用契约形式的用人制度，教师需要与学校签订标有双方权责界定的聘用约定，受市场主义思潮的影响，美国大学教师聘用制度极为多元，但总体上可分为终身聘用制和非终身聘用制两种任职形式。终身聘用制包括终身教职（tenure）和终身轨教职（tenure-track）两种形式，非终身聘用制的形式则复杂多样。对于终身聘用制教师而言，他们拥有晋升为终身正教授的渠道，这意味着教师能够获得长聘合约（甚至终身合约）的保护；而对非终身制教师来说，一旦合同期满或合同资助款用完就得另寻出路，这些教师几乎没有拿到终身教职的可能，更无法获得长期合约的保障。

---

① 郭丽君：《大学教师聘任制：基于学术职业视角的研究》，经济管理出版社 2007 年版，第 12 页。

② 刘献君：《我国高校教师聘任制的特点及实施策略选择》，《高等教育研究》2003 年第 5 期。

③ 刘爱生：《美国大学治理：结构、过程与人际关系》，中国社会科学出版社 2017 年版，第 179 页。

四　非终身教师聘用制度

非终身教师聘用制度是指那种大学与教师签订有固定期限的就业合同并同时约定双方不存在终身或长期聘用可能性的聘用制度。值得注意的是，非终身聘用制仅标定合约双方在是否终身聘用上达成否定共识，而并不涉及合同期限、是否全职等问题，"他们的聘任当中，不是在合同中清楚地载明终身任职不在他们的选择之内，就是他们所教的学术机构根本没有授予终身任职"①。换言之，一名教师以全职（full-time）长聘的形式入职，但这并不意味着其获得终身教职或者说已经进入终身轨道，而是要看在合同上双方是否约定此职位是终身制岗位。在本文中，非终身制教师（Non-Tenure-Track Faculty，NTTF）指的是那些没有获得终身任职或进入终身任职轨道但仍受高等教育机构（包括学校及其下属学院）雇佣并承担教学或研究职责的专业人员。

近年来，美国大学中的非终身制教师的数量持续增长，这一群体主要由兼职教师和全职非终身制教师所构成，实践教师和在线教师正在成为非终身制教师的重要组成部分。一般来说，非终身制教师涵盖全职和兼职两种任职类型，但并不包括研究生助理或其他学生雇员，在英文中，有一些词汇在指称意义上与非终身制教师存在相似性，如"合同教师"（contract faculty）、"临时教师"（contingent faculty）、"兼职教师"（part-time faculty）、"短时教师"（term-limited faculty）、"实践教授"（professors of practice）等。尽管全职非终身制教师被排除在受严格保护的终身制之外，但他们与兼职教师有所不同，这些人的薪水通常等同于终身制教师，同时合同期限年数较长，而兼职教师的薪水则较低，并且按课程或学期支付。

自 20 世纪中期以来，非终身制教师已成为美国各级各类高等教育机构中最常见的教师聘用类型，大学雇用了大量的此类教师来承担越来越多的工作，尽管这些教师显然是大学组织的一部分，但后者尚未制定政

---

① ［美］斯马特：《高等教育学》，吴娟等译，江苏教育出版社 2010 年版，第 305 页。

策和实践来解决他们的晋升、权利和角色问题。[①] 非终身聘用教师在大学中扮演着外围角色，他们通常只担负单一的职责。非终身制教师的来源极为广泛，既包括终身教职候选人、终身教职被拒者、又包括终身教职教师的配偶或伴侣员、退休人员或第二职业者。[②] 非终身制教师的内部成员之间同样存着在重大差异，"这些人之中有的拥有职业安全保障（如为期数年的工作合同），有的则完全没有任何保障；有的拥有高薪（与终身制教师的薪水相当），有的则收入微薄（相当于终身制教师同等工作量工资的四分之一）；有的是全职聘用，有的则是临时性招募；有的要承担繁重的教学任务，有的则和教学工作毫无关联；有的深受学校教职员工的欢迎，有的则被有意地回避或忽视。"[③] 总体上看，非终身制教师提供了许多维持大学基本运转的关键服务，他们作为一种新兴力量逐渐成为大学教师中重要组成部分，但其权益和地位始终未能达到令人满意的程度。

第三节　相关文献综述

以"美国大学聘用制度""非终身制教职""兼职教师""大学教师聘用制"等为关键词在国内外数据库中进行资料搜索和文献整理，能够发现相关文献呈现"直接资料较少，间接资料较多""当前资料较少，历史资料较多"与"学术资料较少，非学术资料较多"的特征。具体来说。

一　国内研究概述

国内学界对美国大学教师聘用制度的研究最早开始于 20 世纪 80 年

---

① Gappa J. M. , Austin A. E. , Trice A. G. , *Rethinking Faculty Work：Higher Education's Strategic Imperative*, New York：Jossey-Bass, 2007, p. 3.

② Roger G. Baldwin, Jay L. Chronister, *Teaching without Tenure：Policies and Practices for a New Era*, Baltimore：The Johns Hopkins University Press, 2001, p. 134.

③ Purcell, Mark. "Skilled, Cheap, and Desperate：Non-tenure-track Faculty and the Delusion of Meritocracy", *Antipode* 39. 1 (2007)：121 – 143.

代中期，1984 年由华东师范大学出版社发行的《国外高等学校教师聘任及晋升制度》是国内较早对这一问题进行研究的著作，该书详细介绍了同一时期美国高校教师的学衔、晋升和聘用情况，同时以哈佛大学和格林菲尔德社区学院为例，第一次展示了美国大学教师的招聘和晋升制度。[①] 国内文献中直接对美国公立研究型大学非终身制教师聘用制度进行研究的较少，并且尚未将其作为一个成熟的学术概念加以探讨。国内学者目前对美国大学教师聘用制度的研究主要集中于以下方面。

（一）对美国大学终身教职制度的研究

由于国内学界对于美国大学终身教职制度的普遍较为推崇，因此有关该制度的理论专著和学术论文可谓汗牛充栋。国内关于美国终身教职制度的探讨主要涉及这一制度的历史演变、运行程序、考核评估与现实意义等方面。在历史演变方面，徐辉指出 19 世纪以来的大学学术自由危机是终身教职制度形成的根本原因，其指导理念则可追溯到古希腊柏拉图时期的自由讲学与公开辩论；在运行程序方面，周作宇梳理了预备教师获得终身教职的考核步骤，并对终身教职教师的责任和权利进行了分析；在考核评估方面，周文霞等指出美国正不断加大对终身教职教师的职后评估，这一措施已在研究型大学中普遍存在，对于终身教职教师起到一定警示作用；在现实意义方面，李辉认为终身教职制度是学术自由等理念的制度保障，保护了大型教师探求真知的自由与独立，是美国高等教育成功的基础之一。

（二）对美国大学兼职教师群体的研究

国内学界已经开始对美国大学兼职教师群体展开一定研究，不过由于在概念界定上并不清晰，许多研究者对"兼职教师"概念的使用存在着内涵不清的情况——如将兼职教师等同于非终身制教师或将全职非终身制教师等同于终身教职教师等。目前国内研究的重点集中于美国大学招聘兼职教师的基本情况介绍与原因分析，同时也注意到兼职教师的使用对美国高等教育的影响。张伟认为，兼职教师崛起已成为当今美国高

---

① 陶遵谦主编：《国外高等学校教师聘任及晋升制度》，华东师范大学出版社 1984 年版，第 1 页。

等教育领域最重要的现象之一，政府导向、社会舆论、大学转型和个体选择是推动其迅速发展的现实因素；青帝指出兼职教师的快速流动影响了学校的长期发展，尽管提高兼职教师的整体待遇势在必行，然而限于大学面临的经济压力，这一改革短期内难以实现；翁舟峰、王冬梅、林曾、吴慧平等人梳理了美国兼职教师的分布构成、兴起原因和现实职能，指出其在教育质量、教师待遇、学术自由等领域引发的问题，并给出应对上述问题的对策；莫蕾钰从投入与产出的研究视角对美国公立研究型大学教师聘用制度的理论与实践情况进行了介绍，对非终身制教师与兼职教师在美国高等教育领域不同层面的投入产出效益进行了分析，不过这一研究很少涉及对非终身制教师聘用制度在理论层面的结构性矛盾的探讨。总体上看，有关美国大学兼职教师群体的研究并不充分，许多问题亟待探讨。

（三）对中国大学教师聘用制度的研究

国内有关我国大学教师聘用制度研究主要集中于其历史沿革、问题与挑战、解决途径等方面。在历史沿革方面，邓小林、郭丽君等人对中国大学教师聘用制度的历史进行了介绍，详细梳理了1986年来中国大学教师管理体制从任命制走向聘用制的历程；在问题与挑战方面，陈鹏等人从法学视角分析大学教师与高校间的关系，指出教师职称评定和职务聘用是相互独立的过程，不同的法律关系涉及不同法律适用途径，而聘用制度改革使得教师在整个职称评定的过程中陷入被动；杨学义等人认为我国大学师资配置存在问题，计划调配仍然是师资配置的主要方式，同时高层次学科缺少带头人、紧缺教师难以引进，这些因素都限制我国教师聘用制度的改革；在解决途径上，管培俊等人认为应该深化聘用制改革，将聘用制与大学教师绩效评估相结合，同时要保证评估程序的公开公众，重视评估结果的反馈。总体上说，对我国大学教师聘用制度的现有研究缺乏从国际比较的视野切入的研究理念，很少进行与其他国家教师聘用制度改革的实践相对比的尝试。

二 国外研究概述

国外对大学教师群体的研究起源较早，但聚焦于大学教师聘用制度的研究成果并不丰富。相较于其他国家来说，美国学者对于大学教师聘用制的关注与思考走在前列，相关研究成果也较为丰富和深入。美国社会学家凡勃伦（Thorstein Bunde Veblen）所著的《学与商的博弈：论美国高等教育》一书或许是最早对美国大学教师的职业发展和生存状况进行关注的作品。晚于凡勃伦的另一位社会学家罗根·威尔逊（Logan Wilson）在 1942 年出版了《学术人——对学术职业的社会学研究》，该书将焦点置于大学教师学术生活，其中有章节特别关注到教师的聘用制度。总体上看，国外学界有关美国大学非终身制教师聘用制度的研究已经取得较大进展，其关注热点主要集中在非终身制教师的使用效益、经济收入、教育政策和奖励机制等方面。

（一）对非终身制教师使用效益的研究

国外研究者对美国大学聘用非终身制教师的教学效益和使用价值问题极为关注。在教学效益上，由于非终身制教师在准入要求上低于终身制教师，同时也在教学时间与投入上存在缺陷，因此人们往往质疑非终身制教师的教学效果，雅各比（Jacoby, D.）等人的调查结果表明非终身制教师由于受到缺乏深造和学习机会、不愿与学生深入交流，同时由于缺乏职业经济安全，其教学效果和效率上的表现都低于终身制教师；在使用价值上，目前的研究表明非终身制教师在美国大学中所肩负的现实职责包括为学校提供临时性的教学支持、调整学校师资配置比例、增加教师个人及其家庭的经济收入、增强大学行政人员的权力与话语权等。

（二）对非终身制教师生存状况的研究

生存状况问题是国外研究大学非终身制教师的热点领域之一，国外研究者主要通过对非终身制教师的收入水平和工作条件的调查来分析这些教师所处的经济地位，同时呼吁应该提高非终身制教师群体的收入，缩小校园员工的经济差异。拉里（Larry Singleton）等人对路易斯安那州公立研究型大学系统中的非终身制教师和终身制教师的收入状况进行调研，发现大学对两者的职能有着清晰划分，这种划分也导致两者间存在巨大薪资差异，不过薪资差异在不同院校间的水平不同，后者与院校的财力和管理人员对非终身制教师的定位密切相关。美国学术劳动力联盟（Coalition on The Academic Workforce, CAW）曾对非终身制教师的工资待遇、医疗和养老保险等事项进行大规模问卷调查，结果显示许多非终身制教师面临福利无法普及、待遇较差的情况，并且与同校终身教职教师的差异正不断拉大。

（三）对非终身制教师政策设置的研究

部分研究者利用美国州教育管理机构、高校系统或大学出台的教师手册中的相关规定对非终身制教师聘用制度的政策安排进行了分析，相关研究表明，美国少数研究大学正在逐步完善非终身制教师的聘用制度，非终身制教师的合法权益尽管仍然难以得到充分保障，但在一些学校中已经得到提升。以美国教师协会（AFT）和美国教授联合会（AAUP）为代表的教师权益组织对非终身制教师聘用制度的政策制定与运行程序进行了大量基于调查基础之上的研究，这些研究既反映出非终身制教师聘用制度在美国社会的发展状况，也体现出教师权益组织对于保障非终身制教师正当权益的主张，并且也在一定程度上对大学的教师聘用制度产生了实际影响。

（四）对非终身制教师激励机制的研究

出于保护和改善非终身制教师的生存状况的考虑，有的研究者对于非终身制教师的激励机制进行了分析和探讨，认为激发日益庞大的非终身制教师群体的教学与科研热情是美国高等教育实现长期健康运行的关键。库里（Curry B.）等人提出要采取措施提升对非终身制教师的奖励，如要完善非终身制教师的管理机制，提升其组织融入感；院校领导应保护非终身制教师的学术自由权利；注重对非终身制教师工作绩效的认可，适当采用物质或精神嘉奖等。

三　已有研究评析

从国内研究来看，研究者对美国大学教师聘用制度的探索大多集中于对终身教职制度的引介和评析，对于非终身制教师聘用制度的探讨较少，即使有所涉猎，其选题也多数聚焦于对非终身制教师聘用制度发展状况的分析，较少对这一制度的兴起原因、运行模式、产生影响及启示等深层次问题进行探讨。具体来说，尽管已有学者开始注意到以兼职教师为代表的非聘用制教师的崛起，然而对其概念的厘定尚待精确，对美国公立研究型大学非终身制教师聘用制度的研究则多数局限于数据统计和现状分析等表层方面，既缺乏对非终身制教师聘用制度的兴起原因与运行模式的深层分析，也没有梳理这一制度所隐藏的矛盾与产生的影响。总体上看，国内对美国公立研究型大学非终身制教师聘用制度的探讨尚未真正展开，这一课题仍然具有较大的学术研究空间。

从国外研究来看，目前国外学界有关美国公立研究型大学非终身制教师聘用制度研究已经有了一批资料翔实、态度严谨、学识丰富的理论成果，特别是针对非终身制教师的政策与机制的研究可谓初具规模，这些成果能够为我们开展非终身制教师聘用制度的深层研究提供极具参考价值的文献资料，从而方便研究者开展后续研究；就其研究不足而言，绝大多数的国外相关研究是围绕着非终身制教师的待遇或教学效益等现实问题进行的，很少有人选择从制度规则及社会影响等较为宏观和系统的角度来探讨非终身制教师聘用制度的发展问题，同时现有研究较少对非终身制教师中的全职教师和兼职教师进行区分，这种笼统的处理方式忽视了两者的差异。总体上说，尽管国外对美国公立研究型大学非终身教师聘用制度研究已经取得一定成果，然而对这一问题的探索仍然尚待深化。

对大学及其相关事务的探索永无止境，而这些探索经常能带给人们意想不到的收获。"任何存在都有自己的开端和开创者，以及具备一定的先决条件，但没有所谓的'零时'，当研究者对显而易见的开端进行初步研究时，会发现更深层次的原因，随着研究的不断深入，迷雾被层层拨开。"[①] 美国公立大学是由在进化演变过程中所形成的自下而上治理的元素和在精心设计时就确立的自上而下治理的元素所组成的混合体，大学的这种体系和规范允许人们去进行系统和渐增的研究以更好地理解世界运作的方式。

---

① ［德］迈耶：《自由的文化：古希腊与欧洲的起源》，史国荣译，北京时代华文书局2015年版，第3页。

第一章　美国大学教师职业生态的演变

这些机构有它们的过去，过去是培育它们的土壤，赋予它们现在的意义，脱开过去对它们进行考察，势必会出现大量简单化理解甚至曲解；如果我们要了解它们究竟如何，由此我们又应该如何去应对它们，就不能光靠坐等闻听那些规定其相关形式、制定其组织方式的法律条款。

——［法］涂尔干《教育思想的演进》

法国学者涂尔干（Émile Durkheim）提醒人们，对历史的考察将会赋予我们感受力，这种新获得的感受力将对激情与偏向构成制衡，这样的话，这个问题将不再会陷入武断的过度简化，而会接受一种客观冷静的考察并全面展现它的复杂性。[1] 对于历史的考察很多时候能够为我们认识事物提供一种独特的视角，只有洞察历史，我们才能对当今社会的构成要素及其复杂关系进行准确的权衡和评价，"对适时的高等教育问题进行讨论是从历史开始的，而不是以历史而终止的，学院与大学都是历史地机构，历史遗产是大学的生命所在。"[2] 大学并非一成不变的教育机构，它每时每刻都与时代和社会进行着多层次、多维度、多方面的交流与互动，其结果就是大学能够不断适应新的环境，从而延续自身800余年的历史。想要理解美国公立大学非终身制教师聘用制度的发展，就必须有一种"长时段"的历史感，要从美国高等教育的整体发展历程着

---

① ［法］涂尔干：《教育思想的演进》，李康译，商务印书馆2016年版，第18页。
② ［美］塞林：《美国高等教育史》，孙益等译，北京大学出版社2014年版，第1页。

眼，探寻这一制度所托身的组织与文化土壤。

美国大学教师聘用制度的演进与其高等教育系统的发展密不可分，是随着后者的演化而逐渐丰富并完善起来的。与欧洲长达千年的大学发展历程相比，美国高等教育系统在三百年的时间里经历了一个从无到有、从弱到强、从落后到领先的过程，大学教师聘用制度在期间不断进行着改革与创新，从而使其逐步适应变革中的高等教育现实需求。伯顿·克拉克（Burton R. Clark）认为，学术职业在美国大学中经历了三次特征不同的发展阶段：殖民地时期的前学科与前专业阶段；19世纪的专业化上升阶段；1960年之后的后现代阶段。[①] 实际上，美国大学教师职业的发展既与克拉克所划分的三个阶段存在关联，又有所区别，从教师职业生态上看，主要存着在三个取向不同的发展时期：从17世纪早期到19世纪中期（美国内战前后）是痛苦的诞生期，这一时期大学教师受到神权和俗权的双重压制，艰难求生成为这一群体的常态；从19世纪中后期到20世纪中后期是繁荣的发展期，由于终身教职制度的出现，大学教师作为专业人的身份得以制度化，他们成为上层中产阶级的代表；从20世纪晚期以来，随着高等教育普及时代的到来，大学教师群体深刻卷入社会与教育改革进程之中，无论是何种类型的教师都在缓慢地适应新的形势，大学教师聘用制度正经历一个艰难的变革时期。

第一节　痛苦的诞生——"神—俗"笼罩下的求生者

美国高等教育是政治、经济与文化各领域相互激荡的产物，纵观其发展历程，高等教育在美国经历了从无到有、从少到多、从弱到强、从单一到多样、从借鉴到输出的成长过程。美国大学在当代的种种表现都有其历史根源，其中的许多方面可以追溯到19世纪后半期出现的研究型大学，其他方面则可以追溯到殖民地时期的学院，还有一些方面甚至根

---

① Burton R. Clark, *The Academic Life: Small Worlds, Different Worlds*, Lawrenceville: Carnegie Foundation for the Advancement of Teaching, 1987, p. 259.

源于欧洲中世纪大学。学术职业是大学发展的缩影,"美国学术职业的形成、确立和发展是与美国高等教育的发展紧密联系在一起的,同时,学术职业的发展也受到整个社会经济和政治发展的影响,学术职业是其所处的制度环境的产物"①。美国大学教师职业是伴随着殖民地学院的出现而逐渐兴起的,是在继承和发展欧洲大学传统后演进的,它建立在以英国为主导的欧洲殖民主义势力在新大陆持续拓张的基础上,因此在源头上便深受欧洲尤其是英国高等教育传统的影响。

值得指出的是,美国殖民地学院的领导者们并不满足于照搬外国办学模式和管理机制,而是在许多方面进行了本土化创新,"殖民地学院的开创性突出体现在它所形成的新的组织管理体制上,即由校外人士(所谓的外部局中人)组成的校务委员会担负学院的行政职责,而不像欧洲从中世纪沿袭下来的大学那样由教授会决定大学的重大事务,美国高校特定的历史文化背景孕育了特定的组织管理制度,其中自然包括教师聘用制度"②。除深受外部世俗力量的影响外,殖民地学院中的教师同样面临以新教各派系为代表的宗教力量的束缚,他们属于学院中的边缘人。

一 外行权威的确立

北美殖民地学院有着特殊的诞生背景,这些学院并不是殖民地本土文化与历史积淀的产物,而是外部力量殖民的结果,独特的生存环境造成了殖民地学院在办学理念和制度架构上的与众不同,"美国高等教育被各种历史性理论所塑造和影响,一方面是从西欧带来的模式和传统;另一方面是影响和改变这些移植来的高等教育机构发展的美国自身条件,在这两个基本因素的相互作用中,最为重要的是,伴随在各个时期美国生活里民主因素的增长,形成了真正独特的高等教育体制"③。在独立战

---

① 耿益群:《美国研究型大学学术职业的历史沿革及特点分析》,《比较教育研究》2008年第5期。

② 贾永堂:《坚守还是弱化终身教职制度——美国高校教师聘任制改革动向》,《高等教育研究》2008年第12期。

③ John Seiler Brubacher, Willis Rudy, *Higher Education in Transition: A History of American Colleges and Universities*, New Brunswick: Transaction Publishers, 1997, p. 3.

争之前，殖民地经历了一个学院或大学学院丰富多样的发展时期，这些学院的建立在某些方面有相似性，在另一些方面则有所不同，但最为明显的是没有一个至高无上的权力控制它们，这些高等教育机构的成立或是受到了公共权力机构的鼓励，或是受到了强大的私人赞助者的推动。[①]直到 19 世纪中叶，在美国高等教育领域占据主导地位的始终是规模较小、位于郊区、社会影响力不强的学院，它由来自社会各行业的外部力量掌控。

（一）新大陆的外来者

美国殖民地学院的产生与发展是世界高等教育史上一件值得探索的"大事"，在最初形成时期，这些学院普遍以同一时期的英国大学（及其学院）为学习模板，但与后者不同的是，美国历史上并没有学术精英掌控学校教育的传统，同时由于殖民地学院也不是由学者依靠自己力量所筹建，因此学院领导权自然而然地不属于教师群体，"十七和十八世纪的欧洲大学继承了富足的土地、房舍捐款、政府拨款以及无形的资源，而第一批美洲学院则是一些崭新的'人造物'，它们由一些小社团所建；世俗的管理委员会帮助掌握其有限资源并使其保持与全社会的接触，毕竟若无社会的支持就不会有任何学院"[②]。形成鲜明对比的是，在大学的诞生地——欧洲，作为学者的教师群体是先于大学而出现的，因此欧洲大学在中世纪时期就形成了教师群体占优势地位的"教师型大学"（如巴黎大学）；殖民地时期的美国，学院是先于教师群体出现的，"殖民地学院在创建初期除了校长之外，教师一般都是临时聘用的教士，他们不同于欧洲大学的教师，并不是专业化的学者社群，因而往往既无兴趣也无志于参与学院的管理与决策过程"[③]。不过，尽管殖民地学院的管理权不属于教师，但在日常事务管理中仍然难以避免欧洲大学传统的影响，事实上，第一批移居马萨诸塞殖民地的移民中大约有 130 人接受过大学

---

① 马万华主编：《多样性与领导力：马丁·特罗论美国高等教育和研究型大学》，教育科学出版社 2011 年版，第 4 页。

② ［美］布尔斯廷：《美国人：殖民地历程》，时殷弘等译，上海译文出版社 2009 年版，第 186 页。

③ 陈学飞：《美国高等教育发展史》，四川大学出版社 1989 年版，第 6 页。

培养，其中至少35人毕业于剑桥大学，他们按照母校办学模式建立了哈佛学院："美国那些初创教育体制的人，肯定不具有创立一个崭新的教育体制的想法和意图，实际上，他们是在往后看而不是向前看，他们最大的野心——如果可能的话——是对他们本人曾学习过的那类学校进行模仿或复制。"① 总体上看，美国殖民地学院广泛借鉴了欧洲大学的做法，并在此基础上形成了自己的"外部控制内部"的管理模式。

美国殖民地学院并不是自发形成的，而是由殖民地政府或教会创办的，因此在权力分配上形成重外轻内的传统，"从一开始，美国的高等教育机构就是由'外部势力'控制的：学校由国王或殖民地议会颁发特许状设立，学校经费由议会提供，校长和教师由董事会聘任，学校的管理根据特许状进行，这就形成了创办人具有主办权的惯例"②。随着社会的演进，以阿伯丁大学和爱丁堡大学为代表的苏格拉高等教育传统逐渐对美国高等教育的发展产生深远影响，殖民地学院全面沿用了苏格拉大学的外部董事会制度。传统的欧洲大学和学院基本上是学者自治的机构，美国人对于学院却有着不同的理解，"美国的学院应当是服务于社会种种目标的机构而不应当像牛津和剑桥大学那样成为民间的、工联主义的学者独占的领地，那类学校在实际中经常完全漠视社会的利益，并且缺乏进行自我改造的可能性"③。美国殖民地学院在出现之前并没有教师和学生等天然组织存在，内部核心层的缺失决定了殖民地学院必然受到外部力量制约，外部控制方式成为美国高等教育的重要特征之一，这与那些由教育行政机构或是学者行会所控制着欧洲大学存在很大差异。

殖民地学院形成的管理制度与欧洲传统大学的自治模式迥然有别，之所以有这种差异，原因是极为复杂的，但最重要的因素是学院并不具备维持独立或自治的经济条件，它们必须求助于其他社会力量的帮助，除了来自个人、家族和社区的捐赠外，所有的殖民地学院都得到了多种

---

① ［美］杜威：《杜威全集·晚期著作（1925—1953）》第六卷（1931—1932），马迅等译，华东师范大学出版社2014年版，第84页。
② 张斌贤主编：《美国高等教育史》（上），教育科学出版社2019年版，第3页。
③ 王保星：《殖民地时期美国高等教育发展的基本特征》，《清华大学教育研究》2000年第2期。

多样的公共资金支持，另外，想要正式开始运行，殖民地学院必须先从州政府获得一份特许状，"特许状明确地保留了殖民地政府在学院治理方面所扮演的角色，如在学院的董事会中直接安排殖民地的官员，或赋予法院和立法机关复查的权力"①。特许状的存在保障了学院是获得州政府委托后才开始运行，这种架构被视为保障公众托付被监控、社会普遍福利能够得以实现的最佳方式，"特许状制定了规章制度，并任命理事或董事，学院在州的赞助及支持下从事自身的活动，因为它们被看成是公众的信托者，致力于提高公众的普遍福利"②。到了19世纪初期，美国学院在经济上变得较为宽裕，不再过分依仗外部资源，但这种"外行主导"的模式已经形成高等教育办学的"传统"和"共识"，因此很难进行深层变革。

（二）外部董事会的初创

在17世纪早期，培养牧师和公职人员的需要迫使焦头烂额的殖民地当局不得不重视本土教育工作，创办高等教育机构成为社会各界的共同呼唤。"1636年，马萨诸塞州议会拨款400英镑给位于纽敦的新学院，第二年，约翰·哈佛牧师将自己的图书馆和其余房地产的一半价值（约800英镑）捐给这所学院，为了表示感谢，州议会决定将这所学院命名为哈佛学院，纽敦则改名为'剑桥'。"③到了1642年，哈佛学院将第一批文学学士学位授予9名男性青年，"1650年颁布的哈佛宪章正式确立了学校的法定地位，同时也规定了学校将由督学团认可下的校长、财务主管及其他的5个人组成的独立领导集体来管理，督学团最初是由州和教会的代表所构成，最终演化为由校友和校外成功人士共同组成的精英团体"④。马萨诸塞殖民地议会向哈佛学院签发的"特许状"（即"哈佛

---

① 马万华主编：《多样性与领导力：马丁·特罗论美国高等教育和研究型大学》，教育科学出版社2011年版，第6页。

② ［美］埃伦伯格主编：《美国的大学治理》，沈文钦等译，北京大学出版社2010年版，第127页。

③ ［美］纳尔逊·曼弗雷德·布莱克：《美国社会生活与思想史》，许季鸿等译，商务印书馆1994年版，第121页。

④ ［美］罗德斯：《创造未来：美国大学的作用》，王晓阳等译，清华大学出版社2007年版，第4页。

宪章"）中规定：学院董事会及其成员有权为学院聘用雇员并有义务发放工资，也有权利开除他们，在雇员去世或被开除之后，董事会有权另行聘用。

美国高等教育最初有一段摇摆不定的时期：一方面是外部的、非专业的统治者所要求的体系；另一方面则是由教员和研究生管理的英国式体系。① 早在哈佛学院创建之初，其创建者曾试图延续由学者掌控学院的英国传统，因此想要成立一种"院内"与"院外"双重管理体制，在这种体制架构下，学院的权力分为两部分，以理事会为代表的外部力量掌管学院最高权力，由校长和教员组成的院内力量掌握学院实际管理权力，全体教员是一个自治的集体，理事会对于学院内部组织的决定具有否决权，同时监管与学院发展相关的一切事务。"在哈佛学院和威廉·玛丽学院的早期管理中，曾有形成一种双重管理制度的迹象，据此全体教员在受制于一个校外团体的否决权的条件下管理学校。"② 然而受制于当时的时代氛围，人们不可能同意让一群学者既承担教学任务，又自己管理学院，这一制度最终未能延续下去，哈佛学院事实上确立了由不进行任何教育活动的牧师和世俗管理者组成的外行董事会进行集中管理的模式。

外部力量控制学院的模式是由殖民地学院所处时代的特性所决定的，不同于欧洲大学的行会性质，殖民地学院是由来自院外的人士，即牧师、法官和政府官员所创建的，马萨诸塞州议会于 1639 年同意成立董事会作为哈佛学院的管理机构，该董事会成员包括州长、副州长、殖民地财务总管以及 3 位地方法官和 6 位当地牧师，州议会直接任命了学院的第一任院长。③ 董事会制定学院的一切规章条例，享有聘用或解雇学院教师的权力，然而由于交通与时间等条件的制约，由校外人士组建的董事会成员很难长时期内对校内事务进行指导，因此实际的领导和管理工作慢

---

① ［美］杜威：《杜威全集·晚期著作（1925—1953）》第三卷（1927—1928），孙宁等译，华东师范大学出版社 2014 年版，第 210 页。

② ［美］布尔斯廷：《美国人：殖民地历程》，时殷弘等译，上海译文出版社 2009 年版，第 187 页。

③ ［美］亚瑟·科恩：《美国高等教育通史》，李子江译，北京大学出版社 2019 年版，第 38 页。

慢地向以校长为代表的学院内部管理者转移，马萨诸塞州当局在给哈佛学院颁发的特许状中，便授权学院成立新的行政管理机构——院务委员会（corporation），这一机构由校长、校财务主管和其他五位评议员组成，其成员实行终身制，拥有处置学院日常事务——如聘用教职人员、接受捐赠、使用学院印章、发起法律诉讼等的权力。值得指出的是，哈佛的院务委员会同样要接受校监委员会（即外行董事会）的监督，并且其成员是由后者所委任，这就是美国高等教育史上有名的"两院制"（掌权的仍是由院外人士组成的董事会），在这种体制下，院务委员会虽然拥有管理学院的所有必要的权力，但仍然需要接受外部董事会的监督，而且，新校长的委任权也掌握在外部董事会（即监事会）手中。[①] 哈佛学院成为外行董事会掌管学院的首次试验，管理哈佛的显然不是教师而是来自社会的力量，到 18 世纪中期，士绅们已主宰了这座学府。很长时间内，以哈佛学院为代表的殖民地学院的校长都不是董事会成员，对哈佛学院的校长来说，与董事会之间建立一种良性的互动关系极为重要，这是他能够获得支持力量的根本源泉，"因为当时没有其他人承担治理大学的任务，董事会责无旁贷地承担起了这一任务，但由于董事会成员都有各自的事务，他们只得任命一位校长，并且将学校的日常运营工作授权给他，在很长一段时间里，只要校长得到董事会的支持，便不会有人挑战他的权威"[②]。直到 19 世纪 60 年代，学院院长都是学校聘请的管理者，他们代表组成学院的法人董事会，后者对学院的各项事务的处置享有合法权益。

总体上看，"从一开始，知识分子自治行会的管理传统就未登上美洲大陆，外行董事会管理大学的学术体制才是美国大学的特征"[③]。美国的学院不会是学者们的自治行会，社会的代表们在学院里组成单一的理事会，合法地拥有并有效地控制着学校，理事会成员并非学校内部成员，

---

① 王保星：《殖民地时期美国高等教育发展的基本特征》，《清华大学教育研究》2000 年第 2 期。

② 马万华主编：《多样性与领导力：马丁·特罗论美国高等教育和研究型大学》，教育科学出版社 2011 年版，第 30 页。

③ 张宛：《美国大学教师职业生涯发展历程：知识分子视角下的历史考察》，科学出版社 2017 年版，第 106 页。

而是些牧师、官员、律师、医生和商人，美国高等教育管理的原型实际上建基于此，后来大多数由私人创办的院校都采用了这一制度。"美国殖民地学院的治理主要移植了英国大学的学术法人传统，但又存在一个重要差别：美国殖民地学院被认为肩负了服务公共利益的职能，因而应得到政府的法律承认，但它又不是政府的一部分，而是一个独立的实体，这种法人形式被当作一种治理手段，学校的管理权力被委托给了外行董事会。"① 一般而言，殖民地学院的校长会根据董事会的喜好而制定相应的行政策略，只要获得董事会信任，他可以在学院内做任何想做的事，这种外行主导的管理模式成为美国高等教育延续至今的传统。

（三）外部董事会的演进

"在美国，从历史起源上看，学院不仅接受宗教社团和个人的慈善捐助，而且接受殖民地政府的资助，使北美殖民地学院从一开始就在某种程度上具有公共性特征，但同时又相对独立于国家，这体现在学术法人和董事会这样的组织制度之中。"② 殖民地时期的董事会掌握着学院办学资源的分配，同时拥有人事任命的权力，而且能够对学院的各项规章制度进行调整，典型的殖民地学院的董事会是由无党派的上流社会成员组成的，"董事会在英国王室或殖民地议会特许后能拥有制定学院发展政策、任免教师、选聘院长以及管理学校资产等广泛的权力和责任"③。殖民地各学院的董事会尽管品质不同，但大多倾向于全面掌控学院事务，这成为后世私立大学董事会与公立大学校务委员会的模板。

在美国建国初期，美国学院的管理机制主要是有两种模式：一种是弗吉尼亚模式，大学董事会成员由州议会和州政府确定，董事会向州议会负责，拥有决定大学重要事务的权力；另一种是密歇根模式，大学董事会由选民直接产生，成为与州政府平行的机构，拥有与州议会同等的地位，大学董事会只对选民负责而不对州政府或州议会负责。④ 在学院行政机制建设方面，美国很早就确定了由校外力量管理大学的传统，不

① 顾建民等：《大学治理模式及其形成机理》，浙江大学出版社 2017 年版，第 4 页。
② 和震：《美国大学自治制度的形成与发展》，北京师范大学出版社 2008 年版，第 35 页。
③ 王春艳：《美国高校学术职业解读》，东南大学出版社 2012 年版，第 26 页。
④ 刘海峰、史静寰等：《高等教育史》，高等教育出版社 2010 年版，第 415 页。

少学院不但吸收社会力量、宗教势力与非宗教团体，也引进州政府与州议会的人员进入董事会。

美国学院在起源上属于私人的法人社团，它是由私人创建的，因此其在内部和外部事物的管理上并不完全受到政治力量的干预和影响，高等教育机构如同其他社会组织一样，是一个高度发达的科层组织，在这一组织（无论是社区学院、四年制文理学院还是研究型大学）的顶端都是董事会，美国大学的法人——董事会制度是一种充分体现大学学人自主权的多种形式的大学制度体系，而不是一种简单的制度模板，不同学校的董事会的职责和权力不同，其权限由批准成立该机构的特许状或章程所规定。一般来说，无论是私立还是公立，美国高校董事会一般拥有以下几种权力：一是选拔和任命校长，同时审核并任命校长推荐的学者和高级行政人员；二是决定学校发展的基本方向，审定学校的规划蓝图；三是决定学校经费和预算，监督学校各种资金的使用情况；四是审核学校出台的各项政策和章程，对外代表学校。① 在公立大学中，董事会成员通常会由州长或州议会直接任命，而在一些州，则是由州的公民投票选出，公立高校的董事会具有法人资格，但是要严格服从州定法律和管理程序，其权力和责任要和该州所设的高等教育委员会相协调。公立大学的董事会在州支持的预算内拥有广泛的权力，而私立大学的董事会则是由自我任命的，主要是由学校投资人或其代理人以及校友或知名捐助人等组成，其成员拥有较之公立院校同行更大的权力，无论是公立大学还是私立大学，董事会都是所有重大决策的制定者，"董事会成员代表广义的公众利益，负责校长的任命、大学任务和目标的审批、项目监督财政运转情况和校园良好的秩序；每一年，董事会授予校长权力，依据教师推荐授予学生学位。董事会审批所有新工程、新项目、新投资和终身职位的任命，并严格行使受信托人的责任"② 。美国大学董事会的法律地位实际上和公司董事会的法律地位一样，但前者更像一种非营利性组织的掌控者。

---

① 李春生：《比较教育管理》，江苏教育出版社 2008 年版，第 31 页。
② ［美］罗德斯：《创造未来：美国大学的作用》，王晓阳等译，清华大学出版社 2007 年版，第 253 页。

董事会通常会选择校长作为自身代表去处理大学的各项日常事务，在董事会成员绝大多数都是校外人士的情况下，校长的职责便十分关键。按照约定，大学校长应向董事会负责，"但他又要作为学校的代表向学校负责，他既是董事会成员又是学校代表，因此，校长有着非常特殊的地位和非常大的权力"①。校长作为一个大学中最重要的个体，其身上集合了数种身份，"作为一个教师中的一员，他领导其他教学人员，由于在许多情况下他可能被董事会免职，所以他从属于董事会，但由于他是最熟悉学院事务的人，所以他又是董事会的领导，在学校小规模的教职员中，他是领导者或老板，这取决于他自身的条件和凝聚力"②。一般而言，院外人士组成了董事会的主体，唯一的教师代表（校长）之所以能入选董事会，是因为后者需要其所提供的服务，"美国高等教育传统上一直拥有强有力的行政部门，学院和大学的校长由董事会任命而不是由教职员选举产生；高级管理人员如副校长和学院院长等由校长任命；高级管理人员控制着预算、学校规划机构和院校权力的其他杠杆"③。受董事会委托，校长对学院的各方面事务均负有管理责任，其工作的主要内容除授课外，就是管控学院纪律和维持学院财务正常运转。

总体上看，无论是自发建立还是通过获得外部特许状而建立，美国殖民地时期的学院都是以外行董事会作为权力核心而构建起来的，尽管在后来的演化中，教师群体获得一定的自治权，并且也参与课程制定和学生招收等事务，但他们除了作为象征性代表权外从来没有真正赢得管理权力。外行董事会管理模式在美国建国后仍得到普遍采用，陆续建立起来的州立大学尽管废除了教会对学院董事会的控制，但商人和政治家很快填补了神职人员退出的空位，大学的管理和以前的私立院校大同小异。公允地说，校长和学校内部人员一般会将注意力聚焦于追求自身利益，而外行董事会的存在则能够保障学校适应社会的需要，并且能应对

---

① 储朝晖：《理想大学》，北京师范大学出版社 2012 年版，第 10 页。
② Richard Hofstadter, *Academic Freedom in the Age of the College*, New York：Columbia University Press, 1969, p. 125.
③ ［美］阿特巴赫：《高等教育变革的国际趋势》，蒋凯主译，北京大学出版社 2009 年版，第 13 页。

生源市场和就业市场的变化，这在一定程度上符合学校的长远利益，长期上看，这种管理模式的确有助于维护学院自治与推动教育进步。

二 宗教力量的兴起

北美殖民地初创于 16 世纪早期，但直到 1607 年弗吉尼亚英属殖民地建立后，这块大陆才真正拉开建设序幕。教育在殖民地时期的美国具有特殊意义，最初来到新大陆的移民们把教育看成是仅次于宗教的、与土著民进行不懈战斗的重要武器，"我们在这片土地上，远离文明开化的世界，需要用最大的细心和努力坚持学习和有助于我们的教育的一切，以免堕落、野蛮、无知和无信仰逐渐地蚕食我们"①。为了发展教育，来自英国的移民团体在到达马萨诸塞海湾后投票决定要建立一所学院，并且将其视为"新英格兰所考虑的最佳之事"，"清教徒为学识和理性辩护，同时也非同寻常地厌恶无知，尤其是宗教信仰事务方面，他们之所以创办哈佛学院，是为了避免现今的牧者离世之后，教会的服侍陷入无知的境地"②。在这个充满动乱与冲突的时代，尽管与母邦距离遥远，但宗教作为一根无形纽带仍然牢固维系着殖民地团体内部的凝聚力，各种教会组织很快便充斥了新大陆的各个角落，它们对于殖民地学院的控制尤为严密。

（一）教会渗透下的学院

美国著名历史学者理查德·霍夫斯塔特（Richard Hofstadter）曾说："美国的殖民地学院是宗教守护的领地，这些学院没有拥有专业的和高级的系科和教员，严格地说它们是学院而不是大学。"③ 实际上，每一种变革都是在旧体制中孕育出来的，所有的新生事物也离不开原生土壤的培育，殖民地时期的教育由来自旧世界的教士所掌握，他们将教育看成是在移民中普及道德和纪律的工具，也是帮助美洲土著人接受西方文化

---

① ［美］克雷明：《美国教育史（殖民地时期的历程）》，周玉军等译，北京师范大学出版社 2003 年版，第 134 页。

② ［美］赖肯：《入世的清教徒》，杨征宇译，群言出版社 2011 年版，第 212 页。

③ Richard Hofstadter, *Academic Freedom in the Age of the College*, New York：Columbia University Press, 1969, p. 114.

与宗教的手段，"作为学者共同体，他们在'学校'一起学习神圣的文本和写评论，他们的读物成为面向大众的宗教教育的基础，在这个体系下，大学一开始是作为寻找关于上帝的知识的地方而组建的"①。殖民地学院在课程模式和师生关系等诸多领域都带有明显的教会学校色彩，它们强调学生的道德感、宗教感和智力的形成，同时由这一传统衍生出了教师代行家长的传统。

　　美国最有声望的大学的办学历史几乎都可以追溯到殖民地时期（公元 1600—1775 年），此时的宗教无论是在公共生活还是在私人生活中都占据主导地位。由于涉及人的精神世界，宗教力量极为重视教育权的掌控，弗雷德里克·鲁道夫（Frederick Rudolph）将殖民地学院称为"国家——教会学院"，认为"这一时期的学院是由政府和教会两种力量所共同管理和控制，教会力量起到中坚作用"②。17 世纪的新英格兰地区，教育的发展受到英国清教精神的刺激，这一地区的早期定居者将自身在欧洲接受的具有宗教色彩的教育经验移植到新的生存之地，"美国革命前共建立九所大学，这些学院最初均由不同教派创建，学校章程规定校董们大权独揽，由于校董属于终身制，因此各个教派能够牢牢掌握学校大权"③。由热心教徒创建的早期殖民地学院致力于向公众灌输所属宗教的信仰理念，"上帝将我们安全地带到新英格兰之后，我们建起了自己的房子，过上了自给自足的生活，搭起了敬奉上帝之所，组成了人民的政府；接下来我们渴望和追求的就是高深的学问，使它在我们的子孙后代中传递；这样，即使我们现在的牧师远离尘世，教堂中也不会只剩下文盲"④。依托学院完成侍奉上帝的使命成为这些边疆拓荒者们念兹在兹的精神寄托。

---

　　① ［美］阿罗诺维兹：《知识工厂：废除企业型大学并创建真正的高等教育》，周敬敬、郑跃平译，高等教育出版社 2012 年版，第 58 页。

　　② Frederick Rudolph, *The American College and University：A History*, New York：Knopf, 1962, p. 13.

　　③ ［美］纳尔逊·曼弗雷德·布莱克：《美国社会生活与思想史》，许季鸿等译，商务印书馆 1994 年版，第 421 页。

　　④ ［美］罗德斯：《创造未来：美国大学的作用》，王晓阳等译，清华大学出版社 2007 年版，第 4 页。

宗教是塑造殖民地时期美国高等教育样态的最重要力量，在美国独立前成立的九大学院中，除费城学院外都有教会背景（详见表1-1），各个教派通过制定办学章程、出台管理政策与掌控教学内容等手段来控制学院，校长和教师的聘用同样受到宗教力量的严格控制。对于一般的美国公众来说，殖民地学院更像是一个教会的分支机构，尽管学院看起来力量衰微，但却代表着基督和基督精神的地位与影响，因此是极具神圣性与庄严性的地方，"大学必须都充斥着宗教，后者必须掌控大学的真正氛围，对基督教创始人的普遍尊敬和对享有的特权或获得的利益的感恩不允许出现反对基督的声音，大学建立的基本原则不能从内部受到攻击"[①]。殖民地学院的教职员工有着普遍有着共同的信仰和使命感，其从事教育工作的目的在于造就一种特定类型的人，他们的品行与思想必须符合于所属教派的要求，"在旧时代的教派学院里，宗教正统曾经是检验一个学者是否能胜任其工作的重要标准，在很多地方，一个教授必须首先是一个属于合适的教派或者秉持恰当的神学信条的基督徒"[②]。从某种程度上说，殖民地学院就像一个严密的宗教共同体。

表1-1 九大殖民地学院宗教背景情况

原名	现用名	建立时间	所属教会
哈佛学院	哈佛大学	1636	清教徒
威廉玛丽学院	威廉玛丽学院	1693	国教会
耶鲁学院	耶鲁大学	1701	公理会
费城学院	宾夕法尼亚大学	1740	无派系
新泽西学院	普林斯顿大学	1746	长老会
罗德岛学院	布朗大学	1765	浸礼教
皇后学院	罗格斯大学	1766	荷兰改宗教会
达特茅斯学院	达特茅斯学院	1769	公理会

[①] George F. Magoun, "The Making of a Christian College", *Education II*, 1891 (1): 335 - 336.

[②] 哈佛燕京学社主编：《人文学与大学理念》，江苏教育出版社2007年版，第37页。

　　到了 19 世纪上半叶，伴随着"大觉醒运动"的出现，美国掀起了建立学院的风潮，这一时期创建学院的目的较为多元，但服务宗教仍然占据中心位置——人们一方面想把上帝的福音和拯救人类灵魂的机会带到边疆；另一方面又要抵制美国独立战争和启蒙运动催生出异端思想，更重要的动机则是为了扩展所属教派的势力。"即使是在美国革命和废除基督教为国教之后，宗教的需要和信仰依然继续塑造着美国的高等教育，学院的院长（本身就是牧师）既会综合大学课程，又必须维护基督教的思想体系，维护为创造良好社会而倡导宗教的必要性。"[1] 内战前的美国学院彼此之间竞争激烈，各个教派都对所掌控的学校实施严格的教派教育，教会对学院校长的选择极为慎重，超过十分之九的院长出自牧师群体，"学院根本不存在没有宗教信仰的校长，校长必须反映他所属教派的教义并为之服务"[2]。学院校长的权力和权威不是基于他的能力而是基于他的立场，"作为一个神职人员，校长的领导地位得到了教职员工和学生的认可，理事机构给予他广泛的自由，仅根据需要进行解释"[3]。通过对校长的掌控，各个教会实现了对学院办学宗旨与培养目标的控制。

　　独立革命以后，美国社会的世俗化进程不断加快，教会逐渐与政治分离，但却仍然牢牢掌控教育事务，并且开始对教育资源展开空前激烈的竞争。为了控制新出现的学院，教会努力在学校董事会中安排自身代表，殖民地时期宗教势力在学院建设和发展中的决定性地位被延续下来，教派捐赠或带有宗教利益条件的资助成为这一时期学院始终难以摆脱宗教束缚的关键因素。"南北战争之前，美国的学院与宗教机构有着千丝万缕的联系，它们更类似于教派组织，而不像提供高等教育的机构，学生在课堂内外的行为都受到严格约束，学生的行为准则都有详细的成文规定，教师的大部分精力用于执行这些规定。"[4] 在 19 世纪中期之前，学院的宗教色彩不可避免地影响了其对教师的选聘，尽管有的学院禁止

---

① ［美］麦克伦尼：《哲学·宗教学》，孙喆译，浙江大学出版社 2015 年版，第 57 页。

② George Schmidt, *The Old Time College President*, New York：Columbia University Press, 1930, p. 187.

③ Judith A. Rile. The Changing Role of The President in Higher Education, http：//newfoundations. com/OrgTheory/Rile721. html. 2017 - 01 - 12.

④ ［美］博克：《回归大学之道》，侯定凯等译，华东师范大学出版社 2012 年版，第 9 页。

对师生进行宗教审查，但信仰问题仍然在教师聘用过程中充当重要因素，学院在选择教师时优先考虑其教派倾向性，而不是以知识水平和专业能力为依据，一项针对 1800 年到 1860 年间哈佛学院、威廉玛丽学院等学校开展的调查发现，"35% 的教师是牧师，影响教师能否被聘用的决定性因素是他们的宗教派别而不是专业水平，长老会控制的迈阿密大学在 1831 年招聘的 3 位教授全部是长老会教会的神学家"①。教派的偏狭引发人们的广泛质疑，"它们倾向于让没有才能和学识的人担任我们最为重要的教学岗位，因为这些人被认为符合教派的条件"②。总体上看，直到 19 世纪中期美国的多数学院仍然以教会信条为办学理念，在实践中强调对学生心智的控制，死记硬背成为通行的学习方式，教师则扮演者训导员和监狱看守人的角色。

教会对学院的控制对美国高等教育的发展产生了极为深远的影响，尽管美国建国后教派势力对高等教育的影响有所减弱，但学院与教会长期以来形成的联系依旧存在，宗教势力对学院采取的控制与笼络策略破坏了学院正常秩序，也将宗教纷争所导致的混乱引入学校之中，使得美国在很长时期内都没有一所真正的大学。在密歇根大学校长塔潘（Henry Philip Tappan）看来，"就像演员不断改写剧本以迎合所有观众，结果却是任何观众的需求都不能得到满足，因为不同的教派有不同的利益和需求，就像不同的观众有不同的欣赏偏好一样，大学试图满足这种多样化且彼此存在纷争的宗教需求时，除了会使自己陷于混乱之外，不会得到任何好处"③。去宗教化成为美国高等教育发展的重要任务。

（二）培养有宗教感的公民

殖民地时期的学院几乎完全按照中世纪延续下来的宗教传统中来从事教育活动的，那时的人们相信："教学的目的一直是为了指明通往天堂之路，教育是一种权威，真理来源于上帝，个性或是创造性并非教育

---

① ［美］沃特·梅兹格：《美国大学时代的学术自由》，李子江等译，北京大学出版社 2010 年版，第 25 页。

② 刘爱生：《美国大学治理：结构、过程与人际关系》，中国社会科学出版社 2017 年版，第 194 页。

③ 张斌贤主编：《美国高等教育史》（上），教育科学出版社 2019 年版，第 320 页。

的目标，古典文学和《圣经》在整个殖民地时期的学院课程中占统治地位。"① 殖民地学院的管理权由各个教会所掌控，绝大多数的教师和管理人员是由牧师和神职人员所充任，教会代表则通过定期考核学生学习和理解《圣经》的程度来衡量教师的教学水平。殖民地学院的根本办学宗旨是培养所属教派发展需要的忠诚教士，"殖民地学院的首要培养目标是牧师，其次是培养虔诚、正直和受过良好教育的绅士，牧师职业是当时学院毕业生几乎唯一的选择，学院的课程也是为这一目标而制定的"②。学院的教育内容围绕宗教目标而展开，学术研究并不在其中占重要地位，"美国的学院在最初都是宗教机构，它们教给学生的有关人生目标和价值的东西，本身就是宗教教育的一部分"③。以哈佛学院为例，作为美国高等教育的开拓者，清教徒成立哈佛学院的目的在于培养专业神职人员和有教养的人（其他在殖民地时期成立的学院同样秉持类似目标），哈佛学院的创建者们将塑造学生的灵魂看成是学院的存在价值，认为学校的工作是要使学生具备与众不同的态度和气质，在哈佛学院的管理者看来，学院首先是一所养成学生良好品性的场所，学生们需要成为一个基督教绅士，他们当然可以从事牧师、律师和教师等职业，但关心生命的终极价值必须作为其唯一的目的。

在威廉·玛丽学院获批的特许状中，该校的教育目的被阐述为：为了实现我们虔诚的目的——使青年一代接受良好教育，养成虔诚品质，同时为了全能上帝的荣光，使基督信仰在西部印第安人中间得以传播，我们必须建立一个广泛的学习场所。④ 正如霍夫施塔特所言，早期的美国的学院和大学，与欧洲的不同，并非完全致力于获得知识，而是投身于对学生的道德培养，人们洋洋得意地将美国的学院描绘为意在培养品

---

① ［美］亚瑟·科恩：《美国高等教育通史》，李子江译，北京大学出版社 2019 年版，第 29 页。

② 王英杰：《美国高等教育的发展与改革》，人民教育出版社 2001 年版，第 160 页。

③ ［美］克龙曼：《教育的终结：大学何以放弃了对人生意义的追求》，诸惠芳译，北京大学出版社 2013 年版，第 31 页。

④ Richard Hofstadter, *American Higher Education*, *a Documentary History*, Chicago：The University of Chicago Press, 1961, p. 33.

格和教授合理原则，而非引人追求真理的地方。① 学院的办学目的是把那些出身于社会中上阶层的年轻人从浑浑噩噩的世俗生活中拯救出来，把他们培养出具有基督教精神的绅士和社会精英，因此极为重视培养学生的宗教感和使命感，"几乎所有这些学校都与宗教有些联系，而且他们把道德教育、品格发展作为大学教育最重要的使命，无论是展望未来还是回归宗教传统，大学始终强调教学和道德上的训导"②。"南北战争前的美国教育家根据真理一致性理念来建立学院，学院的首要目标是'教育青年，使他们的智力得到最充分的发展，使他们的道德和宗教本性得到最高尚的培育'，宗教的关注决定了高等教育的结构。"③ 为了达成培养学生良好德行的目的，早期学院对于教学做出了一系列细致的安排，"学生们被依其父母的出身或社会地位分别造册，全体学生均须住校，每日参加宗教礼拜，遵守校长和教师们制定的详细的规章制度，许多教育界要人认为这才是真正的大学教育，而不是那种职业生活的准备，行为、品德与性格要比学问更为重要"④。殖民地时期美国高等教育的发展继承了欧洲大陆尤其是英国学院的传统，强调为宗教利益服务，表现出鲜明的出世特征，这在学院的创设动机、学院职能及学院教学内容各方面均有表现。⑤ 总体上看，教会与世俗力量在美国早期学院中达成了某种和解，通过搭建教会和教育之间的联系，学院致力于造就基督教教士及养成一般民众的宗教信念。

在 19 世纪中期之前的美国，教育和神学是相辅相成的，教师属于神职人员——他们并不需要为教学活动进行特殊准备，只要学会读写就能进入学院去教授别人，"教师和学生共同生活于寄宿学校，教师不但承

---

① ［美］理查德·霍夫施塔特：《美国生活中的反智主义》，何博超译，译林出版社 2021年版，第 374 页。

② ［美］迈克尔·罗斯：《超越大学：博雅教育何以重要》，陈凤姣译，中国社会科学出版社 2017 年版，第 98 页。

③ ［美］罗宾：《现代大学的形成：知识变革与道德的边缘化》，尚九玉译，贵州教育出版社 2004 年版，第 23 页。

④ ［美］S. E. 佛罗斯特：《西方教育的历史和哲学基础》，吴元训等译，华夏出版社 1987年版，第 381—382 页。

⑤ 王保星：《殖民地时期美国高等教育发展的基本特征》，《清华大学教育研究》2000 年第 2 期。

担授课任务，更重要的是作为校董事会或校长的代理人按照宗教信条对学生的言行进行严格的道德监督"①。由于学院控制在由神职人员组成的理事会手中，因此学院中的教师基本上是标准的神职人员，教师们把对学生的道德监督当作他们的一项责任。直到美国内战结束之时，在那些最有声望的前殖民地学院中，院长仍然由神职人员所充任，并且他们要么反对改革，要么对改革模棱两可，学院的校长主要根据教师的道德品质来对其进行评价，而道德品质则是由宗教信仰所决定的，学术能力虽然并未被完全忽视，但也不是主要的评价因素。教师普遍采用教授与背诵法进行教学，尽管有人认为思维训练比学院学习的课程内容更重要，但公众普遍期待学院能够培养一种具有基督徒道德的优秀公民，"宗教应该在内心燃烧，在教师的脸上闪耀：它应该在我们的礼拜会上具有鲜活的力量，使得学生居住的房间具有神圣的气氛，在这些地方，对于宗教的重要思想，绝对不能出现任何不确定的声音"②。人们相信，由于学生大多正处于一种不安分的年纪，严格肃穆的学院氛围有利于塑造学生的道德品性，为此，殖民地学院广泛开设各种神学或宗教科目，并且其他科目的讲授也必须与基督教教义结合起来进行，从而保持学生思维和逻辑的一致性，学生除了要在课堂上学习督教教义外，还要掌握有关道德和宗教问题的正确观念和价值，同时必须参加各种宗教性活动，从而夯实自身对上帝的虔诚信仰。在某种程度上，殖民地学院充当着牧师的实践训练学校，它培养出大量的神职人员，许多人后来成为社区的精神领袖。以哈佛学院为例，该校的早期校长均为牧师，并且毕业生从事的职业也以牧师为主（详情见表1-2）。

表1-2　　　　哈佛大学1642—1689年毕业生从事职业分布

职业 ＼ 时间	1642—1658 年	1659—1677 年	1678—1689 年	合计
牧师	76	62	42	180

---

① 陈学飞：《美国高等教育发展史》，四川大学出版社 1989 年版，第 16 页。

② ［美］劳伦斯·维赛：《美国现代大学的崛起》，栾鸾译，北京大学出版社 2018 年版，第 24 页。

时间 职业	1642—1658 年	1659—1677 年	1678—1689 年	合计
公务员	13	17	12	42
医生	12	11	4	27
教师	1	8	4	13
商人	3	6	1	10

资料来源：吴军：《大学之路》（下），人民邮电出版社 2018 年版，第 330 页。

三 学院中的边缘人

北美殖民地时期的美国教育并未实现制度化建设和本土化改造，在不断"欧洲化"过程中，学院也没有形成固定的模式和统一的风格，这些都为我们了解这一时期的学院教师造成一定困难。总体上看，殖民地学院中的教师处于学院边缘人的角色，他们既受制于以董事会为代表社会力量的束缚，又不得不面临各种宗教力量的控制，同时教师自身对于所从事的职业也缺乏认同感，就像同一时期的许多职业一样，教师职业仍然处于前专业化时期，教师还没有完全成为专业化的学者，其角色和地位仍处于脆弱与模糊状态。

（一）权利微弱的雇员

想要理解历史上某一特定时期内大学教师的职业状况和聘用情况，就必须考察这一时期高等教育所处的生存环境。无论是早期的殖民地学院，还是独立战争后建立的州立学院（及其他类型的高等教育机构），这些学校都是由当地教会、议会、公司或其他社会力量而非知识群体创办的，换言之，与欧洲中世纪大学不同，美国社会是先有了学院，才有了教师，这就使得教师在美国高等教育源头处便处于边缘地位。"很长时间内，无论是法律文件还是机构传统，都不会忽视教师和学生的存在，但同样的，也都没有对教师和学生在高等教育机构中的地位、权利、与所在机构的法律关系做出明确的规定，与学院的校长和董事会相比，教师和学生无疑是长期被忽视的群体。"[1] 学院对于教师群体的忽视既有历

---

① 张斌贤主编：《美国高等教育史》（上），教育科学出版社 2019 年版，第 326 页。

史原因，也是现实制度架构安排的结果。

美国学院的管理架构是在殖民地时期形成的，其主要管理形式包括外行董事会与学术法人，它们之间的相互对抗与妥协构成了早期美国学院的权力分配格局。总体而言，以董事会为代表的外部力量有责任更有权利对学院内部事务进行干涉，教师在殖民地学院的日常管理的影响力极其微弱，"殖民地学院由院外人士，即当地牧师和地方官员所组成的董事会进行管理，教师只是雇员，扮演者教员和学生行为监护人的角色，是一个无法享有威信和特权、自助履行职责的团体"①。从 17 世纪早期学院出现开始，学院董事会和校长便把持着学院的管理大权，教师和学生一样在学院事务管理中没有话语权，教师在与董事会的关系中一直处于不利地位，"这一关系在 19 世纪早期达到最低点，那时殖民地学院后期形成的由校外人士组成的董事会管理学校的制度，逐步演化为由非官方的、爱管闲事的、常常是专横的董事会管理学校的管理体制"②。19 世纪中期之前的美国学院普遍处于家长式的专制统治之下，学校中的校长尽管承担教学任务，但其主要职责却是进行高压管理，实际上，早期学院的校长们之所以还能被后世所铭记，就是因为他们那独裁者般的管理风格。教师被视为以院长为代表的董事会的雇员，董事会常常以独裁的方式对待教师，学院的院长们专横跋扈、大权独揽，他们是学院管理机构的首领，并且把教师视为帮助自己完成工作的助手，校长不但有权决定课堂教学的内容、教师聘用与解聘，甚至还有权监督教师的私人生活。

"在整个殖民地时期，由董事会控制的学院权力格局不断受到教师不满的抗议和学者行会自治理念的挑战，但总体上看，殖民地学院时期教师的权力并未获得真正认可。"③ 实际上，自从哈佛学院诞生以来，教师群体为保护自身利益一直为获得正当权益人身份而斗争，但学院董事会和监事会始终对这一要求采取拒绝态度。在 1825 年，哈佛学院监事会通

---

① 刘爱生：《美国大学治理：结构、过程与人际关系》，中国社会科学出版社 2017 年版，第 193 页。

② ［美］沃特·梅兹格：《美国大学时代的学术自由》，李子江等译，北京大学出版社 2010 年版，第 31 页。

③ 和震：《美国大学自治制度的形成与发展》，北京师范大学出版社 2008 年版，第 80 页。

过投票做出如下决定："教师并不具有被选为董事会成员的权利；董事会成员并不因其不住校而丧失其职位；对未来选举问题的任何声明都不被支持。"① 与此同时，在随后公布的哈佛管理章程中，学院的权力格局被重新划分，教师被赋予以下权利：招生、维护纪律以及实施教学权，这在事实上承认了教师在学院内部权力分配中占据一定位次，但总体上所占有的权力有限。在 19 世纪中期之前的美国，学院教师几乎从不奢求能够获得欧洲同行那样的自治权，"他们也没有试图去改变学院的特许状制度，从而获得掌控学院的合法权力，英国教授所拥有的权力，如资金管理权、管理人员聘任权、预算制定与审批权等，美国学院教授们从来没有奢求获得这些权力，董事会也不会放松对这些权力的控制"②。

内战前的美国学院具有严重的家长制作风和专制主义倾向，学院坚守基督教信条，强调尊重传统权威，教师扮演着学生训导员和纪律规训者的角色，因此很难获得学生的拥护和公众的认同，"教师这一工作的地位在美国也比在其他地方要更低，而且远远低于美国的种种职业，当教师站在学生面前，作为理智生活及其回报的代表，他不知不觉中让这种生活表现得完全没有吸引力"③。内战爆发之时，美国大约有 250 所学院，"每所学院聘用的教师平均不到 24 人，其中大约一半是教师，后者还没有出现学术职务等级的分化，也没有监理不通的学院或学术团体，更谈不上教师的学术自由和学术自治"④。19 世纪中叶之前的学院时期，权力是由董事会掌握、由学院院长来运作的，外界根本不关心教师的遭遇，他们随时会因发表冒犯宗教或政治力量的言论而受到惩罚或解雇。学院往往面临着严重的经济困难，其办学条件是十分简陋的，"学院经常出现的情况是：要么有一幢大楼，但没有学生；要没有学生但没有大

① William Harold Cowley, *Presidents, Professors, and Trustees*, San Francisco: Jossey-Bass Publishers, 1980, p. 73.

② Merritt Chambers, Edward C. Elliott, *Charters and Basic Laws of Selected American Universities and Colleges*, New York: The Carnegie Foundation for the Advancement of Teaching, 1934, p. 289.

③ ［美］理查德·霍夫施塔特:《美国生活中的反智主义》，何博超译，译林出版社 2021 年版，第 379—380 页。

④ ［美］亚瑟·科恩:《美国高等教育通史》，李子江译，北京大学出版社 2019 年版，第 117 页。

楼；如果两者都有，那么就可能没办学资金或是没有教授；如果有教授，那么或许就没有管理者；如果有了校长，那么就会发现学校没有了教授”①。为了求得生存，学院不得不尽可能节约成本，由于教师资源的供应一直比较充分，因此能够获得的薪酬相当低，只要教师资源供过于求以及没有合同来保证薪酬的支付，学院就会靠剥削它们的员工生存下去。

学院时期的美国教师普遍面临窘迫的经济状况和糟糕的个人状态，“殖民地时期教师的薪水是极低的，指导教师的收入除了维持他们在任职期间的单身生活外，几乎没有任何结余，甚至入不敷出，他们的薪水不仅远远低于其他专业，而且在教师整个任职期间薪水实际上很少有增加的希望，这就使得学院难以招聘到有能力的青年来充任教师”②。殖民地时期教师的平均收入大约相当于熟练工匠的水平，远低于牧师、医生和律师等专门职业，他们缺乏律师或牧师具有的闲暇生活，往往需要等待多年才能获得一个学术空缺，由于薪水薄弱，一旦获得教职，许多教师不得不从事兼职工作，部分青年教师甚至以借贷来维持生计，“教师经济生活非常困顿，耶鲁大学的教授甚至其工资不足以让教授一家人维持体面生活，无奈之下，教授们只有四处兼职”③。困顿的生活状况让招聘和培训优秀教师变得颇为困难，“大学很难找到适合的教授，杰出人才基本不会被这一职业所吸引，工资太低，工作单调，也无法像其他职业那样能够获得提升的机会”④。很少有教师有能力成为学生的榜样，他们不仅对自己的理智生活全无要求，而且在知识和技能等领域也往往存在重大缺陷，师资水平的不足大大降低了殖民地学院的教育水平，据估计，大部分殖民地学院的毕业生的实际水平低于欧洲同一时期的文法学校。

（二）追求圣职的学徒

在 19 世纪中期之前，以董事会为代表的学院时期的领导层极为轻视

---

① Frederick Rudolph, *The American College and University：A History*, New York：Knopf, 1962, p. 44.

② 陈学飞：《美国高等教育发展史》，四川大学出版社 1989 年版，第 19 页。

③ 陈伟：《西方大学教师专业化》，北京大学出版社 2008 年版，第 114 页。

④ ［美］劳伦斯·维赛：《美国现代大学的崛起》，栾鸾译，北京大学出版社 2018 年版，第 6 页。

教师，教师处于权利弱势一方，"美国教师没有英国的研究助理所享有的那种经济和社会特权，也没有什么声望，他们是雇员，要随时准备被解雇，没有常规的提升的途径"①。教师也并不被视为一种专门性职业，教师自身几乎没有任何的职业意识，他们普遍把自身从事的工作看作是暂时的栖身之所，同时在寻找着更好的去处——牧师或教士，教师充当着圣职的"学徒工"，盼望着有朝一日能够顺利地摆脱教师职业的束缚，这一现象的背后有着复杂的社会和文化因素。

受殖民地特殊的社会环境的影响，神职工作在新大陆是一种帮助个体实现阶层跨越的职业，"专门职业者的出现影响了北美殖民地的社会结构，在所有的殖民地中，从最早的时候起，教士就一直受到人们的敬重，在新英格兰特别受到重视"②。具体来说，在殖民地时期的北美大陆，由于经济、社会发展水平的限制，这里并不存在复杂的社会劳动分工和职业划分，也很少有对职业的专业化，然而受长期以来宗教传统的影响，神职人员普遍的受教育程度比社会上的任何一个主要阶层都要高，牧师被认为是社会中的崇高职业，也是受过高等教育的年轻人努力追求的体面职业。与此同时，受传统教育观念的影响，接受高等教育被认为是加深对上帝和耶稣基督的认识的重要途径，学院则是对个体进行身心陶冶的场所，因此很少有人认为担任教师的人就必须受过专门训练，"在美国殖民地时期，甚至到 19 世纪初期，任何一个想成为教师的人，通常都能从一个地方神职人员或与宗教组织有联系的理事会那里获得许可而成为教师，没必要拥有中学或大学的文凭，只要能读、能写、会拼写并具备良好的道德品质，就可以到学校任教"③。在这种状况下，个体自然地就会把担任教师作为追求更高目标——神职——的跳板。

在殖民地学院中，校长是维持整个学院顺利运转的关键人物，他不但是行政管理机构的代表（甚至是唯一代表），也在事实上承担着多重身份与角色。"校长承担着教务长、办公室主任、图书馆管理员负责的

① 哈佛燕京学社主编：《人文学与大学理念》，江苏教育出版社 2007 年版，第 262 页。
② ［美］纳尔逊·曼弗雷德·布莱克：《美国社会生活与思想史》，许季鸿等译，商务印书馆 1994 年版，第 81 页。
③ ［美］奥恩斯坦：《教育基础》，苏娟译，江苏教育出版社 2013 年版，第 13 页。

全部工作，同时肩负着繁重的教学任务（后来只给高年级授课），他们不但要主持每天的礼拜仪式和周日的布道，还要不断寻找机会去筹集资金并保存学生档案"①。校长不但是一名真正的教师，同时也是一名教士，事实上，到独立战争结束之前，所有殖民地学院的校长和董事会成员几乎都是教士，教士是当时美国社会中最有文化和知识的一批人，学院必须由教士管理是社会的共识。在18世纪，成为一名学院助教（或导师）是部分接受过高等教育的男性青年维持生计的现实选择，这些人大多未婚，因此可以生活在学院中与学生同吃同住，学院也可以为他们提供担任神职所必需的硕士学位，但这些人的平均任职时间都极为短暂，一些有志于未来成为牧师的年轻男性承担着教学职责，教学被视为获取更重要职务的凭证之后即被抛弃的学徒期。"18世纪中期，哈佛学院的60多位导师中，后来有39位成为牧师，8位成为律师，只有3位继续在高等教育机构中工作；耶鲁学院的36位导师中有20位在后来担任了牧师。"② 那些任职时间较长的导师并不是因为其愿意待在学院中，而是因为暂时无法谋得神职职位。绝大多数学院教师期待着能够早日离职，从而摆脱困顿的生活状态，"在某些城市，牧师兼职教师，教师则兼职当地的杂役、市里的公告员或城中的书记，对于具备真正能力和品格的人来说，教师工作只不过是生涯中的一小站"③。事实上，美国学院一直充当着牧师的实践训练基地，由于神职人员的收入高于教师，并且享受较高的社会声望，因此在两者所要求的教育程度极为相似的前提下，教会不断把最优秀的人才吸引过去。

教师在19世纪之前的大部分时间里缺乏相对独立、自成体系的职业道路，"殖民地时期的美国教师地位反映了他们的活动与当时社会核心价值观之间的联系，也解释了由该联系的边缘性所投射的阴影，牧师占据一切事物的中心地位——居于所有虔敬事务的核心，教师近似于牧师

---

① 陈学飞：《美国高等教育发展史》，四川大学出版社1989年版，第9页。

② 张斌贤主编：《美国高等教育史》（上），教育科学出版社2019年版，第337页。

③ ［美］理查德·霍夫施塔特：《美国生活中的反智主义》，何博超译，译林出版社2021年版，第381页。

但毕竟不是牧师，只得靠边站"①。学院教师的生活充满着矛盾，"19 世纪中叶之前，美国教师的工资很低，工作不是铁饭碗，大多数教师从事这个工作的时间都不长，并且职位不是永久性的，而且常常没有受过培训，教师这个职业在美国很开放，任何人都可以毫无限制地进入"②。早期教师的边缘性地位在其所履行的职责、被选拔和督导的方式以及该职业的社会构成方面清晰可见，教学被许多人视为用来谋生的临时性工作，学院任职只是一个过渡期，"在学院任教职期间，很多教授依然保持着其他职业，近一半的教授认为学院教学只是自己的副业，相当数量的教授在从事教学工作的同时，也没有放弃自己的牧师或其他职业身份"③。总体上看，很少有学院教师会把在学院的任职作为一种终身职业来对待。

（三）混杂的身份认同

殖民地学院中的教师普遍面临着极为艰难的生存和发展困境，一方面他们的收入微薄，仅能支撑生活的温饱状态；另一方面其人数很少，因此无法组成有力量的同行团体。学院教师过着宗教式生活，但却并不是真正意义上的神职人员，他们的人格信念与精神追求源于宗教，却又不得不因条件限制而暂时性地进入世俗社会，与此同时，教师不得不始终面对来自外部力量的干预与控制，这种逼仄的生存环境极大地冲击了教师的身份认同。

到了 1650 年左右，学院作为一种社会组织已经被牢固地移植到北美大陆之上，这些学校最令人惊讶的地方在于其获得资助和支持的形式的多样化，这一时期的教师也像其执教的学校一样，水平参差不齐，对教师任职资格的要求也并不具体。教师在殖民地学院时期并不是一个专门化的职业，其非专业性的表征体现在"教学内容的非专业、学术职称结构单一、没有完整的职业发展生涯道路、没有形成自治的学术管理结构"④。事实上，学院教师的身份极为混杂，"在早期学院中，认为教师

---

① ［美］劳蒂：《学校教师的社会学研究》，饶从满等译，人民教育出版社 2011 年版，第 9 页。

② ［英］格林：《教育与国家形成：英、法、美教育体系起源之比较》，王春华译，教育科学出版社 2004 年版，第 30 页。

③ 张斌贤主编：《美国高等教育史》（上），教育科学出版社 2019 年版，第 338 页。

④ 王春艳：《美国高校学术职业解读》，东南大学出版社 2012 年版，第 15 页。

是种职业的观念在不同时期逐渐发展，但是没有一个学院认同欧洲学院
的观念，认为教师是一个享有威信和特权、自助履行职责的法人团
队"①。学院教师普遍扮演着教员和学生监护人两种角色，但他们的工资
较低，与律师或医生等群体是因提供服务而希望得到较高报酬不同，教
师更像是投身宗教事业的志愿者，"学院教授通常对真正的大学没有切
近的观察体验；他们对大学研究和教学的内容和方法几乎毫无所知，恐
怕只是从一些浮泛地谈论大学的书籍文章中获得一鳞半爪；他们是美国
学院的独特产物，是一种处于预备高中教师和大学教授之间的混合
物——但他们作为前者的成分太多而无法成为后者，而作为后者的成分
也多到无法屈尊成为前者的程度，所以他们确实无法形成，也不能属于
一个真正科学的教育体系的等级序列"②。殖民地时期的学院中的教师多
数并非职业化的专业人员，"在 18 世纪中叶之前，美国学院很少有专职
教师，直到 18 世纪后半叶，学院的短期导师才被很少数的核心'永久'
教师所补充，19 世纪中期，专职教师的比例才开始多于临时教师"③。美
国人对于教育的热情从来没有强烈到让自己倾向于支持教师，在教师成
为一个自治的专业团队之前，美国学院的管理模式已经颇为固定，"到
了高等教育形成具有内部等级的教师职位制度，并开始重视学术研究时，
已经为时过晚，教授会获得了聘用教授和决定课程的权力，但却从来没
有获得分配资金、管理学院甚至是决定是否录取学生的权力，他们没有
像中世纪行会那样成为自治的团体，甚至也没有取得美国其他专业组织
所具有的地位"④。教师缺乏律师或牧师等职业的怡然自得，他们一般需
要等待一个空缺位置，并且不是因为自身的学术才能而是因为对宗教的
忠诚或是个人的社交关系才有可能得到这个空缺。那些少数能够得到空

① ［美］亚瑟·科恩：《美国高等教育通史》，李子江译，北京大学出版社 2019 年版，第
27 页。
② John W. Burgess, *Reminiscences of an American Scholar*：*The Beginnings of Columbia Universi-ty*，New York：Columbia University Press，1934，p.350.
③ Martin J. Finkelstein, *The American Academic Profession*：*A Synthesis of Social Scientific Inquiry since World War II*，Columbus：Ohio State University Press，1984，p.10.
④ ［美］亚瑟·科恩：《美国高等教育通史》，李子江译，北京大学出版社 2019 年版，第
81 页。

缺的人日子也绝非高枕无忧，他们的工作单调乏味，薪水微薄并且很难获得世人的尊重。

美国社会素来缺乏欧洲那种将大学教师神圣化或权威化的文化观念，19世纪的美国学院在组织文化上普遍具有两种显著特征：一是不同的研究分支之间并不存在泾渭分明的区分，它是以人事逻辑而不是以专业逻辑组成的；二是行政部门与教学部门也没有重大区别。由于课程和教学计划基本上是相同的，那么教师就被认为都是"全能型"，"南北战争前的学院的教授是万金油式的，他们能胜任在任何年级教从拉丁语到自然科学的任何学科；学院的行政人员也是这样，他们也是教学团队中的成员；教学人员与行政人员之间的区别，我们现在认为是理所当然的，但当时并不存在；在南北战争前，大部分学院实际上只有一位专职的行政管理人员——校长，他不仅要进行教学，而且往往是教授会中最有影响的教师，负责教授作为学生学院经历顶峰的四年级课程，甚至在19世纪末在许多学校中还保持着这样的情况"①。教师在学科方面没有专业化，所有教师都是所谓的通才，因此做着相似的工作，教学活动比较自由，教师对于学科的忠诚不像后世一样超越对于学院的忠诚。

殖民地学院时期的学校管理人员实际上只有一位是专职——即校长，他不仅仍要承担教学任务，甚至所承担的课程往往还是最重要的毕业班课程，在长达150多年的漫长岁月里，美国高等教育主要靠校长和年轻的导师来维持。学术职业在当时没能实现专业化，是由诸多因素共同作用的结果，"美国早期学院依照英国大学模式建立，员工主要由助教组成，不仅承担教学任务，也负责学生的监护工作，但由于教师都是刚刚毕业、等待牧师职位空缺的学生，再加上薪水微薄没有足够的吸引力，因此岗位流动性非常大"②。很长时期内，美国并没有树立学术权威的传统，这是由于："第一，大学出现后，教师职位不正规，只有无职称的助教；第二，教师既非来自大家名门的社会阶层，也非算作政府公务员，

---

① ［美］克龙曼：《教育的终结：大学何以放弃了对人生意义的追求》，诸惠芳译，北京大学出版社2013年版，第37页。

② 岳英：《美国大学的"非升即走"制度及其期限设置的合理性》，《北京大学教育评论》2015年第2期。

而学生则多来自较高社会阶层，他们对助教持蔑视态度；第三，由于历史和体制原因，美国没有形成专家学者治校的传统，政府也无权干涉学术事务和建立学术权威体系；第四，美国文化中崇尚风险创业的壮举，因而对缺乏生气和创新的教职不屑一顾，'稳定'在美国文化中具有贬义色彩。"[1] 19 世纪 30 年代，时任北卡罗来纳大学校长的考德威尔（Joseph Caldwell）对当时的教师群体做以下评价："有谁已经浪费了所有的财产，或者因为轻率和行为不端落了个负债累累？那么开学校这一行，为他开放，供他接受；在这里，他沉入了底部，因为他没有自谋生计的能力，只要他能读、能写、能算平方根，他就会成为出色的教师。"[2] 1870 年，萨姆纳（William Graham Summer）仍在抱怨："耶鲁没有所谓的学术职业，也没有为那些受到感召从事这份工作并且愿意继续这份工作的人开设课程。"[3] 在大学时代之前，已经有人终生在学院里教书，但却没有学术职业的概念，"在各学术领域中，没有明确的和公认的关于能力的标准；职业上和学术上的专业化一般并不被认为是学院教师的特权；没有活跃的学术市场，所以相互竞争的院校通常不能也不愿为人才而付出代价，很少对专业化的研究和实验提供机会和设施；专业学术组织和出版物很少，专业学术生活所需的这些基本条件是如此显著地匮乏，所以也就没有后来的那种专业团结精神"[4]。在学院时期，即使是杰出的学者也不得不经常担任学生行为督察员，同时不得不忍受低度专业化状态下的沉闷乏味，"1636—1721 年，在殖民地学院中任教的民师其大上都沿有接受过系统的学术训练，他们通常只接受过本科阶段的教育；同时，他们在学院中的主要职责并不是教学，而是监督或管理学生，在哈佛学院，直到 1707 年，导师仍被当作高年级的学生，他们的主要任务是协助校长管理学生、维持纪律和担任助教；对导师群体而言，严格地说，他们尽管和牛津大学、剑桥大学的同行一样，都被称为'tutor'，但他们

---

[1]　乔玉全编著：《21 世纪美国高等教育》，高等教育出版社 2000 年版，第 32—33 页。
[2]　［美］理查德·霍夫施塔特：《美国生活中的反智主义》，何博超译，译林出版社 2021 年版，第 383—384 页。
[3]　［美］劳伦斯·维赛：《美国现代大学的崛起》，栾鸾译，北京大学出版社 2018 年版，第 5 页。
[4]　哈佛燕京学社主编：《人文学与大学理念》，江苏教育出版社 2007 年版，第 43 页。

实际上更像是现代大学中的助教，并且还是任职很不稳定的助教"①。

总体上看，在 19 世纪中叶之前的学院中，由于教育尚未摆脱宗教神学的羁绊，因此大学教师被视为宗教事务的服务者，是宗教思想和理念的传播者和代言人，"教师的'近亲繁殖'不但不是弊端反而是一种值得鼓励的行为，因为这样可以确保新教师能够在熟悉而适宜的氛围中快速成长起来，在这种背景下，谋求教职的人不得不袒露自己的宗教信仰以赢取信任和职务"②。尽管旧式学院中的教师情况千差万别，但学院中弥撒的教条伦理主义对教师的生活发挥巨大作用，这种思想宣称，如果一个人没有信仰（特别是主流宗教信仰），其品行必然不端，那么他也就不适合担任公职工作，这种观念被普遍运用到学院教师的选拔聘用活动中，许多知名人物都因信仰原因而没有通过学院的审查。在这一时期，教会仍然把持着学院的管理权，为了维护宗教信仰的纯洁性，学院要求教师候选人必须进行信仰宣誓，正统和虔诚的信仰始终是教师聘用优先考虑的因素，学院通常都会拒绝聘请非本教派人士担任教师。

第二节　繁荣的发展——终身教职庇护下的专业人

伴随着 19 世纪中期以后德国现代大学理念的引入与传播，美国高等教育的发展模式发生了深刻转型——学院逐渐改革为大学，教会的影响力则逐渐式微。与此同时，学术研究成为大学的核心功能，这极大地推动了大学教师专业意识的出现，越来越多的大学教师基于对所在专业高深知识的热忱探索而将毕生精力奉献给教师工作。到 19 世纪末 20 世纪初，作为一种专门职业的大学教师基本成型，终身教职制度的出现是对这一事实的最终确认。

---

① 张斌贤主编：《美国高等教育史》（上），教育科学出版社 2019 年版，第 329—330 页。
② ［美］劳伦斯·维赛：《美国现代大学的崛起》，栾鸾译，北京大学出版社 2018 年版，第 47 页。

一 教派主义的失势

在殖民地时期，教会在创建和扶持学院方面扮演重要角色，这一时期的教会和学院在理念上是一体的，学者的使命是为上帝服务，知识的目标是增添上帝荣耀。不同教派围绕学院领导权展开激烈争夺，这在19世纪中期开始严重威胁学院的正常运作。"教派的褊狭思想使他们不断提高一些小型教派的地位，把他们的特定教义作为是否适合从事最为高尚的、庄严的活动的标准，教会倾向于让最没有才能和学识的人担任我们最为重要的教学岗位，因为这些人被认为符合教派的条件，从而极大地影响了学院在履行职能中的效率。"[1] 随着世俗化进程的加快，美国社会逐渐兴起一场反对宗教干预教育的思潮，认为教派掌控学院的做法既无法完成学院作为文化中心的使命，又极易引发公众价值和理念上的冲突，约翰·霍普金斯大学的首任校长吉尔曼（Daniel C. Gilman）极力反对宗派的教条主义，主张大学不应是有神论的，"它们也许应该公开承认自己的基督教属性——不是狭义的或是在教派意义上——而是在福音宽宏、坦率而振奋人心的意义上"[2]。教派主导的学院在美国内战前普遍面临着秩序混乱与财政拮据的窘境，许多学院开始寻求解决这些问题的措施。

美国建国之后，原先具有浓厚教派主义色彩的美国学院不得不进行艰难的世俗化改革，独立战争后出现的新学院则从一开始就注意与各教派保持思想和组织上的距离，推动这股历史潮流的现实力量是极为多元的，"信神而求实的实用主义宗教态度、将教育权力留给各州分别办理的宪法原则使得政教分离、教派共荣这一政治原则逐渐流行于殖民地，注重民主、崇尚实用的文化观念越来越深入人心，宗教对学者社群的控制日益缩减"[3]。随着《赠地法案》的出台，整个美国高等教育的发展格

---

[1] ［美］沃特·梅兹格：《美国大学时代的学术自由》，李子江等译，北京大学出版社2010年版，第30页。

[2] ［美］劳伦斯·维赛：《美国现代大学的崛起》，栾鸾译，北京大学出版社2018年版，第169页。

[3] 陈伟：《西方大学教师专业化》，北京大学出版社2008年版，第101页。

局深刻调整，各个学院不得不加强对公共事务和公共利益的关注，政府和社会力量介入高等教育的程度日益加深，减少与宗教特别是教派主义的联系并积极参与社区服务成为这一时期美国学院需要肩负的现实使命，其人才培养目标也日益贴近现实生活——毕业生在职业选择上不再以神职为主，而是更加倾向于医学、商科和工程等行业。

到了 19 世纪末期，传统的教派主义在美国高等教育领域的失势已经无法避免，"董事会中神职人员的逐步退出，宗教教权主义的衰落以及古典课程的减少，注定了统治美国几个世纪的学院体制的灭亡"①。新建的大学变得越来越世俗化，而且旧的学院也日益从教会的统治中脱离出来，"通过对教会教义的新的监督，高等教育已不只是摆脱教会的统治，而是开始侵犯它从前的保护人、创办人的领地"②。这一时期的学院开始公开宣称与教派力量决裂，宗教领导教育的合法性已荡然无存，教会势力逐渐从大学管理层中退出。殖民地学院时期由牧师所担任的校长职务，现在则由无教派的世俗人士所接任，从教师变成牧师曾经是许多人职业生涯中的常规路线，但内战后的高等教育发展环境已经改变，这条常规路径已经不再顺畅，"受国内政治和宗教格局的影响以及高等教育自身发展的影响，学院教师的聘任标准发生了明显的变化，其中较为重要的变化是对教师的宗教信仰的要求和审查逐渐淡化，并最终取消"③。依据能力而非宗教信仰选聘教师成为学界的共识。"在内战后的几十年里，进化论科学和主导性的科学理念扩大和张扬了这样一种主张，即将能力作为师资聘用的标准；一旦能力取代了宗教正统，新大学的推动者就开始不动声色地在遴选教授的过程中将教派标准弃置一旁，而且他们发现董事会也支持他们这样做，开明的人知道赖以实现他们创建可与欧洲大学——首先是德国大学——并驾齐驱的伟大大学的梦想的唯一条件就是，根据学识是否出众来甄选教师，而不考虑其他任何因素。"④ 南北战争之

---

① ［美］沃特·梅兹格：《美国大学时代的学术自由》，李子江等译，北京大学出版社 2010 年版，第 98 页。

② ［美］布鲁贝克：《高等教育哲学》，郑继伟等选译，浙江教育出版社 2001 年版，第 139 页。

③ 张斌贤主编：《美国高等教育史》（上），教育科学出版社 2019 年版，第 346 页。

④ 哈佛燕京学社主编：《人文学与大学理念》，江苏教育出版社 2007 年版，第 37 页。

后，美国的学院和大学与宗教保持距离，它们声称将以与教会的教学不同方式、不同手段去教授人生的意义。从 19 世纪 80 年代开始，学院进入彻底摆脱教权束缚与控制的专业化时代，"美国高等教育机构对教师任职资格的要求出现明显的专业化倾向，即更为注重申请者所受的专业教育和训练，或申请人的学术声望和成就；大学教师学术专业作为一项有着高度专业化要求的职业，注定了其从业人员必须在某一学科领域参加过高深的专业培训和教育，获得基本的专业知识和能力；学历认可逐渐成为大学教师学术专业准入制的一道门槛"①。对于这一时期的学院来说，从对宗教权威的依赖转为对科学理性的崇尚是时代赋予的任务，追求真理成为其存在的价值基石，那种因宗教原因而担任教职的现象已经凤毛麟角。

世俗州立大学的建立极大地冲击了传统上受基督教影响的管理模式，教育从教派的控制下被解放出来，教师的教学内容逐渐超出宗教范畴，开始变得更为丰富和多元，"坚定的宗教信仰也不再被视为学生品德发展的核心，许多大学都不再强制要求学生参加礼拜仪式，此时的宗教活动更像是众多课外活动中的一种选择而已"②。学校里的宗教活动成为一种个人行为，各种宗教考试也普遍消失，"对美国学院的一代又一代教师而言，人必须忠诚于上帝，必须热爱并虔诚地接受上帝的旨意，唯有如此一个人的生活才能是有意义的，这一点似乎是不言而喻的，在 19 世纪末的日益增强的怀疑文化中，这个以神为中心的前提看来不再那么理所当然、直截了当"③。无论是大学还是学院，其作为知识传播场所的机构本质在这一时期并未得到更改，掌握知识并高效地将知识进行传播仍然是衡量教师的最重要标准，大学教师应以教学为本的理念直到 19 世纪都一直被视为应当遵循的传统。

美国高等教育机构的世俗化进程是以研究型大学的创建为标识的，

---

① 刘丽琼：《19 世纪末 20 世纪初美国大学教师学术专业形成的历史研究》，博士学位论文，华东师范大学，2009 年，第 21 页。

② ［美］博克：《回归大学之道》，侯定凯等译，华东师范大学出版社 2012 年版，第 11 页。

③ ［美］克龙曼：《教育的终结：大学何以放弃了对人生意义的追求》，诸惠芳译，北京大学出版社 2013 年版，第 54 页。

大学捐赠者们期望由有实践经验的人而不是由教士来掌管他们的财产，大学被看成企业一样的组织，其发展只能通过经营和推销方面的技能来实现，董事会越来越多地由那些着眼于事业需要和研究发展的人所主导，商人和专业人士逐渐进入董事会成员之中，虽然大多数学校名义上保持着与教会的联系，但大学管理已经完全与教会无关。几十年来，有远见的教育家呼吁要去除的教派主义套在高等教育上的枷锁，突然之间在短短几年的时间里就被去掉了，而且几乎像是在没有付出什么努力的情况下被去掉的，那些捐赠人虽然并不是不信教的人，但他们还是希望让研究工作不受教派主义限制于干扰，根据尼尔·麦格拉斯对私立学院董事会成员中牧师所占比例的统计，1860—1861 年，15 所最著名的私立学院的董事会成员中，牧师占比为 39.1%；1900—1901 年，下降到 23%，律师和商人的比例超过牧师。[1] 随着董事会逐渐摆脱教会控制，校长的职位也逐渐由那些专业突出的学者而非教士所担任，牧师群体悄悄地退出了学校管理层——哥伦比亚大学的校长由化学家和博物学家巴纳德担任、哈佛大学则在 1869 年选择科学家埃利奥特担任校长、克拉克大学的首任校长是心理学家斯坦利·霍尔、斯坦福大学的首任校长是生物学家戴维·斯塔尔·乔丹、耶鲁大学则选择了经济学家亚瑟·特文宁·哈德里担任校长。

美国高等教育世俗化进程的最后一个阶段是由卡内基教学促进基金会完成的，该机构旨在向非教派学院的教授提供退休津贴，并且将那些与教会有密切关系的学院严格排除在资助范围之外，这一规定受到许多学院的欢迎，因为它提供了一个摆脱教会控制的正当理由，"尽管一些学院宣称将继续保留它们和教派的关系，但也修改了章程以获得接受援助的资格，最初只有 51 个院校符合基金会提出的非教派性质的要求，但在随后的四年里又有 20 多个学院设法获得了这个资格，此后教派主义大体上只能与美国教育中的落后者相随而行"[2]。到了 19 世纪晚期之后，大多数大学都已经变得非教派化，宗教让位于世俗力量，一切有助于学

---

① 哈佛燕京学社主编：《人文学与大学理念》，江苏教育出版社 2007 年版，第 38 页。
② 哈佛燕京学社主编：《人文学与大学理念》，江苏教育出版社 2007 年版，第 38—39 页。

院发展的人都可以进入学院，对于公立学院来说，董事会逐渐成为宗教力量不可触摸之地。

二 学术研究的崛起

从殖民地时代开始，美国学院中就不乏对学术研究孜孜以求的人，但这些活动的出发点主要是个人兴趣，学院并不支持教师从事研究活动。直到19世纪以前，大部分学者都是各自为政地在有组织的机构环境之外工作，他们用自己的收入支持实验，而这些收入与他们本身的工作并无关联。从19世纪中期开始，陆续有数千名美国青年学人赴德留学，"志向远大的美国人访问德国，回来时满口都是'科学研究'这个词，与大多数从事科学的德国人不同，从事科学的美国人认为科学专门化就是大学的全部目的，学科的发展与德国教授尊贵、自信、理智的形象相结合，在美国高等教育中产生了重大结果"①。留学归来的学子们把德国大学对于学术研究的追求作为一种新兴理念带回了美国，这种新观念与学院原先的经验完全是相抵牾的，"新的学问理念强调人类知识的发展性，强调人类知识是随着时间变化和增长的；强调这样的知识是无限的，任何人都不可能掌握全部知识，因此需要进行专业化；强调作为学者的美德的发明和原创性的重要性以及颠覆而不是固守传统的能力"②。到19世纪末，研究至上的理念几乎已经渗透到所有美国高等教育机构之中，重视科学研究成为美国大学的共同特征和集体目标，科研成果成为院校竞争的重要内容和力量源泉，也是学者赢得聘用、获取报酬、争取晋升的核心依据。

随着研究理念的兴起，学院转向注重特定的专业领域的高级知识，大学成为知识生产与传播的场所，新学科不断涌现的同时传统学科也在大学中逐步分化，以前在非学术环境中进行的学术活动被纳入大学事务，许多原先没有独立职业地位的科研人员纷纷进入大学，这成为推动大学

---

① ［美］劳伦斯·维赛：《美国现代大学的崛起》，栾鸾译，北京大学出版社2018年版，第132—133页。

② ［美］克龙曼：《教育的终结：大学何以放弃了对人生意义的追求》，诸惠芳译，北京大学出版社2013年版，第42页。

向研究型大学发展的重要因素。"从1870年到1915年，随着现代研究型大学的出现，不同学科也相继诞生，这段时期虽然只有45年，却是美国高等教育发展史上的大爆炸时期；在这段时期，一方面有新的大学的出现，同时也看到一些旧的大学体制向现有模式转变，即除了本科生教育以外，现在有了研究生教育以及专业性学院的出现，而后两者是为了培养未来的研究人员，并开展专业化研究。"① 从19世纪中期以后，任何一门学科希望在大学体系中提升地位，就必须回应知识的挑战，因为在这一时期，科学研究成为高等教育机构的主要使命，"大学在各种不同的程度上，成为由于对学问的共同热爱而维系在一起的学者和科学家、教师和学生的共同体，这种学问由人们已经知道的和能够通过原创性研究洞察到的所构成，而不论此后对这种知识的利用或应用如何，这一共同体是大学的核心和内在中心"②。知识生产以及训练年轻人从事知识活动已经成为大学的主要功能。

约翰·霍普金斯大学的建立为学术研究在美国大学中的崛起提供了契机，首任校长吉尔曼极为强调学者的学术水平，"大学要办成一流学府，关键是要勇于一批高水平的学者，后者的水平不是根据他们的道德和宗教品质来判断，而是依托他们的学术水平来衡量，学术自由是大学教师的权利，科学研究则是大学教师的职责"③。在1890年左右，在本专业领域内的学术水平成为美国大学聘用和晋升教授的重要标准，发表成为获得提升的必备条件。耶鲁大学在1901年宣布，享誉全国甚至全球的有价值的工作将是一名教师能否晋升教授的决定性条件，"在管理者看来，搜集证据以促进原创研究的声誉已经是一种必然，就对教职员的正式要求而言，到1910年，研究已经几乎完全取得了主导地位，此后将一直保持下去"④。尽管直到19世纪中期，美国学院教师的主要职责仍

① ［美］路易斯·梅南德：《观念的市场：美国大学的改革与阻力》，田径译，四川人民出版社2019年版，第96页。

② ［美］希尔斯：《学术的秩序——当代大学论文集》，李家永译，商务印书馆2007年版，第54页。

③ 郭健：《哈佛大学发展史研究》，河北教育出版社2000年版，第123页。

④ ［美］劳伦斯·维赛：《美国现代大学的崛起》，栾鸾译，北京大学出版社2018年版，第184页。

然是教学，然而一种新的趋势已经开始清晰地显现——学术研究活动已经开始成为教师工作的重要组成部分，越来越多的教师开始自觉地把学术研究和参与国内国际的学术活动作为自己的职责而非业余兴趣。"这不仅进一步促进了学术研究的开展，而且为制度化的定了重要的基础，这种趋势的出现意味着学院教师工作重点的变化，反映了学院教师职业内涵的改变，更为重要的是，它标志着美国学院不仅作为高等教育机构而存在，而且开始向着成为探索高深学问的场所演进。"① 19 世纪后期美国高等教育深刻转型的基础已经逐步确立，大学的新时代即将到来。

随着学术研究的专业化程度提升，学者们越发感到需要有某种更为专业的协调机制和制度环境来保障工作安全，对传统学院管理体系进行改革成为他们的最优策略，"他们把德国的高端学术机构嫁接到英国式的高等教育体系根基上，把研究生的专业教育与大学生的通才教育结合在一起，从而创立了这一新体制；在此过程中，他们把德国的研究所平等化，成为平等的'系'，并把当时新的英国专业荣誉课程放宽，成为通识教育和分系专业培养的结合"②。这种大刀阔斧的改革迅速推动了传统学院向研究机构的转变，"科学正在改变所有人类生活领域的真理与知识的基本概念，正在促使大专院校组织结构的根本改组，一向仅仅从事教学的大专院校开始成为科研中心，学校要求教授们教研并进"③。大学在职能上开始了一个新的前景：由保存知识职能转向科学研究职能，"那些接受研究理念的人首先谋求为延伸学术知识的本体做出原创性的贡献，对他们而言，这就成了衡量职业成就的新标杆；为了取得这种成就，他就必须专业化，就必须成为学问的某个特定分支中的专家；只有放弃其他所有的学科而专心致志于一门学科的那些人，才有希望以有意义的方式为其领域中的学问宝库的不断扩张添砖加瓦"④。到 19 世纪末

---

① 张斌贤主编：《美国高等教育史》（上），教育科学出版社 2019 年版，第 354 页。

② 安德鲁·阿伯特、刘文楠、周忆粟：《专业知识的未来》，《清华社会学评论》2019 年第 2 期。

③ ［美］拉格曼：《一门捉摸不定的科学：困扰不断的教育研究的历史》，花海燕等译，教育科学出版社 2006 年版，第 20 页。

④ ［美］克龙曼：《教育的终结：大学何以放弃了对人生意义的追求》，诸惠芳译，北京大学出版社 2013 年版，第 45—46 页。

期，自殖民地时期延续下来的学院办学体系已越来越不合时宜，社会越来越期待学院和教师能够在专业知识上有所建树，随着时间的推移，这种期待逐渐与研究生特别是哲学博士学位相关联，大学不再培养通才，而是希望青年人能够专业化，即希望他们能够专注于某个特定的领域，这样他们至少能获得对一门学科的深入理解。

学术研究在大学中的兴起是高等教育领域的一次深刻改革，它几乎影响到大学的各个领域。美国出现了一批致力于专业研究的"新大学"，大学逐步失去了作为一个相对同质的、由志趣相投的学者组成的社区的特征，成为一个由教育、背景、修养殊为不同的教授组成的专业联合体——尽管不同专业间的边界泾渭分明。"从 1870 年到 1900 年，几乎学术大纲中的每一门课一方面都找到了焕然一新的外部组织，这些组织都是学者或学科联合会，面向全国收纳会员，且学科领域相对专业；而另一方面，他们也都建立起全新的、经历了改造的内部组织，即专业系部，也就是现代学术体制中的管理单位；这不仅仅是表面上校园里所有工作人员的组织安排，更是对学术专业分工的强调和肯定。"[1] 随着组织结构的转变，大学改变了内部成员的任职标准，"研究生教育和全国性学科身份之间的结合使学术工作的正式证明和研究生院中某一领域的高级训练集结在一起，博士学位几乎变成了任何人作为一个高水平学者进入某一学科领域的必要条件；在大学和学院的这个专业化过程中，各个分支专业日益关注学术和研究成果，并将它视为任命和晋升最显要的标准，这在拥有高声誉的机构中尤其突出"[2]。越来越多的专业宣称拥有一个外行难以理解的抽象原则，只有经过多年专业训练才能掌握其中的奥秘，也只有具备专业知识的人才有资格去评判其他同行的成果，"随着高等院校在数量上和规模上的发展，大学开始包括原来由独立的科学、文化和专业社团开展的创造与传授知识的各种活动，大学的专业学科数目剧增，而范围却变得狭窄，随着这一变化，掌握一门具体学科逐渐等同于

---

[1] Burton R. Clark, *The Academic Profession: National, Disciplinary, and Institutional Settings*, Berkeley: University of California Press, 1987, p. 136.

[2] Talcott Parsons and Gerald M. Platt, *The American University*, Cambridge: Harvard University Press, 1973, p. 352.

一种职业选择"①。越来越多的专业创建专门组织、杂志和学术共同体，各个专业逐渐建立固定的规范和规则，后者是所属成员必须遵守的标准。

　　到 19 世纪末期，尽管并非所有的大学与学院都以学术研究为使命，但总体上看，对研究理念的认可成为所有美国高等教育机构的共同特色，"严肃的学问，研究生的学习，博士学位，专业化的学术专业和广泛的辅修课程，深入的探究精神以及与之相配的坚定不移的决心成为所有的新大学和雄心勃勃的新学院的共同追求，而不论它们是公立的还是私立的"②。研究理念在美国学术界的兴起一方面使得"选修课"超越"必修课"，知识的确定性观念寿终正寝；另一方面则推动学术职业专业化的进程，"可以说，留学德国之后美国现代大学的创建、研究生院的创立以及研究生教育的开展，从组织建制、运行体制上解决了推进美国大学和学院教师专业化变革、促使学术专业逐渐形成的生长环境和培育土壤问题，并使美国学术专业在 19 世纪八九十年代逐渐形成"③。大学成为教授从事研究和创造性工作并把他们的知识、理解和创造力传授给学生的地方，教师成为教授知识的专家，"研究型大学要求拥有一种特殊类型的教师：他们受过良好训练，对研究和学术充满责任感，并且为对知识的好奇所驱动，全职聘任和充分的报酬则构成了其他的必要条件"④。大学教师成为一种专业。

三　享有自由的专业人

　　美国学者霍夫斯塔德（Richard Hofstadter）将 1870 年到 1910 年美国高等教育教育中出现的变革视为一场深刻的"革命"（the revolution in higher education）："大学在内战之前的美国都还不存在，它们是在一代

---

　　① ［美］拉格曼：《一门捉摸不定的科学：困扰不断的教育研究的历史》，花海燕等译，教育科学出版社 2006 年版，第 43 页。

　　② ［美］罗德斯：《创造未来：美国大学的作用》，王晓阳等译，清华大学出版社 2007 年版，第 9 页。

　　③ Burton R. Clark, *The Academic Life: Small Worlds, Different Worlds*, Lawrenceville: Carnegie Foundation for the Advancement of Teaching, 1987, p. 29.

　　④ ［美］阿特巴赫：《高等教育变革的国际趋势》，蒋凯主译，北京大学出版社 2009 年版，第 88 页。

人时间内被创造出来的，而且是在这样一个先前仅有一些小学院——这些小学院散落在各地，当时都处于凋敝状态——的国家。"① 以 19 世纪中叶为界，美国大学教师的职业生涯、专业活动、聘用制度和社会声望等都发生了深刻转变，一方面是教授取代作为全科教师的导师成为教师的主要类型，教师的职业阶梯的雏形初现；另一方面是教师的任职资格有所提升，专业训练逐渐取代神学训练成为教师入职要求。同时，大学的科学研究职能的确立，逐步引起教师角色和职责的变化，学术水平成为聘用教师的首要因素，大学教师的角色由知识的传递者、保存者向新知识的研究者、探索者转变。19 世纪中叶到一战爆发之间的时期在美国高等教育发展史上处于特殊地位，尽管大学教师很早就随着殖民地学院的出现而存在，但他们的独立地位和职业形象是在这一时期才被社会公众所认可——传统上无权无势的大学教师群体因学术研究的繁荣而受益，开始赢得专业人员的身份与地位，这一转变确保了大学教师对专门知识和特殊技能的垄断，最终使得自身既能够获得中产阶级水平的经济生活，又能捍卫学术专业作为精神贵族的特权地位，终身教职制度的创设将大学教师的自由人角色予以制度性确认。

研究型大学的兴起与现代学科分类的出现共同促成了教师职业的专业化，其标志有两点：一是教师认证资质理念的出现；二是教师研究领域的专门化。"职业专业化"概念的诞生与当时人们向民主社会，以及自由市场经济转变的大趋势有关，这一观念意味着整个就业市场面向所有人才开放。"职业状态不是一个可以继承的东西，人们必须经历一系列资质认证的过程，而在这个过程中，每个人都能得到公平的对待；同时，职业专业化也进一步明确了劳动分工，这又是市场经济的另一大特点，使其达到职业化的高度，在高度发展的经济背景下，有些工作所需的特殊知识和技能，不是靠一个人就能掌握的，职业专业化正是这样一种能帮助我们找到完成这些特殊工作的专家的机制。"② 新兴学科的形成

---

① Richard Hofstadter, *The Revolution in Higher Education*, Boston：Houghton Mifflin, 1963, p. 269.

② ［美］路易斯·梅南德：《观念的市场：美国大学的改革与阻力》，田径译，四川人民出版社 2019 年版，第 101 页。

以及学系与专业学院的成立为大学学术职业确立奠定了基础，成为一名大学教师就应当具备资格证书，他需要先通过考试来获得相关学位，并在此基础上通过某些资质评估才能在一个专业领域从业，教师在19世纪晚期陆续建立了一系列全国性协会，从而提高了从业的准入标准。自此之后，大学教师职业具有严格的专业要求，不具备特殊资质的人不得从事这一行业，专业化限定了服务领域和范围，使得教师工资在深度和专业度上持续提升，职业人员将他们所学的知识和技能从一代人传向下一代人，从而实现职业的繁衍生息但职业资质不能随意转化或是传递。

从殖民地时期开始，美国的大学教师并不被视为专家，而是一般意义上的通才，到了南北战争后，由于学术研究在大学中逐步兴起，学术职业开展逐步蓬勃发展起来。"在这一时期，美国各高等院校的系开始形成并发挥很大的作用，这些系使学术职业人员成为以坚实的专家知识为基础的具有影响力的学术人员，此外，在专业学院不断出现的各种新的学科专业领域也使学术职业的羽翼不断丰满。"① 从19世纪80年代开始，美国高等教育机构对教师任职资格的要求出现了明显的职业化倾向。"大学更为注重申请人所受的专业教育和训练或者是申请人的学术声望和成就，而非申请人的宗教信仰和品格操守，到1900年前后，哲学博士学位证书已经成为在大学中讲授主要学科的资格证书。"② 随着收入水平的上升，大学教师不再是一种充斥着兼职人员的临时性职业，而是享有专家地位的专门职业，大学教师被期待也一般被视为所在领域的专家，他们将会在服务知识消费者和增进专业知识上做出独特贡献。"一个大学教师的角色实际上包括了以专业知识为中心的许多任务，作为一名专业人士，教师被认为应该最能判断如何平衡这些责任要求，履行教师角色，不仅高度依赖专业判断，而且依赖对看上去可随意选择的任务的执行意愿。"③ 教师开始为自身拥有合法权利而斗争，"教授的考核和聘任

---

① 耿益群：《美国研究型大学学术职业的历史沿革及特点分析》，《比较教育研究》2008年第5期。
② 张斌贤主编：《美国高等教育史》（中），教育科学出版社2019年版，第8页。
③ ［美］罗杰·盖格：《大学与市场的悖论》，郭建如、马林霞等译，北京大学出版社2013年版，第97页。

一直是学院董事会的特权，学院在争取学术自由的斗争中，开始对董事会是否具有这种特权以及在多大程度上行使这种特权提出质疑，对学院管理权进行限制的理由，主要基于学术管理需要专业资质的思想。当大家提出教授的专业水准只能由专业人士来评价，专家只能从专业同行中挑选，同行专家的认可是解决学术事务的最高准则时，人们才开始争论教士的资质问题，专业资质正是对付专横的教士的好理由，此刻它又成为质疑董事会成员资质的有利论据[①]。教师职业的专门化保障了他们对于工作的垄断权，也赋予其社会意义上的诸多权力，"现代学术界继承了职业专业化的所有显著特点，学术界实行完全的自治，是由从业者构成的几乎封闭的社群，他们有绝对权力来制定自己领域的行业准入标准、晋升标准，以及撤职标准；他们遵循客观性原则，通过同行评阅的机制，将新产出的知识与已有学术标准做比较，而不是以非专业的其他外部利益需求为导向"[②]。大学教师不再是无权无势的边缘人，而成为大学得以存在的价值源头之一。

19 世纪中期以后，随着芝加哥大学、约翰·霍普金斯大学和斯坦福大学等私立大学的崛起，学术研究成为一种新的职业生活方式，随之而来的就是大学教师身份的职业化和专业标准的出现，"研究的意义不仅在于它是一种推进新知识的方式，还在于它可以展示新的，受过博士培训的教师队伍的想象力、创造力和专业水准，研究成为大学教授标准概念的一个基本特征"[③]。到了 19 世纪末期，大学教师的自我认识发生了深刻变革，他们将自身视为特定领域的学者，同时认为自己的研究成果是无与伦比且极为重要的，"一位年轻学者或科学家不再是一个学校教师，一个听命于校长的助理教师，学院或大学教师不再是一个无足轻重的人，一个召之即来、挥之即去的'助手'，他开始成为一位'学院教师'或'大学教师'，在这一地位中有一种新的尊严、新的关于自我、

① ［美］沃特·梅兹格：《美国大学时代的学术自由》，李子江等译，北京大学出版社 2010 年版，第 103 页。

② ［美］路易斯·梅南德：《观念的市场：美国大学的改革与阻力》，田径译，四川人民出版社 2019 年版，第 105 页。

③ ［美］约翰·博耶：《反思与超越：芝加哥大学发展史》，和静、梁路璐译，生活·读书·新知三联书店 2018 年版，第 2 页。

权力、特权和义务的观念"①。大学教师成为一种收入颇丰的高级职业，"大学教师力图在每个学科内设立非个人化的标准，以此来评估学术能力，注重方法论，培养实证能力，同时就如何衡量相应的成就达成一致的意见，职业化另辟了一个有着自身标准的学术界，将大学从学术以外的压力中解放了出来"②。大学教师不愿再被学校视为毫无地位的雇员，也不再愿意承担管理学生等事务性工作。

大学的发展与大学教师群体的专业发展密切相关，随着学术研究的重要性日益凸显，教师逐渐从教授多种科目的助教角色向从事特定领域研究的全职教授转变，大学教师的聘用以及晋升逐步制度化。"一个专业群体兴起了，而且朝着更加专业化的方向发展，这个群体是一个专业化的组织，拥有专业协会，并且通过建立学系获得了相应的权力，这个群体实行不同等级的学术职务以示区分，自行决定成员的聘用、晋升，并且享有极大的学术自由。"③ 大学出现了全职教授的职位，这些人从事某一专门学科的教学和研究，并且不再把教职当成获取新的职业的跳板，越来越多的青年人抓住一切机会争取留在学校里，这与以前的情况正好相反，教师被视为备受赞誉的专家，"大学教授，自19世纪80年代以来，成为一个新兴职业群体，他们有更高的学术标准，有对质量控制的积极投入，也有不断提高的薪酬水平，并且受到学科不断提高的权力和权威的保护"④。到了20世纪初期，大学教师成为一份全职工作，它不再是个体寻求另一法律或宗教职业之路的中转站，作为个体的教师也不再需要从事其他活动来养家糊口。

大学中的学术和行政事务的分野日益明显，教师不再承担管理职责而是担负起越来越专业的教学与科研任务，他们创建专业建制、成立专

---

① ［美］希尔斯：《学术的秩序——当代大学论文集》，李家永译，商务印书馆2007年版，第23页。

② ［美］杰弗雷·盖尔特·哈派姆：《人文学科与美国梦》，生安锋等译，社会科学文献出版社2019年版，第161—162页。

③ ［美］亚瑟·科恩：《美国高等教育通史》，李子江译，北京大学出版社2019年版，第126页。

④ ［美］约翰·博耶：《反思与超越：芝加哥大学发展史》，和静、梁路璐译，生活·读书·新知三联书店2018年版，第2页。

门学科组织、出版专业期刊，同时创设博士课程以训练后继者，学术职业的准入制度逐渐建立起来。与此同时，学衔制度逐步发展起来，从初级教师（讲师）经由助理教授、副教授到晋升正教授的学术阶梯搭建起来，"随着教学专业由初现到走向成熟，一条完备的学术职业发展道路或学术职业生涯逐渐形成，逐渐专业化的教师通过强调正式训练和特定学术能力，借助摆脱对特定机构的依附关系、拓展其全国性的专业市场而提升其地位、保证其独立的专业身份"①。面对大学教师的学术自由权利频频遭到以捐资人和校董会为代表的外部力量粗暴干预的状况，学术界开始为争取更大权益而发声，他们意识到没有严格法律保护的教师聘用制度必然使教师失去职业安全和学术自由，因而主张将解聘过程为司法化。越来越多的人认识到必须跨越各自学科和院校界限而联合起来——只有组织起来才能依靠集体力量维护自身权益，学者社群的行会组织日渐形成。

1915 年，阿瑟·洛夫乔伊（Arthur Oncken Lovejoy）和约翰·杜威（John Dewey）邀请了 867 名知名教授参加在哥伦比亚大学召开的全国教授大会，"在会议的最后一幕，美国大学教授协会（American Association of University Professors，AAUP）宣告成立，这是一个旨在保护学术自由并为所有教员提供任期的组织"②。自此以后，美国大学教授协会成为学术职业的组织代表，也标志着大学教师专业地位得以真正确立——后者具备了实现专业化发展的所有条件。美国大学教授协会鼓吹教师应具有学术自治权，同时倡导学术自由，终身教职制度在美国高等教育领域最终得以确立与美国大学教授协会的呼吁与奔走同样密切相关。美国大学教授协会学术自由和学术任期委员会制定了一项关于学术自由和学术任期的原则声明，即《1915 年原则宣言》，这一声明在该学会的第二届年会上正式获得批准。1940 年，美国大学教授协会和美国大学协会的代表同意重述 1925 年会议提出的关于学术自由和任期的声明，即《学术自由和终身制原则声明》（*1940 Statement of Principles on Academic Freedom and*

① 陈伟：《西方大学教师专业化》，北京大学出版社 2008 年版，第 226 页。

② Hertzog M. J. , *Protections of Tenure and Academic Freedom in the United States： Evolution and Interpretation*，Springer，2017，p. 4.

Tenure），其中关于任期的内容包括：终身任期制度的目的有两点，（1）保障教学、研究与参与校外活动的自由；（2）足够程度的经济保障，以便使此职业能吸引有才能的人士。[①] 这一声明的出现间接地推动终身教职制度的落地，它代表着大学教师群体的专业意识发展到一个新的水平，也标志着学术自由原则开始进入制度化阶段。"美国大学教授协会在1915 年成立之后，在半个多世纪的时间里通过一系列保护学术自由与终身聘任原则的声明，在其倡导和推广下，美国大学最终建立了以大学教师终身聘任制度为核心的教师聘任制度，促使大学履行教师聘任、解聘、晋升的正当程序，保障大学教师的经济、职业安全，维护大学教师的学术自由权利。"[②] 自由、经济保障及终身任职制度使大学教师担负起对学生及社会相应责任逐渐成为美国社会的共识。

自第二次世界大战以来，大多数美国大学都构建起成熟的大学教师招聘和晋升流程，常规性、标准化、程序式的学术职业发展路径在美国高等教育领域达成制度性约定，目前来看，美国大学教师职业聘用形式主要包括由低到高的三个层次，"第一层次，即应聘者刚刚进入学术队伍之时，一般按每年一聘的原则分为 5 个不同层级，fellow、reader、lecturer、docent 以及 assistant；第二层次上包括二年一聘的 associate、三年一聘的 instructor、四年一聘的 assistant professor；在此基础上的三个层次都是永久性聘用人员，他们依次是副教授（associate professor）、教授以及首席教授（head professor）"[③]。与此同时，美国大学确立了由法律切实保护的终身教职制度框架，个体申请终身教职一般要经过以下环节：由本人提出申请，按照大学规定提交自己在目前岗位任职期间的工作汇总报告；由所在院系领导向校内外同行征求对申请者学术成就的评审意见；由所在系的学术评定委员会以无记名投票的形式进行裁定，同时形成书面鉴定报告；系领导将讨论意见、表决结果和相关文件上报院内，由院

① American Association of University Professors. 1940 Statement of Principles on Academic Freedom and Tenure, https：//www. aaup. org/report/1940-statement-principles-academic-freedom-and-tenure. 2020 – 12 – 07.

② 张斌贤等主编：《美国高等教育改革》，教育科学出版社 2017 年版，第 170 页。

③ 陈伟：《西方大学教师专业化》，北京大学出版社 2008 年版，第 111 页。

内终身教授组成的学术委员会和由系主任组成的委员会分别进行评审；院长会根据已有材料提出自己的意见，同时提请学校学术委员会审查并投票；校长根据前期资料做出最终意见，公立大学的申请还需经州高等教育委员会审批后方能正式生效，如果终身聘用申请未获通过，学校会以正式书面方式通知申请者。值得指出的是，终身教职在制度设计上充分体现出学术自治理念，并且最大程度上保护了学者的权益，"大学教师任职的决定必须建立在教授委员会评价的基础上；大学管理层须就大学教师的终身任职条件做出明确规定，在经过 10 年的试用期后大学教授、副教授以及拥有讲师以上职称的专业技术人员均应终身聘用"①。20 世纪 60 年代以来，美国大学教授协会联合众多学会组织，以共同倡议的形式系统阐释了大学招聘及解聘教师时应履行的正当程序及其原则，同时大力主张以司法途径解决教师聘用纠纷问题，这些做法促使终身教职制度成为保护大学教师权利的重要形式，除非在一些特殊情形下，如教师体力或脑力无法胜任其职、严重的道德失检和失职、研究项目完全终止、学校出现非常严重的财政困难等，获得终身教职的教师是不能被解聘的，"对教授而言，终身任期即任职时间的最佳保证，只要有了这个待遇，你就可以无限期待在自己的工作岗位上，哪怕已年逾八旬，甚至到去世都可以如此，终身任期无疑是学术界的顶级待遇；除此之外只有一个职业可以享此殊荣——联邦法官也可以终身任职"②。自此，大学教师终身制的概念深入人心。

终身教职制度受到大学教师群体的普遍欢迎，"大学的理念要通过教授的创造性劳动来实现，所以如何选拔和激励大学教授是大学治理要解决的首要问题，在试用期基础上的终身教职制度，是选拔和激励大学教授的最为有效的制度安排，只有最具有使命感和创造力的教授，才最有维护大学声誉的积极性，才会以毕生精力致力于学术研究"③。如果学校

① 王保星、张斌贤：《"大学教师终身教职"的存废之争——美国大学教师学术自由权利保障的制度分析》，《教育研究》2004 年第 9 期。
② ［美］汉克·德赖弗斯：《拷问美国高等教育》，胡晓姣等译，河北教育出版社 2016 年版，第 131 页。
③ 张维迎：《大学的逻辑》，北京大学出版社 2012 年版，第 1 页。

要辞退一个终身制教师，就必须通过许多繁琐手续，而且往往面临着历时多年的司法纠纷，因此，大学只有在极其特殊的情况下才会启动对一位终身制教师的解聘程序，与此同时，大学教师拥有受法律保护的自由选择服务对象的权利，"教师通过建立集体谈判组织以及参与大学的管理，取得了更大的控制权，教师的职业权利受到立法和法院判决的保护而制度化，学术自由不再只是原则声明中的一个概念，而是一种受到法律保护的特权"①。美国大学终身教职制度的主导理念与制度设计对其他国家的大学教师聘用制度产生了深远影响。

第三节 艰难的转型——后大众化时代的适应者

大学从不是一成不变的保守机构，它为了适应日新月异的外部环境而始终处在发展变化之中。第二次世界大战之后，美国成为世界上第一个进入高等教育大众化发展阶段（所谓的"黄金时代"）的国家，繁荣与调试成为这一时期美国大学发展的主要特征，大学在走向社会中心位置的同时也面对着日益严峻的挑战。20世纪70年代之后，随着经济发展速度下降与新自由主义思潮兴起，大学知识权威形象受到冲击，高等教育系统进入了一个前所未有的多样性、复杂性、矛盾性阶段，在此背景下，美国学术劳动力市场遭遇重创，终身教职制度的合法性饱受质疑，"20世纪末的政治经济全球化正在打破过去一百年发展起来的大学专业工作模式，全球化正在为学术职业的某些方面创造新的结构、激励和奖励，同时对这一职业的其他方面造成限制和抑制"②。随着社会经济形势和国内政治氛围的转向，美国大学普遍面临着预算、问责、学生注册等各方面的压力，大学教师聘用制度发生了显著变革，其最重要的变化就是聘用方式更加灵活与多元。总体上看，美国大学教师面临着艰巨的生

---

① ［美］亚瑟·科恩：《美国高等教育通史》，李子江译，北京大学出版社2019年版，第192页。

② ［美］斯劳特、莱斯利：《学术资本主义》，梁骁、黎丽译，北京大学出版社2014年版，第1页。

存压力与职场竞争，新的雇佣和晋升制度正在冲击传统的教师终身制理念，随着非终身制教师的崛起，大学教师职业已经进入一个漫长而又缺乏方向的转型时期。

一 教育民主时代的到来

以大学为代表的高等教育机构曾被认为是富人子弟聚集的地方，绝大多数学校历史上普遍秉持精英化入学标准——只有符合某种特殊要求的个体才能进入大学。第二次世界大战的爆发为打破高等教育的精英主义理念提供了重要契机，全民战争的性质决定了每一个体都为国家和民族的利益而流血牺牲，因此所有人都有权利享受大学教育，大学成为实现社会平等或帮助少数智力精英群体从社会下层跃升至中产阶级的工具。20 世纪中期开始，美国率先推进高等教育大众化，经过数十年的努力，无论是高等教育机构的数量还是在学人数，美国都走在世界各国的前列。在过去的五十年里，美国大学的招生人数急剧增加，高等教育机构的数量也在增加，高等教育的扩张并不是一个孤立的事件，而是一个更长久的世俗进程的一个阶段，高等教育大众化不仅是办学规模的扩大，更是教育理念的革新——高等教育在人类历史上第一次面向所有人开放，教育的民主时代真正带来。

第二次世界大战后，为了解决军人退伍安置的难题，美国的政治精英们尝试运用教育手段来缓解青年人的就业压力，高中以上水平的教育机构被号召要加入宏大的政府规划中，在罗斯福总统（Franklin Delano Roosevelt）的倡议下，国会颁布了《退伍军人权利法案》（*The GI Bill of Rights*），该法案的目标是为退役军人提供工作安置和咨询服务，特别是要为他们四年的大学生活提供学费、书本费和生活费。1944 年 6 月，国会正式通过了该法案的修正法案，其内容包括增加学费支出（高于原来的每年 500 美元）；增加个体的生活费至每月 65 美元，有家属的增加至90 美元；在战后房屋紧缺的情况下，在选定的乡村地段为上学的军人及其家人建立了临时住所，这些措施极大地刺激了退役军人的读书热情，五年间共有 200 万退伍军人重返校园，其中 150 万人进入了各种学院和大学。《退伍军人权利法案》永久地改变了接受高等教育的学生的性质和社会构成，高等教育不再是精英教育，而是面向美国大众的教育。与此同时，随着经济结构的转型与教育民主意识的兴起，大学面临全新的发展境遇，"大学需要面对结构和投资体制的变化，大学理念也面临同样的问题，高等教育经历了由精英高等教育向大众高等教育的转变过程，这期间不仅大学的职能发生了改变，而且作为社会机构的大学的结构和形态也发生了剧变"①。美国民众在社会和经济方面不断向上流动以及整个国家经济的持续发展共同导致了高等教育需求普遍增长，人口的急剧增长、民权运动的勃兴加上考试产业的完善则直接推动了高等教育民主时代的来临。

20世纪中期以来，美国公众对高等教育的认知发生了变革，接受高等教育成为普通人生活中的一个正常阶段，"大学曾经被认为是杰出青年才能够进入的地方，上大学曾经被认为是一件值得隆重庆祝的事情，是保证个人在学术和社会地位上得到升迁的标志；而现在，大学仅仅意味着人生的一个阶段，上大学不要求特殊的学术资质，大学学历本身也并不预示着将来能取得世俗意义上的成功"②。对于教育民主时代的个体而言，接受高等教育的原因主要有两个：一是父母的期许；二是大学学位能够提供一个满足大部分劳动力市场岗位最低要求的资格证明。高等教育不再被认为是一种殊荣，它开始被认为是所有年轻人都应该追求的、有益于自身的一种权利，"政治家、教育政策评论家和学校管理者有坚定的一致看法，认为必须在社会正义和经济效率的基础上扩大教育机会，必须为先前没有需求或受到这种教育的各个社会阶层或种族，提供通过教育资格提高社会地位来实现个人抱负的机会，这增加了学生的规模，扩大了大学里的学生在智力能力上的差异性和多样性的范围"③。在1945年至1975年间，美国高等教育机构急剧增加，师范学院升格为综合性大学，社区学院则如雨后春笋般出现，美国的本科生和研究生的数量均呈

---

① ［英］史密斯、韦伯斯特主编：《后现代大学来临?》，侯定凯等译，北京大学出版社2014年版，第82页。

② ［英］史密斯、韦伯斯特主编：《后现代大学来临?》，侯定凯等译，北京大学出版社2014年版，第2页。

③ ［美］希尔斯：《学术的秩序——当代大学论文集》，李家永译，商务印书馆2007年版，第100页。

爆发式增长，"在20世纪60年代的十年间，本科生入学数量就翻了一番，从350万增长到近800万，每年授出的博士学位数量增至三倍，从大约10000人上升到大约30000人，大学教职工总数量超过1960年以前325年的总和，在1965年到1972年发展最为迅猛的几年，美国平均每周都有一个社区大学成立"①。到20世纪70年代，美国高中生接受高等教育的比例超过半数，教师和学生的绝对数量、学系的规模和课程讲座的次数都持续扩大，美国成为全球第一个迈入高等教育普及化阶段的国家。

过去人们曾认为随着婴儿潮一代离开大学后，大学入学人数会持续下降，但这种现象没有出现，"自20世纪70年代中期以来，美国四年制学院本科生数以每年1%的速度攀升，每年授予的学士学位数量以略高于这一比例的速度在增长，美国高等教育的扩张在20世纪70年代中期至90年代中期略有放缓，但很快又有所加快"②。随着美国联邦政府在1972年出台了用于资助弱势群体的佩尔助学金计划，并且在1978年和1980年分别对《高等教育法》进行了修正，"非传统学生"——少数族裔、低收入、非传统年龄段以及女性群体——开始大量入学，入学群体的扩大导致了大学数量和类型急剧增加，这些学生大多属于家庭中的第一位大学生，因此并不熟悉校园环境，这意味着大学要提供更多的支持服务，也使得校园内的组织机构及其人员构成日益复杂。

二 大学制度权威的消逝

以高等教育大众化为先导，美国开启了所谓的教育民主时代，大学在这一时期面临着繁荣与危机并存的困局。20世纪70年代以来，美国社会对高等教育的信心一落千丈，政府对学术机构的有效治理失去信心，与此同时，学术机构不断要求增加经费以应对持续扩张的入学人数和不断攀升的研究诉求。大学和社会之间的裂痕在扩大，公众不愿意为高等

---

① ［美］路易斯·梅南德:《观念的市场:美国大学的改革与阻力》，田径译，四川人民出版社2019年版，第58页。

② ［美］罗杰·盖格:《大学与市场的悖论》，郭建如、马林霞等译，北京大学出版社2013年版，第14页。

教育买单，学术机构面临着前所未有的财政压力，无论是政府还是媒体都是以批评者的身份来质疑高等教育，学术职业的就业市场也面临着通胀的压力，教师的精神面貌持续滑坡。随着社会形势的发展，大学面临的挑战日趋多元，对以公立大学为代表的当代美国大学来说，巨型化是必然趋势，与之伴随的"平庸化"也无法逃避，对于大学的质疑与指责来自社会的各个层面，其制度性权威在下降。

大学的扩张将与以前明显不同的各种学生带进了大学，尽管他们来自与以前的几代学生具有不同文化观念的社会阶层，但却对上大学赋予美好期望——文凭可以带来高收入和较高的社会地位，然而这被证明是一个幻想，大学能够为个体及其家庭所带来的收益甚至已经无法与其付出的投入相匹配，高等教育效益成为公众不满的焦点问题。"高等教育规模的扩张带来了一系列后果并产生了连锁反应，其中之一就是精英教育和精英行业之间的必然联系被削弱了，规模扩张的另一个后果是，高等教育赋予学生的优越地位已经大大降低，这种变化强化了教育的功能主义和学生的工具主义思想，大学生地位优越性降低后，他们对其他竞争优势的争夺变得更加激烈。"① 毕业人数的增长引发了文凭贬值，学生也不再对能够获得高薪职业和提升社会地位抱有信心，越来越多的人质疑学位膨胀掩盖了大学在满足个体职业技能需要方面的不足。大学生缺乏职业胜任力和竞争力已经成为社会共识，"雇主们普遍抱怨的是，几乎所有的进入工作领域的文科生和大部分拥有科学或技术领域学位的学生并没有'准备好去工作'，他们仍然需要接受工作培训；即使是教育管理者和规划人员制订行之有效的计划，将课程从一般的自由教育模式转变成需要学生在实践环境中实习的方式，也还是没能克服学校和职场之间的不匹配"②。人们过去曾设想让大学成为实现社会平等的工具，但这一设想被证明是空想，尽管几乎所有阶层的人都能从接受高等教育中获益，但获益最多的还是特权阶级，社会底层上大学的人数有所增加但

① ［英］史密斯、韦伯斯特主编：《后现代大学来临?》，侯定凯等译，北京大学出版社2014年版，第65页。

② ［美］阿罗诺维兹：《知识工厂：废除企业型大学并创建真正的高等教育》，周敬敬、郑跃平译，高等教育出版社2012年版，第26页。

成功的比例很低，中产阶级想要通过教育进入社会精英行列的要求也没有得到满足，高等教育扩张的结果是增加了人们的不满。

随着与社会的联系日益密切，大学内部环境的变化越来越令人难以满意，学生人数在持续增加，但新增的教育资源却仍然很少，这导致学习条件的恶化、与教师接触的机会减少以及行政主义的抬头，"高等教育的规模扩张伴随着资源的紧缺，这一点，在贫困生的不断增加、学者薪金的不断下降、学者社会地位的不断降低、大学组织的日益凌乱等方面可以得到印证，伴随这种衰退还出现了人们对于教育标准下降的指责"①。大学作为一个学术共同体的凝聚力在迅速瓦解，"大学内部已经迅速地官僚化与政治化，作用于大学内部存在方式——即追求和获得严肃知识的存在方式——的外部官僚和政治影响也扩大了；由于财政上的必要性、为社会服务的愿望和它们的教师在学问、政治和金钱上的抱负，大学在发挥其传统的学术功能的同时，还被吸引接受许多校外的责任"②。大学变成了一个松散的组织联合体，它的各部分的目标似乎总是处于重叠之中，"它用过度专业化取代低度专业化，用对青年的放纵取代苛刻的纪律，用无休止的、有时甚至不加鉴别的对创新的热衷取代复古主义，用愚鲁的职业教育主义取代非实用性，用嚣张的科学主义和拙劣的实证主义取代对科学的忽视，用对这个反智主义社会的恭顺逢迎来取代对变革的顽固抵抗"③。换言之，大学失去了自己的灵魂，它在迎合世俗中迷失了方向。

大学已经与传统的象牙塔形象相去甚远，其公共性色彩正在衰减，"公立高等教育经历了财务和观念上的转变，这一传统上主要由国家承担的用以培养劳动力和知识渊博公民的活动，在今天却转由个人和家庭来承担，并被描述为主要服务于私人利益，是个体获得证书和工作机会

---

① ［英］史密斯、韦伯斯特主编：《后现代大学来临？》，侯定凯等译，北京大学出版社2014年版，第3页。

② ［美］希尔斯：《学术的秩序——当代大学论文集》，李家永译，商务印书馆2007年版，第86页。

③ 哈佛燕京学社主编：《人文学与大学理念》，江苏教育出版社2007年版，第48页。

手段"①。大学学位的性质已经从公共物品转变为个人物品,"社会责任感缺失、对公共事务缺乏了解被认为是美国社会的严重问题,大学本应肩负起社会的重托,将学生培养成民主社会中富有责任心的知识公民,但现实却是:多数大学无法群策群力地实现这一目标"②。大学也不再是一个知识性组织,"由于大学已成为知识工厂和现代社会的思想库,大学就必须为此付出代价,大学已失去了它的清廉,失去了对自身命运的控制,大学缺少整体原则,即缺少不仅为其成员提供知识,还要为他们提供控制尤其是自我控制标准所必需的完整的理性"③。人们已经无法确信大学仍然有能力去生产和掌控新的更为分散的知识,"在新的大众化阶段,大学不能保证学生获得'特权'知识,因为这样的知识已不复存在;同样,大学也不能保证把学生培养成适应不同专业分工的'专家',因为认识论方面的不确定性和劳动力市场的重新整合,已经打破了传统的劳动分工格局"④。知识本身在现代社会中不断向着开放性与多元性的方向所演进,知识除魅的背后是原先权力结构的瓦解,没有人将有资格以权威者与立法者的角色为别人立法,"我们的时代绝不是一个拥有乌托邦的时代,当一个学者彻底而中肯地对我们所处状况当中的种种弊端进行批评并拿出一套疗治的方案时,我们会对此表示怀疑,并且讥讽这是另一种乌托邦,那种试图提出某种疗治方案的著述活动已经丧失了信誉"⑤。大学变成了一个类似企业的行政性组织,其内部雇佣成千上万的人,收取高额的学费,筹集了巨额的捐赠,在一些城市和城镇,大学或学院成为当地最大的地主,依靠出租土地或房屋来获取收益。

现代大学已经成为一个完全融入于外部世界的世俗机构,一个为他

---

① Scott Carlson. When College Was a Public Good, https://www.chronicle.com/article/when-college-was-a-public-good/. 2021 - 04 - 21.

② [美]博克:《回归大学之道》,侯定凯等译,华东师范大学出版社2012年版,第28页。

③ [美]布鲁贝克:《高等教育哲学》,郑继伟等选译,浙江教育出版社2001年版,第140页。

④ [英]史密斯、韦伯斯特主编:《后现代大学来临?》,侯定凯等译,北京大学出版社2014年版,第72页。

⑤ [英]鲍曼:《立法者与阐释者:论现代性、后现代性与知识分子》,洪涛译,上海人民出版社2000年版,第259页。

人提供服务而获得资源的中转站，它在失去公共性的同时也失去了民众的真诚拥护，"公众对高等教育的支持也日渐无力，州议会对公立高等教育机构的审查则日益严格详细；在议员、公民和商业领袖，甚至是大学的成员中，对美国大学的核心价值和使命普遍存在着一种不确定感；现代大学持续扩大的规模和复杂性以及承担更多责任的趋势，使得我们难以清晰地认识它众多的贡献，也难以就大学最重要的作用这一问题达成共识"[①]。高等教育越来越受到政府及其官员的重视，其衡量标准是，高等教育有助于人力资源开发和国际经济竞争力，而不是培养文明和受过严格教育的公民。事实上，大学已经很少甚至不再承担作为社会价值重塑和信仰重建的组织使命，商品化、虚拟化和后现代化时代的到来迫使大学发现自身正站在未来选择的十字路口上。

三 高速公路上的"飞行者"

20 世纪中期以来，终身教职制度一直是美国大学教师聘用的主导模式，这一制度既能保障教师在教学和科研活动中的各项权利，也能够吸引优秀人才进入学术界，总体而言，这一制度支撑起美国规模庞大的高等教育师资体系。在 20 世纪下半叶，全球化进程的加快推动了大学与市场经济的融合，大学教师像其他专业人员一样更多地被市场化潮流所裹挟。面对多样化的社会需求及日益严格的公共问责，以公立研究型大学为代表的美国高等教育机构在学术职业的人员构成方面发生了巨大变化，终身制和终身轨教师的比例出现明显下降，全职非终身制教师的比例大幅上升，他们尽管被学校所雇佣，但却没有获得终身职位的机会、没有长期就业保障、没有传统全职终身教职员工的地位。非终身制教师逐渐成为大学中从事教育教学活动的重要力量，这一变化被芬克尔斯坦（Martin J. Finkeltein）称为"学术革命"，这场"学术革命"带来了深远影响，"美国高校非终身轨和兼职教师不断上升的现实正从根本上改变着高校的学术劳动力市场，学术职业开始出现分化，在教师聘任中形成

---

① ［美］刘易斯、赫恩：《美国公立研究型大学：为新时代公共利益服务》，杨克瑞、王晨译校，河北大学出版社 2007 年版，第 49 页。

了'双轨制'——终身轨（包括已获终身教职教师和终身轨教师）及非终身轨（包括全日制非终身轨及临时聘任的兼职教师）"[1]。非终身制教师大多不在传统的学术自由原则的涵盖范围内，也很少得到集体谈判协议的保护，对于这些教师来说，他们不再是象牙塔中享有特权的专家，而是一群为了谋生而在多个机构从事兼职工作的临时工，一群不停奔波的"高速公路飞人"（freeway flyers）。

在莱蒂西亚（Letizia Guglielmo）看来，美国高等教育领域存在着一种"皇帝的新衣"现象，每个大学的宣传册中都标榜着自己拥有雄厚的师资力量，这些教师享有终身教职制度的保护，他们在毕业典礼上穿着博士袍游行、在排满书籍的办公室里撰写学术书籍和文章、在教室里用心指导着一小群学生，然而他们在整个教师队伍中只占很小的一部分，大学真正拥有的是一大批临时教员，这些教师履行着大部分教学职责：授课（传统和在线）、批改试卷和考试以及指导学生。[2] 非终身制教师的大量涌现反映出美国高等教育机构面临着艰巨挑战，在经费、绩效、竞争与问责的多重压力下，成本最小化成为最佳办学策略，聘用费用低廉和福利缺失的非终身制教师成为美国各级各类大学降低办学成本的理性选择。终身教职制度并没有消失，但它已不再是大学教师最为常见的聘用形式，根据美国教师联合会（The American Federation of Teachers，AFT）的统计，在 1997 年至 2007 年的十年间，全职非终身制教师的比例从 17.4% 增加到 18.8%，兼职教师从 41.9% 增加到 46.7%，终身教职和终身制教职员工的比例则从 40.7% 降至 34.5%。"[3] 另一份数据调查显示，从 1993—1994 学年到 2009—2010 学年，美国大学中每个学术职位层次拥有终身教职资格的大学教师的比例都在下降：教授中终身教职教师的比例从 91.9% 下降到 90.3%，副教授中终身教职教师的比例从 76.8% 下降到 74.6%，助理教授中终身教职教师的比例从 14.4% 下降到

---

① 刘鸿：《美国高校教师聘用类型的分层》，《中国高教研究》2014 年第 12 期。

② Guglielmo, Letizia, and L. Gaillet, eds, *Contingent Faculty Publishing in Community*：*Case Studies for Successful Collaborations*, Springer, 2014, pp. 2–3.

③ American Federation of Teachers. "AFT Resolution Faculty and College Excel-lence Campaign," http：//www. aft. org/about/resolution_ detail. cfm? articleid = 1495. 2019 – 11 – 12.

7.2%，教员中终身教职教师的比例从 38.3% 下降到 28.2%，讲师中终身教职教师的比例从 10.8% 下降到 1.4%。[①] 与此同时，根据美国教师退休基金会（Teachers Insurance and Annuity Association of America，TIAA）的调查，在 2012—2013 学年，美国非终身制教师的比重已达 70.4%，其中全职非终身制教师占比为 18.2%，兼职教师占比为 52.2%，兼职教师的人数已经超过总人数一半（详见表 1 - 3），终身制教师的比重已不到总人数的三分之一，他们成为大学教师中的少数群体。

表 1 - 3　　美国大学教师聘用情况调查（1993 年、2003 年、2013 年）

	1993	占比（%）	2003	占比（%）	2013	占比（%）	人数增长 1993—2013	增长比重 1993—2013（%）
全职教师	530550	59.9	624238	53.8	696402	47.8	165852	31.3
终身制教师	274894	31.0	282831	24.4	306742	21.0	31848	11.6
终身轨道制教师	111831	12.6	127666	11.0	124650	8.5	12719	11.4
非终身轨制教师	143825	16.2	213841	18.4	265110	18.2	121285	84.3
兼职教师	354991	40.1	536215	46.2	761290	52.2	406299	114.5
总计	885541		1160453		1457692		572151	64.6

资料来源：Teachers Insurance and Annuity Association. Taking the measure of faculty diversity, https：//www.tiaainstitute.org/sites/default/files/presentations/2017-02/taking_ the_ measure_ of_ faculty_ diversity. pdf. 2022 - 02 - 04.

总体上看，相对于 20 世纪中期来说，美国大学教师聘用状况已经发生了巨大变化，"如果以前大多数教员都是全职工作，并持有提供学术自由和任期经济保障或导致考虑该地位的任命，近年来增长最快的是两类临时教师任命：一类是兼职职位，通常只限于一个学期的一门课程；另一类是全职定期职位，通常为一到三年的雇佣期，不考虑终身制"[②]。越来越多的学校将传统大学教师的职责——教学、研究和服务——进行

——————————

[①] 张斌贤主编：《美国高等教育史》（下），教育科学出版社 2019 年版，第 249 页。
[②] American Association of University Professors. AAUP Contingent Faculty Index 2006，https：// www. natcom. org/sites/default/files/pages/NCA_ Career_ Center_ AAUP_ Contingent_ Faculty_ Index_ 2006. pdf. 2020 - 11 - 09.

拆解，同时聘请大量临时性学术人员担任低年级本科生教学工作，终身制教师岗位的持续锐减使得教师中的许多人——尤其是仍在任职初期的青年教师——都遭受着严重的焦虑和不安全感。[1] 在聘用制全面改革的背景下，学术职业的新进入者将很难在最有利、以研究为导向、资源充足的学术环境中找到职位，在多所学校从事兼职工作成为他们日常工作的重要方式，非终身制任命方式现在已经成为越来越狭窄的职业阶梯上的第一级，大学青年教师的职业前景比以往任何时候都更具偶然性和挑战性。

美国高等教育领域正在产生一种以非终身制教师为主体的新的教师职业聘用模式，这种模式是对传统教师就业模式的重大背离，也代表着传统学术劳动力构成的重组——由一支具有共同背景、共同使命、共同职业轨迹组成的相对同质的劳动力队伍转变为一支高度分化的劳动力队伍，后者由不同的背景、职业轨迹、动机和工作角色所标识，"事实上，通往终身教职的道路已经迅速地消失在地平线上，越来越常见的是，当年长的教师退休或者离开大学时，他们带走自己的学术研究进路，他们研究的主题和领域也都随之消失，为了填补缺口，临时的和偶然的教职慢慢地取代了初等级别的终身教职。越来越多的博士，尤其是人文、科学领域的博士在常青藤大学和其他一些研究型大学获得一年、两年、三年或五年的非长期教学工作"[2]。越来越多的学者签订的是临时的、不安全的合同，对他们来说，学术界失业的前景一直隐约可见，曾经有所保障的学术工作困难重重，"关于非终身制教师的刻板印象比比皆是：他们不合格、被剥削、被低估；他们是'吉卜赛'教员，在校园之间穿梭，工作过度，薪水过低；他们是教授的'追求者'，却无法达成愿望；非终身制教师既是'隐形教师'，也是一群'幽灵'"[3]。以兼职教师为

---

① Castagnera, James. "Organizing of Teaching Faculty in Private Higher Education Bucks a Long-Standing Historical Trend in American Unionization", *Journal of Collective Bargaining in the Academy* 11.1 (2020): 1 - 5.

② ［美］阿罗诺维兹：《知识工厂：废除企业型大学并创建真正的高等教育》，周敬敬、郑跃平译，高等教育出版社 2012 年版，第 67 页。

③ Roger G. Baldwin, Jay L. Chronister, *Teaching without Tenure: Policies and Practices for a New Era*, Baltimore: The Johns Hopkins University Press, 2001, p. 77.

代表的非终身制教师岗位曾被视为走向稳定就业的"垫脚石",然而现在这种不稳定的学术就业状态反而构成了一个独立的、不安全的、庞大的劳动力就业市场,令人遗憾的是,非终身制教师在申请所在大学的终身教职时不一定有"近水楼台先得月"的便利,反倒可能因为缺点都已经暴露而成了"外来和尚会念经"这一观念的牺牲品,这些临时教师中许多人最终离开了这一职业,但大学坚信:总会有新的替补者出现。

阿特巴赫曾预言,未来的大学教师在很多方面将不同于传统大学教师模式:拥有专职的终身聘用职位将更少;兼职教师的数量会增多;更多教师将担任专职的、非终身聘用的教学职位,这些教师将形成一种大学中的流浪无产阶级,他们不再指望获得定期任命,而是不断从一个岗位转到另一岗位。① 从现实发展来看,这一预言正在变成现实,学术任命类型的转变是当代美国高等教育中最令人迷惑的一种趋势,这一现象侵蚀了甚至逆转了先前的进展(指大学教师的专业化),从而对教师职业自治和教师专业发展等学术事务产生至关重要的影响,鉴于非终身制教师的任命数量和比例急剧上升,美国的教师队伍正在以惊人的速度进行重组。② 令人无奈的是,这一趋势在短时期内难以得到根本性扭转。

---

① [美]阿特巴赫:《比较高等教育:知识、大学与发展》,人民教育出版社教育室译,人民教育出版社 2000 年版,第 6 页。

② Jack H. Schuster, Higher education in the United States: Historical excursions, http://redie. ens. uabc. mx/vol3no2/contents-schuster. html. 2021 – 04 – 23.

第二章 美国公立大学非终身聘用制的兴起原因

> 大学本身，不知何故相信只有商业部门知道如何管理大型复杂企业，正越来越多地转向与学术企业的目标或价值观无关的、未经检验且往往不恰当的内部"商业模式"。
>
> ——［美］金腾伯格《非终身轨教师》

教育现象是社会现实的直观映射，是发生着的社会变革在教育领域内的客观呈现，以大学为代表的高等教育机构无时无刻不受到来自社会的影响和制约。"纵观大学的发展史，无论是作为教会的婢女还是国家的姻亲，无论是政治的同谋者、文化的传承者还是经济的赞助者，大学从来都无法单独存在，大学始终镶嵌在社会系统之中。"[①] 大学已经成为一个国家社会生活和经济生活的重要参与者，那它就必须服从一些更普遍、更公共的利益，而这些利益往往会与大学的自身利益存在冲突，当双方的矛盾难以调和时，现代大学必须以生存为第一原则，进而不得不进行一些违背教育规律和价值追求的变革。非终身制教师崛起是美国高等教育在新的历史和现实条件下持续变革的产物，克罗斯（John G. Cross）等人认为："兼职性质的非终身制教师取代终身制教师的趋势之所以出现，是由于各机构寻求资金、人员和学术上的灵活性，而环境机会和必要性的结合又进一步促进了这种灵活性。"[②] 事实上，学术机构寻

---

① 叶赋桂等：《大学的兴衰》，清华大学出版社 2016 年版，第 214 页。

② John G. Cross, Edie N. Goldenberg, *Off-track Profs: Nontenured Teachers in Higher Education*, Cambridge: The MIT Press, 2009, p. 20.

求灵活性仅是非终身制教师崛起的原因之一，社会思潮的由"左"转"右"、大学组织的时代转型以及教师个体的自主选择是推动非终身制岗位从边缘走向中心的重要因素。

第一节　宏观社会变革的冲击

无论是在历史上看还是从现实上说，外部因素都是导致大学发生变革的重要力量，"法国的拿破仑、德国的教育部长、英国的大学拨款委员会、美国非专业性的大学管理委员会和联邦议会，还有对种种需求和可能性特别敏感的基金会，就像催化剂一样，这些外部力量的影响是巨大的，而许多新发展与变化本来可以起于大学内部"①。大学是一个消耗性而非生产性的社会机构，其生存和发展所依托的资源都源于自身与外部社会的有效互动，很大程度上，大学是社会变革的被动承受者，其变革的根源在于社会。非终身制教师长期以来都是美国高等教育领域的组成部分，过去这些教师主要集中于以社区学院为代表的教学为主型教育机构中，自 20 世纪 80 年代以来，随着美国的国家发展理念从强调平等与民主的左翼逐步转向重视竞争与自由的右翼，整个社会都在发生了深刻变革，非终身教职制度的兴起是这一变革在高等教育领域的现实表现。

一　新自由主义思潮抬头

高等教育在二战后的美国曾享有特殊地位——公众普遍尊重高等教育机构，对这些机构的存在价值深感认同，最重要的是，人们认为高等教育是物有所值的长期投资。到了 20 世纪 80 年代中期左右，美国社会开始怀疑高等教育的现实影响，公众对高等教育的信任度持续下降，高等教育规模大扩张时期结束，这段时期在美国大学教师发展史上同样是一个分水岭，这些变革之所以发生，其根源是整个国家的主导性社会思

---

① ［美］克拉克·科尔：《大学的功用》，陈学飞等译，江西教育出版社 1993 年版，第 74 页。

潮发生了深刻转变。随着 20 世纪 80 年代以来美国政府执政理念的转向，新自由主义成为社会上的主导理念，这一理念反对国家和政府对经济及社会事务的过度干预，强调市场在资源配置中的重要性，要求政府角色从"福利国家"推动者转变为自由经济"守夜人"。① 新自由主义作为一种倡导自由竞争、反对政府干预、鼓励个人创新的思潮在 20 世纪晚期成为美国社会的主导理念，高等教育被视为一种服务于私人利益而非公共利益的物品，上大学越来越多地被视为是对个人未来职业的投资，因此，个体享受高等教育应该由自己而不是通过公共渠道付费。新自由主义思潮的崛起也冲击了传统高等教育办学模式，联邦和州政府对高等教育的财政支持有所下降，政府一方面削弱了对大学教育的资助；另一方面又加强了对高等教育的监管，随着大学办学资金的日渐紧张，学校不得不对学术职业采取改革措施，"公立大学的用人者针对资金减少采取的一种办法就是改变聘用形式，比如增加兼职职工的数目，采用合同外包或者裁减正式职工，总之，用人单位在解决他们的财政问题上，充分发挥了聘用的灵活性"②。引入非终身制岗位被各级各类大学视为摆脱财政困境的"良方"，因此普遍对终身教职制度进行了改革。

　　历史上看，自美国高等教育体系产生以来，来自州政府的财政拨款始终是公立高校办学经费的主要来源，"政府是高等教育的主要提供者，它们一直在向大学施压，以证明公共资金的最大产出，并补充私人来源的预算，从意识形态上讲，教育被重新配置为微观经济改革议程中的关键要素，既是本身的高预算产业，又是竞争激烈的全球市场中其他产业的人力资本提供者"③。美国大学与政府（特别是州政府）的关系极为复杂，高等教育在美国社会充当着一种平衡轮（Balance Wheel）角色，这一角色意味着当国家财政状况良好时，高等教育拨款与其他将会短期内大幅度增加，而当国家财政状况疲软时，高等教育拨款则不成比例地减

---

① 张伟：《美国高校兼职教师崛起的原因与影响探微》，《比较教育研究》2020 年第 6 期。
② ［美］简·柯里等：《全球化与大学的回应》，王雷等译，北京大学出版社 2010 年版，第 164 页。
③ Currie，Jan，"Globalization Practices and the Professoriate in Anglo-Pacific and North American Universities"，*Comparative Education Review* 42. 1 (1998)：15 – 29.

少。总体上看，州政府特别是控制预算的州议会对公立大学的发展起着关键性作用。"州议会通过拨款、补助计划以及具体项目或者其他途径来决定各个大学接受公共资助的水平和程度；立法机构调节学费，制定全州范围的招生政策；私立大学和非本州学生的政策同样会受到州议会的影响；立法机构内部结构的变化也会对该州的高等教育政策产生直接或间接影响。"① "二战"以后，美国大学在政府积极性财政资助下获得了迅速发展，并逐渐形成了对公共资金的依赖，政府的"财务兜底者"角色曾支撑起规模宏大的高等教育大众化进程，也为大学教师创造出一种稳定、宽裕和良性的经济环境。

20 世纪 80 年代以来，大西洋两岸倡导自由与竞争的保守主义势力日渐抬头，苏联解体所带来的资本主义的"全球胜利"为人们描绘出一幅私有化和商品化全面胜利的"浮世绘"。作为一种消极的社会理论，新自由主义的核心思想在这一时期取代了凯恩斯倡导的积极性社会供给理念——后者强调政府调控和监管，以应对资本主义固有的经济不平等和系统性风险。新自由主义经济学家倡导理性选择假设，它将消费者的选择视为经济力量的基础，认为当一个产品在市场上失败时，它就必须被取代，因此，市场的最终统治权属于消费者。② 近年来，在新自由主义理念的指引下，美国对传统的福利国家理念和制度进行了改革，教育——作为公共福利的重要组成部分——是这场改革的主要对象，长期担任高等教育"金主"角色的政府机构（主要指州政府）秉持自由竞争的价值预设持续减少经费投入，使得高等教育机构（特别是公立院校）面临巨大的财政压力，后者不得不寻求各种途径降低办学成本，非终身制教师的增长在一定程度上是大学对公共教育财政支持面临困境的回应。

新自由主义思潮的出现使得美国各级政府用于高等教育领域支出的波动变得更加明显。③ 许多州调整了与高等教育部门的经济关系——两

---

① Hicklin, Alisa, and Kenneth J. Meier, "Race, Structure, and State Governments: The Politics of Higher Education Diversity", *The Journal of Politics* 70.3 (2008): 851 – 860.

② [美] 阿罗诺维兹：《知识工厂：废除企业型大学并创建真正的高等教育》，周敬敬、郑跃平译，高等教育出版社 2012 年版，第 52 页。

③ Delaney, Jennifer A., and William R. Doyle, "State Spending on Higher Education: Testing the Balance Wheel Over Time", *Journal of Education Finance* (2011): 343 – 368.

者逐渐从拨款与被拨款转变为补贴与被补贴的关系，州政府用于高等教育的投入普遍大幅萎缩，"美国的绝大多数中学后高等教育机构面临着财政压力，产生压力的原因包括公共拨款的减少、公众对大学支持的减退以及对其他形式的公共服务要求增长的财政竞争，这种资源的减少，加之高等教育私有化的兴盛以及来自私立大学的竞争，使得公立的高等教育在政策和服务上面临变革的压力，对于公立研究型大学，这种压力是最大的"[①]。总体上看，自 1987 年以来，在公立高校获得的所有收入中，州和联邦政府投入的数额有所增加但所占份额急剧下降，这种趋势在公立研究型大学中更为突出，"1987 年到 2012 年的 25 年间，加州大学伯克利分校（University of California at Berkeley）获得的来自州和联邦两级政府的财政支持从 3.35 亿美元上升到 3.84 亿美元，其占学校总收入的比例却从 49.4% 下降到 22.6%，降幅达到 26.8%；同一时期的佛罗里达大学的政府支持从 3.23 亿美元上升到 6.34 亿美元，其占学校总收入的比例从 56.0% 下降到 29.9%，降幅达到 26.1%"[②]。总体上看，州政府提供的高等教育人均拨款在持续下降，而且每年都变得越来越不稳定，按照这一趋势，公共教育财政投入已经很难满足大学发展的现实需求。

　　美国公立大学目前正像私立大学一样逐渐与政府脱离财政隶属关系（只是在名义上保留州立大学的称谓），公立学校亟须寻求用更少和更不可预测的资源来教育更多学生的方法。随着各州政府进一步调低大学预算拨款额度，美国公立大学普遍遭遇到严重的预算停滞问题，许多学校不得不一方面提高学费收入，另一方面则压缩师资成本。20 世纪 90 年代以来，美国各级各类大学的学费增长速度远高于家庭收入、消费投入与学生资助的增长速度，近些年来，由于高等教育必须与医疗保健和罪犯改造等其他公共事业一起进行有限财源的残酷竞争，这种情况愈演愈烈。美国公立大学目前正依靠提升学费收入来支撑其大规模事业的顺利

---

　　① ［美］刘易斯、赫恩：《美国公立研究型大学：为新时代公共利益服务》，杨克瑞、王晨译校，河北大学出版社 2007 年版，第 1 页。

　　② The Chronicle of Higher Education. 25 Years of Declining State Support for Public Colleges, https：//www.chronicle.com/interactives/statesupport？ -cid = wsinglestory. 2019 – 01 – 05

运行，"1980 年至 1990 年美国上大学的学杂费价格年平均增长略高于9%，几乎是通货膨胀率的两倍，1976 年至 1996 年，公立大学的平均学费从 642 美元增加到 3151 美元，私立大学从 2881 美元增加到 15581 美元。同期，公立两年制大学的平均学费增加了五倍，从 245 美元增加到 1245 美元"[①]。学费的上涨导致公众的教育成本急剧增加，学生贷款债务显著提升，难以忍受的学费支出加上糟糕的就业市场使得人们开始质疑大学教育的价值，进而引发了关于大学融资和成本的政策辩论，越来越多的人呼吁应加强对大学的问责。[②] 随着新自由主义理念在高等教育领域的盛行，在这一由成本效益分析和投资回报率驱动的文化中，大学面临着在资金不足的情况下提高效率和生产力的压力，终身制教师职位对于大学来说成本越来越高，因为所有的固定性质的教师岗位都代表着长期的、相对不灵活的投资。"除尽力寻求教育资源的多方支持外，美国各高校还着眼于加强学校的内部管理，增强成本效益意识，提高资源利用率，而大量聘请兼职教师、教师构成多样化、增加非终身制专职教师的比例、对终身教授制进行改革以及教师提前退休计划等可以说是市场力量渗入高等教育教师管理的具体体现。"[③] 新自由主义理念在高等教育领域的兴起加强了非终身制教师作为临时工的地位，他们被视为缓解学校财政问题的工具，其发展是学术劳动力市场变革（如重组、裁员和外包）的结果。

从 20 世纪 80 年代后期开始，美国高等教育办学理念经历了一次深远变革，"大学和学院已经采取了企业化的框架和观念——私立大学和公立大学都是如此——它们以成本上升和收入下降或停滞为名进行了'裁员'，也利用预算削减来影响决策权力，使其从教师转移到管理者，大学机构变得更加官僚化，校长和名誉校长更像是企业管理者，而不像学

① Roger G. Baldwin, Jay L. Chronister, *Teaching without Tenure: Policies and Practices for a New Era*, Baltimore: The Johns Hopkins University Press, 2001, p. 24.

② The Coalition on the Academic Workforce. A Portrait of Part-Time Faculty Members: A Summary of Findings on Part-Time Faculty Respondents to the Coalition on the Academic Workforce Survey of Contingent Faculty Members and Instructors, http://www. academicworkforce. org/CAW _ portrait _ 2012. pdf. 2021 - 04 - 12.

③ 李长华：《美国高校教师管理的新变化及原因探究》，《比较教育研究》2002 年第 6 期。

术带头人"①。迫于生存压力，美国大学必须在教师聘用制度上寻找另外的变通之道，"由于公众对于高等教育及其教员逐渐升高的批评、强制退休制的终止、日益萎缩的联邦及州政府的支持、消费者对符合其需求的教育的要求，以及与日俱增对科技的运用，大学开始选择有弹性的教师任命方式"②。学术职业曾经所强调的就业保障、竞争性工资和良好福利正逐步被灵活任用原则所取代，为了在履行基本功能的同时保持足够的竞争力，部分公立大学只能求助于雇佣价格低廉的学术劳动力，将终身制岗位转为非终身制岗位成为这些学校的普遍做法。

二　绩效管理备受推崇

20 世纪 80 年代以来，伴随着新自由主义思潮的崛起，美国社会兴起了一场新公共管理（New Public Management）运动，这场运动以追求"经济""效率""效益"（Economy, Efficiency, Effectiveness）为宗旨，力图在所有公共部门推行私营部门的管理模式，其突出特征是强调绩效管理和竞争机制。"新公共管理就是采用商业管理的理论、方法及技术，引入市场竞争机制，以提高公共管理水平及公共服务质量，里根政府大规模削减政府机构和收缩公共服务范围，就是将私人部门成功的管理方法引入公共部门管理领域之中，以提高政府效率，这些改革措施都强化了政府对教育的市场化取向，进一步将高等教育引向商业竞争的模式，以减轻政府的财政包袱。"③ 新公共管理主义运动的出现极大地冲击了传统大学办学模式，对教师的生存境遇和聘用形式也产生深远影响。

"新公共管理主义强调效率、精简、分散化、卓越和服务导向，它在公共部门发展'准市场'，并将权力从专业人员转移到管理人员，在国家预防机制中，效率是针对公共领域采用的私营部门的做法人们越来越

---

① ［美］阿罗诺维兹：《知识工厂：废除企业型大学并创建真正的高等教育》，周敬敬、郑跃平译，高等教育出版社 2012 年版，第 56 页。

② ［美］斯马特：《高等教育学》，吴娟等译，江苏教育出版社 2010 年版，第 283 页。

③ ［美］刘易斯，赫恩：《美国公立研究型大学：为新时代公共利益服务》，杨克瑞、王晨译校，河北大学出版社 2007 年版，第 2 页。

关注财务控制，将权力移交给高级管理人员，扩大审计范围，加强消费者导向，制定新的工作合同，减少对职业的自我监管，更多的企业家精神以及通过执行委员会进行的新形式的治理；精简和权力下放旨在发展新的组织形式，以提高灵活性，并通过外包或组建自治部门来拆分垂直整合的组织；绩效是通过结果来衡量的，服务导向侧重于服务质量和全面质量管理的责任制。"[1] 新管理主义运动的出现有着深厚的理论积淀和民意基础，是社会公共服务市场化改革的现实体现。20 世纪中期以来，随着入学人口的变化、教学技术的进步以及学生及其家庭消费意识的增强，大学间围绕着办学资源展开激烈竞争，许多大学已开始采用商业策略来应对变化——为了提高经济效率，它们选择按照重要性对各项事务进行优先性排序并且开始对人员结构进行调整。[2] 随着新公共管理理念被引入高等教育领域，问责制及相关绩效文化应运而生，为了在瞬息万变的世界中生存和繁荣，大学承受着越来越大的压力，它要根据预定指标对人力资本创造的价值进行量化和衡量，以显示理想的高等教育投资回报率，因此正逐渐成为一种全面拥抱市场并以客户为中心的商业组织，"大学基本上是在变成一个更像公司的组织，更自治，更有创业精神，更有竞争力，或者被赋予战略能力和'行动者身份'，大学也比以前更加明确地面对环境预期，例如，履行对希望从投资中获得更多'物有所值'的所有者（国家或社会）的责任"[3]。目前几乎所有高等教育机构都将私人筹资作为机构发展的重要资源渠道，同时将招收州外学生和国际学生作为财政开源的途径，它将一些辅助活动外包给私人公司以节省开支，也在某些情况下直接创建营利实体，因此其无可逃避地陷入市场运作模式之中。

以公立大学为代表的高等教育机构被视为公共服务机构的典型代表，

---

[1] Rhoades, Gary, and Barbara Sporn, "New Models of Management and Shifting Modes and Costs of Production: Europe and the United States", *Tertiary Education & Management* 8.1 (2002): 3 - 28.

[2] Liu Xiangmin, Zhang Liang. What Determines Employment of Part-Time Faculty in Higher Education Institutions?, https://ecommons.cornell.edu/bitstream/handle/1813/74597/cheri_wp105.pdf?sequence=1&isAllowed=y. 2021 - 05 - 08.

[3] Kretek, Peter M. and Barbara M. Kehm, "Transformation of University Governance: On the Role of University Board Members", *Higher Education*, 65.1 (2013): 39 - 58.

然而其效率和效益长期以来饱受社会公众的质疑，"政府官员、州立法者、州高等教育官员、国家主要慈善基金会人员、议会议员、联邦负责学生资助的官员、直接负责每个高等院校的董事会和监事会等长期以来不断对高等教育机构提出批评，这些批评主要针对学术界内部，特别是要求教师的工作更具生产性和效率，希望学术界对消费者和顾客负责；商业界和企业界对学术界人士能够享有工作安全感也表示不满。"① 长期以来，媒体对大学学费上涨、管理人员高额薪水、学生毕业率下降等事件的报道事件强化了公众的一种印象，即所有大学（特别是公立大学）都受到低效的困扰，这给学生、他们的父母和公众带来了不适当的成本，因此有必要对大学进行问责，"高等教育内部和整个国家不断变化的条件促使政府官员、企业高管和有关公民鼓励高等教育进行'整顿'，其内容涉及：降低机构运营成本、控制不断上涨的学费、重视本科教育、增加对教师工作量和生产力的问责制以及对终身制的考核与改革，这些因素引发了高等教育改革及其教师聘用上的变化"②。由于公立大学事实上占用了大量公共资源，因此公众宣称对公立大学创造的绩效并不满足，同时要求大学对相关资源的使用效率和效能做出说明的呼声也越来越高。受这场运动的影响，一些公立大学开始将企业人力资源管理的理念与经验引入教师聘用制度的改革，以增强管理的灵活性，"由于公众对于高等教育及其教员逐渐升高的批评、强制退休制的终止、日渐萎缩的联邦及州政府的支持、消费者对符合其需求的教育的要求以及与日俱增对科技的运用，大学于是选择有弹性的教员任命方式"③。新公共管理主义推动了公立大学的快速转型。

以责任为中心的新公共管理主义运动在 20 世纪 90 年代席卷了整个美国高等教育，这场运动鼓励将问责与绩效原则作为大学改革的方向，那些接受其原则的学校则普遍建立了鼓励在学院和院系层面做出具有成

---

① 耿益群：《美国高校终身教授制度的困境与出路》，《比较教育研究》2006 年第 2 期。

② Roger G. Baldwin, Jay L. Chronister, *Teaching without tenure: Policies and Practices for a New Era*, Baltimore: The Johns Hopkins University Press, 2001, p.14.

③ Massy, William F., and Andrea K. Wilger, "Productivity in Postsecondary Education: A New Approach", *Educational Evaluation and Policy Analysis* 14.4 (1992): 361–376.

本意识的决策的系统，由此它们创造了强大的激励机制来参与上层管理人员没有自觉推动的实践——雇用更便宜的非终身制教师。在一种较为苛刻的社会环境下，几乎所有的高等教育机构，即使是最富有的高等教育机构，在试图应对看似永不满足的知识和教育需求时，都遇到了资源限制，也就是说，任何机构都不能像过去那样运作，而是必须进行调整以削减成本并重新排序优先事项。伴随着财政资助减少的是愈加严格的绩效问责制，在经费、绩效、竞争与问责的多重压力下，许多公立高校近年来持续推动管理模式改革，处于夹缝的院校管理者将企业所推崇的效益优先原则作为改革指导原则，力图以竞争模式实现资源整合与效益最大化。① 大学正逐步实现从传统的学院精神向经济理性主义和新管理主义意识的转化，"管理超越学术成为大学应对激烈竞争性市场挑战的主要动力源泉，市场价值、成本效益、管理绩效、战略规划、质量保障、问责审计等成为描绘大学发展的常用词汇"②。受外部环境的影响，大学教师越来越被视为机构效率低下的根源或解决该问题的障碍，其中大部分责任都指向终身教职制度，后者成为美国大学人事制度改革的重点领域，非终身制教师作为市场化改革的标志，被视为终身教职教师的理想替代者，也是推进绩效管理模式能够利用的力量。

非终身教职制度的出现与大学面临的日益严苛的绩效考核压力密不可分。绩效管理在大学中的兴起源于近年来美国各级政府推行的绩效拨款政策，这一政策改变了传统上的政府教育拨款的标准——根据成果（例如，毕业生的数量或百分比，发表的文章的数量）而不是纯粹根据入学需求而分配。"美国地方政府在 2008 年金融危机后财政极为紧张，高等教育绩效拨款政策进入 2.0 时期，高等教育绩效拨款经费占州高等教育财政经费总额的比重大为提升，由 1%—6% 普遍提高到 5%—25%，同时绩效拨款不再作为一个独立列支的经费子项目，而是嵌入州高等教育财政预算中，从而在预算过程中不易被更改或删除，绩效拨款稳定性

---

① 张伟：《美国高校兼职教师崛起的原因与影响探微》，《比较教育研究》2020 年第 6 期。
② ［美］泰克希拉：《理想还是现实：高等教育中的市场》，胡咏梅等译，北京师范大学出版社 2008 年版，第 5 页。

明显提升。"① 绩效拨款政策的推行使得大学不得不更加谨慎甚至"吝啬"的对待每笔花销,"来自政治压力需要控制投入到高等教育系统的公共资金,而且需要对这一系统建立高效有力的组织管理模式,这些已经成为政策制定和行政管理议程上的突出问题,其结果就是使得政府和高等教育供给者之间出现新的等级弱化关系,政府和行政人员开始尝试用市场导向的管理和组织模式"②。教师工资是学校最大的一项支出,许多大学基于效益优先原则对师资结构进行了改革,把雇佣非终身制教师作为一种节约经费的策略,力图实现维持学校正常教学秩序不受影响但教学成本降低的目标。

近年来美国大学都努力向综合性大学转型,少数综合性大学则旨在追求成为更高层次的一流研究型大学,"每一所院校都注视着其他院校,借鉴领导市场潮流者的理念,并通过调整以找到自身的确切定位,从而确保哪怕是一点微小的竞争优势,但与此同时,又总是梦想着不断攀升到一个引人注目的高等教育地位等级"③。这种趋势意味着在各种资源相当紧张的情况下,学校仍要开设各种各样的专业以期获得更多学位的授予权,因此不得不招聘大量师资;同时由于教师的科研能力(特别是在顶级学术期刊上发表文章数量)是衡量一所大学是否成为综合性大学的重要指标,因此大学越来越多地鼓励终身制教师致力于研究,这使得终身制教授变得越来越专精于研究,而大学越来越依赖非终身制教授来提供本科生教学。④ 为了给少数精英教师提供理想的就业条件,大多数研究型大学出台政策降低终身教职员工的教学负担——大多数精英大学现在为新助理教授提供第一年只有两门课程和一个学期(甚至两个学期)的"育儿假",部分精英研究型大学教授的年度教学负担在过去十年中

---

① 罗新祜、陈亚艳:《美国高等教育绩效拨款政策的变迁》,《比较教育研究》2017 年第5 期。

② 〔葡〕泰克希拉主编:《理想还是现实:高等教育中的市场》,胡咏梅等译,北京师范大学出版社 2008 年版,第 1 页。

③ 〔美〕罗斯布莱特:《现代大学及其图新》,别敦荣译,北京大学出版社 2013 年版,第35 页。

④ Ronald G. Ehrenberg. Rethinking the Professoriate,https://ecommons.cornell.edu/bitstream/handle/1813/74625/cheri_ wp133. pdf? sequence = 1. 2021 – 04 – 12.

从每年四门课程减少到三门课程，"研究型大学对研究的重视是以丢失其教学和服务方面的传统使命为代价的，纷纷出台的将出版和生产知识置于教学之上的教师奖励制度不断激励终身制教师将时间和精力集中在研究上，并尽可能推迟或尽量减少教学负担"①。这一趋势产生了必须在部门预算范围内满足更大教学需求的问题，后者最终由非终身制教师的引入所解决，"学校之所以越来越依赖兼职教师和其他临时教师，主要是因为终身教员队伍越来越大，享有永久任命的教师年复一年地待在学校，不仅如此，他们的工资每年都会以共同掌权的名义递增，所以学校才聘用临时教师，为资深教授日益增长的工资买单，临时教师越来越多，正式教师更方便少干活了，至少可以只做自己选择的工作"②。大学追求绩效使得学术工作的性质发生变化，终身教职教师将精力从教学转移到学术研究上，非终身制教师则适时地填补了空缺，这是绩效优先原则的生动体现。

追求师资队伍的灵活性是大学聘用非终身制教师的另一个重要理由，出于增强组织能力和自主性的愿望，创造一支更灵活的劳动力队伍可以提高组织管理和适应外部环境变化的能力，也能够使管理者在学术人员和支出方面具有更大的灵活性，这对于历来依赖终身制就业模式的大学来说可能尤为重要。随着美国高等教育普及化进程的加快，越来越多的非传统学生进入到大学，这些学生数量庞大、类型多元，同时缺乏教育稳定性。入学人数的增长意味着更多的学费收入，但也意味着需要更多的教师来开设履行相应的职责，"学生群体和市场需求的多样性对高校师资提出了多样性要求，学生群体在类型、年龄、种族等方面的多样化以及市场需求的多样性决定了课程的多样性，非终身制教师的多样性又恰恰能满足课程多样性的需求；非终身制教师队伍之中不乏实践经验丰富的个体，这些人既能教授基础知识课程，又能教授基本技能课程，不仅能弥补专职教师队伍的不足，而且也完善了高校教师的知

---

① Waltman, Jean, et al., "Factors contributing to job satisfaction and dissatisfaction among non-tenure-track faculty", *The Journal of Higher Education*, 83.3 (2012): 411–434.

② ［美］汉克、德赖弗斯：《拷问美国高等教育》，胡晓姣等译，河北教育出版社 2016 年版，第 43 页。

识结构"①。聘用非终身制教师能够帮助大学满足非传统学生日益增长的教育需求，非终身制教师的加入有效地提高了大学在课程设置的时间和结构上的灵活性，他们也更加愿意承担那些终身教职教师所不愿承担的课程，"非传统学生比全日制学生更有可能参加晚上和周末的课程，但这样的安排经常引起终身教职教师的不满，大学通过增加非终身制教师以适应这种需求，从这个角度来看，非终身制教师可以被看作是合格的但相对便宜的劳动力资源的扩展，使该机构可以提供更多的课程来吸引和服务不断增长的非传统学生"②。事实证明，非终身制教师往往比新的终身制教师更能满足学生的现实要求。

受外部环境的影响，大多数大学（特别是在公立大学）的预算几乎陷入停滞状态，它们无法再增加昂贵的终身教职岗位，因此选择设置一些临时性岗位来降低人工成本（见表2-1）。"近几十年来，美国大学面对科研经费压缩、生源竞争紧张等压力，开源节流成了重中之重，其中教师工资成了大幅裁减的目标，但正式教师的工资不能随意升降，美国绝大多数大学都有终身教职的老师们的联合工会或者其他形式的组织，代表他们与学校的管理层谈判，公立大学的雇员们相当于州政府的雇员，其薪酬也有严格的规定；所以，美国大学就纷纷转向了工资低、没有福利的合同工。"③ 控制成本是非终身制教师岗位出现的重要驱动力，换言之，非终身制教师的增长是由大学或学院有意选择成本较低的教学人员取代价格昂贵的终身制教师引发的，聘用非终身制教师而不是终身制和有资格获得终身教职的教职人员可以实现财务节省，这对于财政拮据的大学来说是一个有诱惑力的选择。对于寻求更灵活就业结构的院校来说，聘用非终身制教师是一个很有吸引力的选择，建立更灵活的员工队伍可以提高组织管理和适应外部环境变化的能力。通过模仿企业劳动力的就业实践，大学以降低工资和福利为主要手段提高了预算效率，相对于终

---

① Leslie D. , Gappa J. , "Education's New Academic Work Force", *Planning for Higher Education* 4. 1 （1994）: 1 - 6.

② Liu, Xiangmin, and Liang Zhang. "Flexibility at the Core: What Determines Employment of Part-time Faculty in Academia", *Relations Industrielles/Industrial Relations* 68. 2 （2013）: 312 - 339.

③ 青帝:《3 万多美国大学教师贫困线上挣扎》,《大学生》2016 年第 11 期。

身制教师来说，非终身制教师往往比终身制教师承担更重的教学负担却较少享有传统上教师所具备的生活工资和福利、工作保障、任期和学术自由等方面的权利，同时也具有更强的办学灵活性，在新的或重组的学位课程的学生人数稳定之前，许多机构都不愿意做出长期的教师承诺，聘用非终身制教师为机构提供了更多机会来调整教师的工作任务和时间分配，也让机构更多地控制自己的命运。在合同期结束时，大学能够根据课程调整或入学人数变化选择重新分配或直接终止雇佣这些非终身制教师，非终身制教师为学术机构提供了极大的灵活性，他们是一群能够对学生人数变化做出及时反应的学术劳动力，这是很重要的，因为不确定的经济周期、紧张的预算以及1994年终身制教师强制性退休的取消都使得大学面临着沉重的经济负担。[①] 帮助学校摆脱经济负担是公立大学大量聘用非终身制教师的现实原因。

表 2 - 1　美国不同类型高校/教师年均薪水对比（2016—2017 学年）

（单位：美元）

类型	公立学校				私立院校			
	兼职教师	全职教授	全职副教授	全职助理教授	兼职教师	全职教授	全职副教授	全职助理教授
博士资格学校	26576	124485	90619	79126	22368	154369	106991	94470
硕士资格学校	21090	94201	76428	66532	19189	98437	78948	68590
学士资格学校	14092	87139	71379	60382	19222	93824	74204	63784
副学士资格学校	18743	82817	69738	60753	#	#	#	#

资料来源：American Association of University Professors. Visualizing Change：The Annual Report on the Economic Status of the Profession, 2016 - 17, https：//www. aaup. org/file/-FCS_ 2016-17_ nc. pdf. 2017 - 09 - 03.

自 20 世纪 80 年代后期，美国高等教育领域进入政府财政支持持续减少的新绩效时代，与此同时，学生入学人数增加则需要更多的教师在

---

① Zhang, Liang, and Ronald G. Ehrenberg, "Faculty Employment and R&D Expenditures at Research Universities", *Economics of Education Review*, 29. 3 (2010)：329 - 337.

课堂上。此外，公众对终身教职人员的负面印象迫使大学寄希望于聘用更多的非传统教师来打破困顿的现实状况。"由于大学和企业雇佣兼职人员承担全职人员的大部分工作，因而节省了大量的资金，但同时也失去了员工对企业的忠诚，这样做的冠冕堂皇的理由是裁撤冗员，实则是雇用兼职人员做同样的工作支付的工资更低；由于立法者对于高等教育作为一个稳定的并具有自己独特运行规则的机构不太理解或缺少共鸣，他们希望高等教育也能够向其他团体一样，为争取经费而相互竞争。"①非终身制教师充当着大学中的"备胎"角色，许多机构将聘用薪酬相对廉价的非终身制教师作为政府拨款下降的情况下应对招生人数增加情况的现实选择，"美国高等教育面临着重组和'勒紧腰带'的尴尬局面面临空前的公共财政压力，美国公立大学将费用低廉和零福利的非终身制教师作为降低办学成本的现实选择，即在一切开支费用中实行成本最小化策略，转而更多地依赖兼职教师和辅助教师，这也是公立大学领导层在成本最小化意识中的具体体现"②。20 世纪 90 年代中期以来，受绩效管理理念的影响，多数美国公立大学纷纷采取紧缩财务、压缩开支的政策，它们普遍推迟聘用终身制教师，增加在职教师的工作量，冻结教师晋升和加薪，暂停学术计划或取消专业，部分学校甚至劝导教师提前退休或解聘教师。"后来，大学财务状况开始有所改善，但一些学校并没有恢复原状，而是继续增加聘用兼职教师和非终身轨的全职教师，之所以这样做，无非是为了减轻长期的财政负担，同时又可以更加灵活地适应外界变化。"③绩效管理是公立大学更多地求助于非终身制教师的关键因素，大学能够获得的资金正在减少，但维持学校正常运转的成本却在增加，大学必须想方设法满足这些不断上涨的成本，因此他们提高了学费，但他们也需要想方设法在不让教师离开课堂的情况下限制开支，聘请非终身制教师被视为减少开支的一种方式。"关于临时雇用的大多数

---

① ［美］亚瑟·科恩：《美国高等教育通史》，李子江译，北京大学出版社 2019 年版，第 321—322 页。

② 卓泽林、柯森：《"紧缩时代"下美国公立研究型大学的应对策略研究——基于密歇根大学的经验、影响及启示》，《现代大学教育》2014 年第 6 期。

③ 顾建民：《美国大学终身教职制度改革》，《清华大学教育研究》2006 年第 1 期。

研究都基于双重劳动力市场框架，即对组织的核心活动至关重要的工人可以获得工作保障（除其他福利外），以增强其对机构的忠诚度并减少人员流动；同时，为了应对环境动荡，组织需要在调整就业水平方面保持灵活性，由于管理核心员工的内部政策无法轻松满足这种需求，因此组织可以将调整重点放在对组织不太重要的外围劳动力上，换句话说，工作不稳定和不安全感已从核心固定员工重新分配给外围的非正式工人。[①] 2008 年经济萧条以来，聘用更多非终身教职人员趋势仍在继续，追求绩效在聘用非终身教职人员方面起着主要作用。

总体上看，美国高等教育机构面临着一个动荡的环境，其特点是市场竞争加剧、技术进步、消费者人口结构不断变化和财政拮据，与公司和非营利性公司类似，高等教育机构也感受到了调整就业结构以应对这些快速变化的压力。"学院之间促成了一种类似于生态系统的行为方式——对资源的竞争，对环境需要的敏感性，遵循自然选择的规则以及对生存环境的适应性，所以当我们看到蛙塘里面的生态组织时，时常会联想到市场里小企业的行为方式：焦急地关注市场的需求；时刻准备适应市场的偏好；通过产品的边际效益在市场上占有一席之地的努力，以及通过与其他生产商共存获得一定市场份额的意愿，这就是今天我们看到的美国高等教育的世界。"[②] 强调长期就业和稳定的终身教职制度根本无法为大学提供生存所需的灵活性，事实证明，对于寻求更灵活就业结构的院校来说，非终身制教师是一个很有吸引力的选择。

第二节 大学组织制度的调试

凯瑟琳·巴克（Kathleen Barker）认为，从 20 世纪 80 年代开始，面

---

① Liu Xiangmin, Zhang Liang, "What Determines Employment of Part-Time Faculty in Higher Education Institutions?" https：//ecommons. cornell. edu/bitstream/handle/1813/74597/ cheri _ wp105. pdf? sequence = 1&isAllowed = y. 2021 – 05 – 08.

② 马万华主编：《多样性与领导力：马丁·特罗论美国高等教育和研究型大学》，教育科学出版社 2011 年版，第 15 页。

对来自全球竞争对手施加的压力，为了求得生存空间，美国各级各类机构都试图重组劳动力结构以降低成本和提高灵活性，劳动力市场进入一种"重建"状态，其特点是重组、精简和扩大临时就业。① 这一说法对于人们理解非终身教职制度在美国公立大学中的兴起颇具启发意义，事实上，来自其他国家的竞争只是美国学术劳动力市场发生剧变的众多原因之一，更重要且更为核心的因素要在大学内部去探寻。随着竞争加剧、技术进步、消费者人口结构变化和财政拮据等情况的出现，与其他社会机构一样，以大学为代表的高等教育机构同样感受到了调整制度架构以应对环境变化的压力。"20 世纪以前，大学的制度变迁比较缓慢，牛津、剑桥等古老大学从中世纪到现代大学的变迁几乎用了百年时间，之后，各国大学制度开始发生剧烈改变，"二战"后主要国家的高等教育都已经进入大众化阶段，随着全球化、市场化的深入推进，大学与市场的矛盾逐渐凸显，大学制度出现合法性危机的话题。"② 与美国经济的许多部门一样，高等教育机构也面临着一个动荡的生存环境，并且在内部制度上不断进行着各种各样的变革。越来越多的大学意识到，随着生存环境日益复杂，那种强调长期就业和稳定保障的终身教职制度已经无法为学校发展提供足够的灵活性，为了最大程度上获得生存资源，雇佣非终身制教师是一个值得尝试的做法，总体而言，公立大学非终身制教师的出现既与美国社会的主导思潮与发展理念转型密切相关，也受大学内部"微环境"变化的影响。

一　终身教职制度弊端频现

齐格蒙特·鲍曼（Zygmunt Bauman）对终身教职制度在当代社会中的处境有一段极为精彩的评论，他说："被否定的，不仅仅是终身教职制度，更有这个制度所蕴含的思想和对美好未来的憧憬——那种经历，就像美酒一样历久弥香；那种技能，就像造房子一样，是逐步累积起来的；那种声望，就像储蓄一样，保存时间越久，产生的利息就

---

① Kathleen Barker, Kathleen Christensen, *Contingent Work*: *American Employment Relations in Transition*, Ithaca: Cornell University Press, 1998, p.197.

② 叶赋桂等:《大学的兴衰》，清华大学出版社 2016 年版，第 235 页。

越多。"① 鲍曼无疑是终身教职制度的拥护者，但作为一名清醒的社会学家，他也承认这一制度已经很难真正得到社会的认同，如不改革，只能走入历史故纸堆，成为人们不愿提及的过往。终身教职制度曾经是大学教师作为一种专门职业登上历史舞台的标志，也为学术职业享有特殊的学术自由提供制度性庇护，然而这一制度却在当下陷入被普遍质疑的窘境，除了那些已经进入或者希冀进入终身教职制度内的人之外，它几乎已经找不到任何同盟军。经过数十年的演变，终身教职制度在发挥其保护学术自由和学者独立等方面价值的同时也体现出自身理念僵化与效率低下的问题，这一有着悠久历史的人事制度不得不在大学内外质疑声中进行改革与调试。非终身制教师崛起的原因之一便是终身教职制度在当今社会中陷入难以摆脱的困境。

　　美国大学教师终身教职制度的源头可追溯到 19 世纪中期的哈佛大学，这一制度要求大学对获得终身教职资格的教师具有特殊责任，除非发生一些极端事件，否则学校不能随意解聘教师，然而这一制度并不限制教师群体在各大高校之间的自由流动，换言之，在美国，获得终身教职的教师只要符合一定的教学科研的考核标准，其任职期限是不受外在力量的限制的，同时，教师个人可以根据自身情况自由地选择所在的高校，这是一种个体自由与制度保障相结合的聘用制度。② 20 世纪中期以来，终身教职制度一直是美国大学教师聘用制度的核心形式，它拥有几乎是全世界最严格、最规范、最系统的教师职位考核和晋升程序，一旦通过考核，大学教师便拥有了终身教职所赋予的各项权利，然而值得指出的是，"在学校面临财政困难或是教学计划调整等问题时，终身教职是可以解除的，获得终身教职的教师也可能会因为严重玩忽职守或违反大学政策而被解职"③。不过总体上看，大学剥夺教师终身任职资格的情况是极为罕见的，没有大学愿意承担破坏学术自由的指责。拥有终身教

　　① ［英］史密斯、韦伯斯特主编：《后现代大学来临?》，侯定凯等译，北京大学出版社 2014 年版，第 37 页。
　　② 王定华：《美国高等教育：观察与研究》，人民教育出版社 2016 年版，第 278 页。
　　③ ［美］阿特巴赫：《高等教育变革的国际趋势》，蒋凯主译，北京大学出版社 2009 年版，第 137 页。

职曾被看成是获得了永久的职业安全，因为这意味着教师可以在退休之前一直担任其职务。[①] 如果学校要辞退一个终身教授，必须通过一些复杂的程序，这就使得大学只有在极其特殊的情况下才能要求解约一位教授，而后者却有来去自由的权利。随着美国高等教育生存环境的变化，人们对于这一制度的存在价值产生了怀疑，一方面是随着法律制度的完善，个体的言论自由权等权利受到切实保护，公众质疑是否有必要存在一种专门制度来保护大学教师的学术自由；另一方面是人们普遍质疑这一制度的现实有效性，它正为一些"懒人"提供制度性保护。

从 20 世纪 70 年代末期开始，美国遭遇经济滞胀，当大学毕业生面临就业市场不景气和企业人员遭遇失业率高企时，终身教职制度成为人们批评的焦点问题，这一制度所体现出来的"特权"在公众和立法者看来令人厌恶，许多高等教育的支持者也扭转了态度，整个社会掀起了一场针对终身教职制度的批判运动，在一些人看来，终身教职制度存在以下弊病：第一，限制了大学教师的职业流动，使得教师安于现状；第二，阻碍了教师职业发展的正常模式，精英教师无法得到快速升迁；第三，加剧学校管理人员的官僚作风；第四，助长了学术本位主义；第五，吸收创造性低的教师而把创造性高的教师排斥在外；第六，降低了专业人员的自我意识和自我形象；第七，妨碍教师工作灵活性的发挥；第八，增强了大学管理者的权力，威胁教师的合法利益。[②] 人们公开追问：如果大学普遍面临效率低下和财政赤字，为何教师可以免受裁员；如果终身教职制度只是在保护平庸者，为何要对这种事情视而不见；这样一种不合常理的制度，它还要持续多久。实际上，自从终身教职制度出现以来便一直伴随着争议，经济滞胀则成为引发公众对这一制度表达不满情绪的导火索。

对终身教职制度的质疑是人们表达自身对大学甚至整个高等教育发展状况不满情绪的一个缩影，"高等教育已由大众的全面称颂转为公众

[①] 除非在一些特殊情形下，如教师体力或脑力无法胜任其职、严重的道德失检和失职、研究项目完全终止、学校出现非常严重的财政困难等，终身教职教师通常是不能被解聘的。

[②] James L. Bess, *Foundations of American Higher Education*, New York：Simon & Schuster Custom Publishing, 1991, p. 370.

的愤怒，而这愤怒是有焦点的，人们不再将他们的武器指向学术机构或高等教育，甚至也不针对在学术机构中的行政管理者或学生，取而代之的是针对学术，从而使终身任职制成为箭靶"[1]。人们指责终身教职制度缺乏必要的激励和问责机制，因此保护了平庸的教师，抑制了教师生产力，甚至成为维护教师特权的保护伞；同时这一制度僵硬死板，既增加了高等教育成本，又妨碍了大学应对财务危机、改变课程计划和满足学生需求的能力。公允地说，这些指责绝非空穴来风，即使是那些已经获得终身教职的教师也不得不尴尬地承认，这一制度存在着内在缺陷，因而必须采取措施予以调整。终身教职制度已成为大学教师生活中一个重要且具有争议的话题，争论的焦点主要集中在这一制度无法限制教师在获得终身教职之后的行为以及学术机构很难满足社会需求方面。"教师和教师组织将终身教职作为捍卫学术自由的一种手段加以保护，这是防止大学管理者、捐赠者、管理委员会成员、媒体和当选公职人员试图扼杀对当权者发表不受欢迎的意见或批评的堡垒；另一方面，公众对任期的看法可能很严厉，对公众，甚至对大学管理者来说，终身职位有时可以被视为不确定的工作保障，可以为过分自信、懒惰、无能甚至颠覆性的个人提供不必要的保护，但这些人应该被解雇。"[2] 以美国大学教授协会为代表的教师组织坚称这一制度捍卫了学术自由，并且通过多种强硬措施来抵御任何企图废除终身教职制度做法，而对于部分公众来说，终身教职制度是一种典型的"恶制度"，或许其出发点是好的，但其效果是坏的，它为那些应被解雇的过分懒惰、无能甚至德行欠佳的人提供了不必要的保护，其本身存在着许多难以克服的弊端，从20世纪90年代开始，美国各界已经围绕着终身教职制度的存废问题进行了数次激烈的争论。

正如麦克弗森（Michael McPherson）所言，"主导美国高等教育的终身教职制度一直是争议的根源，长期以来，终身教职制度一直受到抨击，

---

① Robert T. Blackburn, *Tenure. Aspects of Job Security on the Changing Campus*, Atlanta, Ga: Southern Regional Education Board, 1972, p. 1.

② John G. Cross, Edie N. Goldenberg, *Off-track profs: Nontenured teachers in higher education*, Cambridge: The MIT Press, 2009, p. 13.

因为它使一个懒惰的教授更加固守，对参加遥远的会议和进行晦涩难懂的研究更感兴趣，而不是对教学或培养实践洞察力更感兴趣。"① 对于一些取得了终身教职的教师来说，有了"防护服"的保护，他们失去了继续进行学术探索的热情，也不再愿意积极参与学术事务，相当一部分人得过且过，既不发表作品，也很少参加教学活动。"拿到了终身教职犹如捧上了'金饭碗'，他们成为被谐音戏称为'铁牛教授'或'天牛教授'，除非学校关门或者整个系或者教研室被取消，除非"天牛"犯天条重罪入狱，或者学术行为严重不轨，学校不能以其他任何原因解雇已获终身教职的教授；此制度可能造就终身制的懒汉，他们不再进取奋斗，不再热心科研和教学，政治上、言论上更是哗众取宠，语不惊人死不休，解构体制话语不遗余力。"② 对于那些初入职场的青年教师来说，由于背负着获得终身教职的压力，他们很可能会急于出版一些水平有限的文章和著作，从而降低学术研究的品质，"追求终身任期实际上阻碍了智力上的大胆猜想，正如追求高分的学生丢掉了真正意义上的学习一样，追求终身任期的学者也没有了大胆的创造力；很少有人愿意在见习期间做非传统研究、挑战所在学科的正统说法或支持异议，他们不会做任何有可能令高级教师不悦的事，他们都明白所写的最好与资深同事所持的观点一致，因为这些观点被奉为学术成就"③。受到终身教职的影响，一些青年人不再把精力花费在研究领域内的前沿和深刻的问题上，而是盲目追求热点，这是对学术热情的极大摧毁，也间接地限制了学术创造力的发挥，"由于教师的选聘和终身教职的授予都是由在职教师决定，那么，不可避免的情况就是那些处于'终身轨'的教师若想最终拿到终身教职，就有可能为了达到获得终身教职的要求而急功近利，从而损害学术自由"④。多数反对终身教职制度的人对所有职业保障形式都十分反感，

---

① Michael McPherson, Morton Owen Schapiro. Tenure Issues in Higher Education，http://cite-seerx. ist. psu. edu/viewdoc/download? doi = 10. 1. 1. 586. 3774&rep = rep1&type = pdf. 2019 – 06 – 01.

② 张宽：《美国终身教职成"金饭碗"》，《社会科学报》2014 年 8 月 28 日第 5 版。

③ ［美］汉克、德赖弗斯：《拷问美国高等教育》，胡晓姣等译，河北教育出版社 2016 年版，第 145 页。

④ 罗向阳、支希哲：《终身教职制度的两面性及效率条件》，《江苏高教》2013 年第 1 期。

他们强调一旦有了终身保障的承诺，学术研究的核心就成了追求终身任期而不是对知识的追求，保护学术自由成为终身教职制度不断异化的挡箭牌。

任何制度的建立都是为了解决社会中某一常见而复杂的难题，当我们回顾围绕终身教职制度进行的争论时，必须采取一种中性客观的立场去思考、评断与站队。支持终身教职制度的观点认为，这一制度保护了学者的学术自由，这是其存在的合法性基础，废除终身教职制度将是高等教育机构不可能承担得起的冒险，然而与此不同的是，越来越多的人宣称在当代社会中，大学教师的专业地位和言论自由一直受法律的严格保护，因而不需要建立一种特殊制度再对这一事实进行确认，"终身教职的主要结果是胜出的教授的工作保障和知识自决权，而不是大学的净负债，从终身教职成为问题的程度看，问题存在于终身教职的授予方式，而非其结果"①。同时由于终身教职制度成了对部分教师的奖励，它的存在反而威胁到学术自由，终身教职制度很少被用来保护学术自由，从而让大学中的独立思想免遭外界干扰，而是更多地被专业人员用来强化和规范内部思想，无限制地保护不良表现，这样大学教师就可以免受大学毕业生过剩带来的职业竞争的冲击。② 设计终身教职制的初衷是要给予学者个体以思考那些不可思议的问题、从事高风险的研究项目、勇敢抵抗当局的自由，但事实并非总是如此，甚至在大部分时间里不是如此，在大学里，那些拥有终身教职的教师已经成为思想和制度持续僵化的源头。除了对终身教职制度无法真正保护学术自由的担心外，绝大多数人对这一制度的质疑之处是它的效率低下。20 世纪 80 年代以来，新公共管理运动风起云涌，这场运动号召要在公共部门贯彻竞争理念和绩效原则，同时要求大学必须引入竞争机制并对教育投入的使用效率和效能负责，终身教职制度显然与这一运动的主导精神相背离。"在美国的工人阶级忍受着工头和监工的管制时，这些教授通常却可以选择自己的同事，

---

① ［美］克莱顿·M. 克里斯坦森等：《创新型大学：改变高等教育的基因》，陈劲等译，清华大学出版社 2017 年版，第 312 页。

② ［英］史密斯、韦伯斯特主编：《后现代大学来临?》，侯定凯等译，北京大学出版社 2014 年版，第 130 页。

他们可以对加薪和晋升投票表决，有时甚至可以罢免领导，学校几乎是为他们的意愿和利益而设的，学生四年就会换一批，领导早晚都会调动，而这些享有终身任期的教授却待在各个学校积蓄力量，控制着学校资源，按自己的需求对学校进行整改。"① 在许多人看来，终身教职制度已经过时，因为它缺乏灵活性、效率低下、没有竞争性、不能吸引有才能的人从事学术职业，终身教职制度被认为是受其含义和目的限制而阻碍了大学资源的快速合理配置，它更多在于维护教师职业安全，而限制了教师在各大学间的合理流动，"教师薪水是大学预算中最不具弹性的部分，聘用成本很高，但更令人害怕的是终身制承诺，这意味着某个个体将会在他的专长领域中工作二三十年"②。终身教职制度所拥护的永久雇佣概念与日益强调竞争与绩效的社会环境不相适应，"终身制'使朽木永存'，是'奖赏不称职的人'，支持'工作量不足和过高薪水'的教授，它不具有灵活性，减少了所应承担的义务并增加了成本；今天的终身制除了给予35岁的教授提供了一生的就业保障外，还提供了更多的东西：它为教授选择一个狭窄的研究领域提供了自由和支持，为他们付出最少的教学工作提供了保护"③。正如一些人所坚称的，终身教职制度所强调的保护实际上是一种排他性的过程，终身制能够保障教师不因学术上的"异端观点"而丧失教职，但有些教师利用终身教职赋予的权利，在课堂上讲授一些有误导甚至偏见的内容，同时也让大学因缺乏灵活性而很难适应财政环境的变化。

越来越多的社会人士对于终身制发出不满之声，认为这一制度对于学校教学质量害多益少。"放任如此多的教授享受终身任期这一独特的地位，无疑颠覆了他们本应为之服务的学校这个大企业，永久任职在教学研究方面毫无用处，更不用说会有所裨益了；相反，这种制度有损于教学研究，所以我们认为，高等教育可做出的最重要的改革之一，就是

① ［美］汉克、德赖弗斯：《拷问美国高等教育》，胡晓姣等译，河北教育出版社2016年版，第4页。

② ［美］罗杰·盖格：《大学与市场的悖论》，郭建如、马林霞等译，北京大学出版社2013年版，第174页。

③ ［美］罗德斯：《创造未来：美国大学的作用》，王晓阳等译，清华大学出版社2007年版，第183—185页。

取消终身任期制，寻求其他录用体系。"① 面对终身教职制度存在的问题，大学不愿再继续扩大终身教职岗位，但也无法忽视历史传统和教师群体的压力而对这一制度进行真正改革，即使终身任期制度已经受到质疑甚至挑战，但绝大多数高校由于害怕引起诉讼纷争也不会抛弃这一制度甚至也不敢轻易解雇获得终身教职的教授。终身教职制度在维护教师职业安全和学术自由等方面做出过积极贡献，但也给大学运行造成严重的财政负担，许多大学不得不采取应急性策略，开始大量聘用非终身教师来应对现实困境，"在很大程度上，大学所需教师的数量取决于学术机构与行政管理机构之间的博弈，学术机构认为教学岗位必须是全职教师，而大学行政管理机构更愿意雇用廉价的兼职教师，无论如何，一直以来针对终身教授制度的大量抨击，将会随着全职教师的减少而销声匿迹"②。整体而言，美国大学终身教职制度正在经历痛苦的调整期，即使在那些声名煊赫的公立研究型大学中，这一制度同样遭遇到挑战，"随着高校越来越依赖公共资源并在事实上占用了越来越多的公共资源，以及新公共管理主义的蔓延，对高校绩效的问责兴起，相当多的人认为，终身教职制度会弱化院校的灵活性，削弱绩效责任，获得终身教职的教师后续学术动力不足的问题也成为终身教职制度批判者最担心的内容"③。终身制教师似乎的确不受变幻莫测的市场环境所影响，他们看起来可以对公众以及家长和学生不负担任何责任，在一个人们频繁更换工作的时代，终身任期制度的持久性的确极为反常，它无疑成为公众看到的"学术腐败"的象征，"在新管理主义和高等教育问责制的影响下，聘用非终身教职教师成为大学回应社会批评的一种举措，美国大学以终身教职教师为主的传统教师结构被打破，形成终身教职教师与非终身教职教师并存的二级教师结构"④。人们对终身教职制度的不满推动了学术

---

① ［美］汉克、德赖弗斯：《拷问美国高等教育》，胡晓姣等译，河北教育出版社 2016 年版，第 149 页。

② ［美］亚瑟·科恩：《美国高等教育通史》，李子江译，北京大学出版社 2019 年版，第 408—409 页。

③ 罗向阳、支希哲：《终身教职制度的两面性及效率条件》，《江苏高教》2013 年第 1 期。

④ 李子江、杨雪芬：《美国大学非终身教职教师权益保障研究——基于美国大学教授协会的经验与反思》，《中国高教研究》2021 年第 1 期。

职业的临时化进程。

二 学术劳动力市场饱和

20 世纪 80 年代中期以来，为了更好地应对外部生存环境的变革——竞争加剧、市场变化、新管理技术创设等，许多美国机构改变了经营理念以及与员工的关系模式，整个劳动力市场面临重组。美国大学教师群体既是一个学者联合体，也是一个宏观劳动力市场的组成部分，因此，它不得不追随市场变革的需求而调整。"在现代社会里，市场作为经济发展过程中资源配置的基础性机制，不仅作用于经济领域，而且也影响着大学的组织行为；学术劳动力市场就是学术力量与市场力量相互结合和相互作用的产物，它既受学术活动自身特点的影响，也受经济规律的制约，这构成学术劳动力市场与其他劳动力市场之间的不同，也是大学与企业人事聘用制度差异的根本原因所在；与其他劳动力市场一样，教师供求关系影响着学术劳动力市场的工资水平，工资水平又反过来会对教师供求关系发挥调节作用，当教师供给小于教师需求时，教师工资水平就会上升，反之，当教师供给大于教师需求时，工资水平就会下降或学校通过其他方式解决教师冗员问题。"[1] 学术劳动力市场和其他市场一样，深受供需关系的影响，当它进入买方市场时，所有在这个市场上的求职者都不得不面临残酷的竞争和淘汰。"从 20 世纪 70 年代开始，美国国内出现的政治经济危机、学生运动和高等教育适龄人口的稳定使得高等教育的'黄金时期'面临终结，与此同时，大学教师招募数量不断减少，对博士学位获得者提供的学术职业空缺也在减少，整个学术劳动力市场出现供过于求的状况。"[2] 随着高等教育大众化的推进，越来越多的学术市场参与者进入求职期，然而几乎在所有大学中都少有空缺的教师职位，这就使得求职者面临入职困难，许多人不得不委身于大学提供的非终身制岗位。

"二战"后到 20 世纪 70 年代之间的时期被视为美国高等教育发展的

---

① 阎凤桥：《学术劳动力市场的特性与研究型大学的教师聘用制度》，《北京大学教育评论》2005 年第 3 期。

② 王春艳：《美国高校学术职业解读》，东南大学出版社 2012 年版，第 215 页。

"黄金时期"，随着学生入学规模的急剧增长，学术职业的相关岗位得到不断扩充，博士毕业生通常不会担心工作机会问题，反而会遇到如何在多个终身岗位之间进行选择的"幸福烦恼"，"在美国高等教育扩张与富足的高峰时期，高等教育获得大众的尊崇与财务上的宽裕，学术专业成为吸引有才能及有雄心壮志的教员的磁石"①。这一时期不但获得博士学位的人数以倍数增长，同时扩张的学校规模源源不断地向这些刚刚进入职场的博士学位获得者提供大显身手的机会。不过这种境遇很快在20世纪80年代终结了，学术市场迅速进入了饱和时期，博士毕业生很难获得大学教师岗位，"一份终身教职取向的工作机会可以吸引成百上千适合条件的应征者的现象并不罕见，全国学术职位市场已经达到饱和，哲学博士学位授予项目数量的增多保证了未来进入学术市场的新博士供给，著名的或处于上升阶段的院校在雇佣新教授方面有相当多的选择权"②。总体而言，伴随着学术市场的不景气，求职者的从业岗位性质也在发生着变化。

美国学术劳动力市场的饱和首先是自20世纪中期以来高等教育办学规模、层次和等级的迅速提升所导致的。"为了提高大学在科研方面成绩的彰显度，各大学纷纷开始增设博士培养项目，从1945年到1975年间，美国大学本科生数量增长到原来的五倍，而研究生数量增长了近九倍，一方面，博士学位越来越难取得；另一方面，博士学位本身的价值又在降低，因为现在求职市场上到处都是有博士学位的人；这种变化最终对高等教育产生影响是在1970年以后，此前一直快速发展的美国高等教育当时突然进入缓慢发展阶段，之前那一代人当中很多人都成为终身教职教授，同时，各个学校的博士项目又在大批量地培养博士毕业生。"③ 在40年左右的时间中，美国研究生教育迅速膨胀，博士毕业人数增长到原来的近十倍，"二战以来，培养哲学博士的计划有了相当规

---

① ［美］斯马特：《高等教育学》，吴娟等译，江苏教育出版社2010年版，第285页。
② ［美］塞林：《美国高等教育史》，孙益、林伟、刘冬青译，北京大学出版社2014年版，第304页。
③ ［美］路易斯·梅南德：《观念的市场：美国大学的改革与阻力》，田径译，四川人民出版社2019年版，第149—150页。

模的扩大，1940 年美国共颁授了 3290 个博士学位，到 1980 年，这个数字增加到 32615；这个情况是由于新设立了许多博士生计划而造成的；1950~1951 年，美国有 800 所最高可授学士学位的高等学校，360 所可授硕士学位，155 所可授博士学位，到 1983 年，这些数字分别增至 827、705 和 466"[1]。根据美国高等教育综合数据系统（The Integrated Postsecondary Education Data System，IPEDS）的调查，从 1998 年到 2017 年的 20 年间，美国博士毕业生从 4.52 万人上升到 7.15 万人左右，在 2013—2014 学年，美国名义在学博士研究生已处于 40 万人左右的规模水平，实际在学博士研究生数达到 31 万人；2015—2016 学年，名义在学博士生数已接近 48 万人，实际在学博士生数接近 37 万人。[2] 博士学位数量和比例都在持续增加，随着 20 世纪中期以来博士授权点的扩张，大量的青年博士进入了学术就业市场，学术劳动力市场迅速饱和，博士毕业生开始出现远离教育和基础科研职位的趋势，某些领域的研究生在毕业后长期面临两位数的失业率。[3] 那些原本对职场生涯充满幻想的求职者发现，在日趋饱和的就业市场里已经很难得到适宜而满意的岗位。

博士毕业人数的急速增长使学术劳动力市场的竞争程度更加激烈，以心理学学科为例，"根据美国国家科学基金会（National Science Foundation，NSF）在 2014 年的调查，本年度共有 3765 名研究生获得心理学博士，这些人都将进入学术市场寻找工作岗位，而根据高等教育纪事报（为全美最大的学术岗位招聘信息发布平台）发布的招聘信息估计，在 2013—2014 学年，全美四年制大学中共有 326 个终身职位面向心理学博士研究生，这也就意味着每一个终身岗位都有 12 个年轻博士进行竞争"[4]。在过去的四分之一个世纪中，随着美国学术劳动力市场的收紧，并呈现出长期买方市场的特征（并且在职业阶梯与临时机会的组合以及

---

① ［美］亨利·罗索夫斯基：《美国校园文化：学生·教授·管理》，谢宗仙、周灵芝、马宝兰译，山东人民出版社 1996 年版，第 121 页。

② 王传毅，杨佳乐，李伊明：《美国在学博士规模究竟有多大：测算模型及其应用》，《研究生教育研究》2019 年第 1 期。

③ 赵世奎等：《美国博士教育的规模扩张》，北京大学出版社 2016 年版，第 27 页。

④ Childress H., *The Adjunct Underclass: How America's Colleges Betrayed Their Faculty, Their Students, and Their Mission*, Chicago: University of Chicago Press, 2019, p. 52.

机构和纪律场所的组合方面进行了重大重组），博士学位已经成为几乎所有学术职业的普遍入学证书，"在美国，4000 多家大学或学院是推动学术就业市场的买家，机构层面的职位是根据替换需求（即当前在职人员的退休或其向其他学术机构或学院以外职位的流动）和增长需求（即学生入学率的变化）而调整的，总的来说，在过去二十年中，博士研究生的就业有着惊人的稳定性：大约一半通常以某种身份进入学术界，大约五分之一到四分之一进入工业界，不到十分之一进入政府或非营利部门"①。博士学位竞争力下降也在一定程度上凸显了美国过度教育的问题，"除用人单位因时代发展有意识地控制博士薪酬外，博士数量的增加必然会引发博士劳动力市场的挤出效应，当现有劳动力市场需求无法满足时，就业者会选择从事更低学历者即可完成的工作，出现就职人员所拥有的教育年限高于职业所需教育年限的现象"②。博士数量的快速增加已经成为一个令人担忧的社会现象。

尽管美国学术劳动力有着源源不断的充足的年轻血液的补充，然而在学术市场的需求方却没法提供足够的终身性就业岗位，这一现象与美国大学对终身教职的制度设计密切相关。美国于 1986 年出台了名为《关于就业中年龄歧视修正案》（Older Workers Benefit Protection Act）的法案，其中规定大学教师的强制退休制度从 1994 年开始在全面废除，这就使得原本 65 岁便准备退休的教授有可能会连续全职工作到 70 岁——这是由于当他在考虑退休时会遇到如下难题：第一是全职工作的收入与退休收入之间的差异；第二是大学每年为教师福利计划所提供的投入；第三，每年从终身教职岗位中多得到的收入。③ 研究表明，拥有终身教职的教授在综合考虑各种因素后很可能会选择延长服务期限，有鉴于此，在强制退休制度被废除后，许多大学"不得不出台了一些退休福利制度，以鼓励提前退休，然而一些教师仍然在达到退休年龄后仍会继续留

---

① Yudkevich, Maria, Philip G. Altbach, and Laura E. Rumbley, eds. , *Young Faculty in the Twenty-first Century*: *International Perspectives*, New York: SUNY Press, 2015, p. 291.

② Brian P. McCall、蓝文婷：《变化的美国博士劳动力市场：趋势与特征》，《学位与研究生教育》2020 年第 9 期。

③ ［美］唐纳德·肯尼迪：《学术责任》，阎凤桥等译，新华出版社 2002 年版，第 53 页。

在现在岗位上"①。随着大学教师延迟退休现象的增加，能够为新教师提供的空缺岗位的数量也在减少，这对大学聘用年轻教职工以保持学校健康发展所需的人才的新老交替活动极为不利，高等教育劳动力市场不同于许多其他劳动力市场，大学教师可以较轻易地在大学间流动，但通常都不会脱离高等教育行业，如果决定成为教授，那通常是其一生的职业抉择，人们所担心的教师短缺的情况从未发生。② 在美国的大多数机构中，在职人员离开学术部门会导致该特定职位重新返回大学人才库，其结果要么被分配到另一个更有发展希望的学术单位，要么被分配到同一学术领域的其他个体身上；然而现任者离职导致自动更换的情况越来越少，也就是说，这一位置可能会简单地消失。③ 教师供给的持续上升和教师需求的日益减少，使得学术劳动力日趋转变为买方市场，"众多拥有学术性学位的博士的相对'过剩'和博士后步入候选之列，不仅抬高了研究型大学的教师聘用门槛，更重要的是，它无形中也加剧了大学内部教师的可替代性和晋升压力"④。由于面临着竞争激烈，青年人在学术市场的机会被进一步压缩。

20 世纪 80 年代初以来，美国高等教育机构面临着成本增长和公共支持减少的挑战，大学办学经费不足问题变得更加严重，部分公立大学因寻求成本节约而一再压缩终身教职岗位，博士毕业生的就业压力进一步增大，越来越多的博士毕业生很难在大学中找到一份专职工作。据一份调查显示：在博士毕业的前两年里，只有不到一半的人实现了稳定就业；在博士毕业四年后，四分之三的博士生才在任何部门（学术界、工业界、政府、私人非营利组织）获得稳定的全职工作；八年后，90％的博士生才获得稳定的全职工作。博士就业市场遍布悲观情绪，三分之一

---

① ［美］简·柯里等：《全球化与大学的回应》，王雷等译，北京大学出版社 2010 年版，第 171 页。

② ［美］亚瑟·科恩：《美国高等教育通史》，李子江译，北京大学出版社 2019 年版，第 238 页。

③ Altbach, Philip, et al., eds, *The Global Future of Higher Education and the Academic Profession: The BRICs and the United States*, Springer, 2013, pp. 168 – 169.

④ 阎光才：《"要么发表要么出局"，研究型大学内部的潜规则?》，《比较教育研究》2009 年第 2 期。

的人认为自己的前景"一般",五分之一的人认为前途"很差",只有八分之一的人认为自己的前景"很好"。① 面对学术劳动力源源不断的就业人员补充,加之终身教职教师普遍一再拖延其退休年龄的现实状况,利用兼职教师和其他类型的临时教师成为大学实现这些目标的主要策略之一,许多领域的博士持续过剩将保持有利于全职非终身制教师任命的氛围。目前美国典型的学术职业生涯遵循以下模式:博士毕业后进入一个临时岗位(包括博士后岗位),奋斗数年并更换服务机构后获得固定任命合同或进入终身轨道,值得指出的是,兼职或全职固定合同职位岗位与终身教职岗位之间的流动频率正在下降,许多进入博士毕业生将始终找不到定期的终身学术工作,他们要么在学术界之外担任职位,要么将从事非终身制教师职业,大学教师临时岗位的增长反映出学术劳动力市场面临着现实困境。

第三节　教师个人选择的转变

大学教师职业非常复杂,许多因素都会影响教师职业的存在样态——历史传统、工作条件、与社会的关系、自治与学术自由问题、报酬、变化多样的亚文化等,这一切都影响着教师职业的发展及其作用。② 动荡的高等教育发展环境、逼仄的学术劳动力市场以及艰难的终身教职晋升历程使得青年求职者不得不在进行职业选择时极为慎重,面对劳动力市场逼仄的就业环境,越来越多的青年人主动调整岗位预期,他们不再愿意接受来愈加残酷的终身教职晋升之路。与此同时,随着越来越多的女性、少数族裔以及特殊需求群体获得博士学历,他们对传统的终身教职岗位僵硬古板的制度设计缺乏认同,越来越多的人开始追求一种性质更为灵活的岗位,"在当前的环境中,在处理人力资源的时候,有着

---

① Nerad, M. & Heggelund, M., *Toward a Global PhD? Forces and Forms in Doctoral Education Worldwide*, Seattle: University of Washington Press, 2008. 22.

② [美]阿特巴赫:《比较高等教育:知识、大学与发展》,人民教育出版社教育室译,人民教育出版社 2000 年版,第 256 页。

一种对增加了的管理上的'灵活性'的推进，不论是在雇用、解雇，还是重新安置人员上都是如此，灵活性是权力的一个转义语词，是一种手段，以这种手段以使在教员与行政管理人员之间的权力的平衡合法化"①。非终身教职岗位的出现满足了这一现实需要。

一 青年教师调整职业预期

非终身制教师的崛起有着复杂的现实原因，它既受社会宏观因素的影响，也与青年教师群体主动调整就业预期密切相关。美国高等教育在第二次世界大战后曾经历一段发展的"黄金时期"，以大学为代表的高等教育机构在这一时期深获公众推崇并且得到充足的资金支持，在此背景下，终身教职岗位不断扩充，学术职业被年轻人追捧。在 20 世纪 80年代，美国高等教育的"黄金时期"结束，大学进入发展紧缩期，学术界就业前景持续暗淡，"相对于可得到的大学终身教授职位，大多数学术领域的博士学位持有者已经供过于求，对那些声誉较低的大学而言，它们学生的成就相对较低，资源也相对有限，其结果是学术市场上充斥了在竞争性方面无差异化的教授候选人"②。受学术市场供应过剩的影响，许多美国公立大学纷纷提升了新教师的入职标准，除了对应聘人员提出一些必备的硬性要求外，还增加对其"软性条件"的考核，面对日益苛责的职场要求，很多青年教师在追求教职时不再以终身教职作为唯一选择。

美国学术劳动力市场的饱和极大地冲击了学术职业的就业性质，也对学术职业人员的素质提出了更高要求，大学教师的准入标准明显提高，在部分大学中，拥有博士后资历已经成为进入学术职业的必要条件。"2010 年，在 13000 名有明确计划的科学和工程博士生中，48.8% 计划进行博士后研究；18.7% 从事学术工作；13.7% 从事其他工作（政府或非营利部门）；5.3% 的人预计在国外工作；大多数学术部门的就业岗位至少最初是博士后奖学金职位或其他非正规职位，包括兼职和固定合同

---

① 王逢振主编：《美国大学批判》，天津人民出版社 2003 年版，第 85 页。
② ［美］克莱顿·M. 克里斯坦森等：《创新型大学：改变高等教育的基因》，陈劲等译，清华大学出版社 2017 年版，第 306 页。

全职职位；尽管博士后研究一直是美国科学事业的重要组成部分，但在过去二十年中，这一过渡阶段逐渐延长，并延伸到几乎所有自然科学领域的学术博士。"[1] 由于学术劳动力市场已经趋近于饱和，并且这一现象短期内仍难以得到扭转，因此不但造成青年人在学术市场上的就业困境，也抬升了大学教师的入职门槛。"由于各研究型大学在评价学术职业人员业绩时，将科研作为非常重要的衡量指标，而且在某种程度上，成为唯一的衡量指标，故越来越多的学术职业人员开始热衷于出版和发表更多的著作和文章，以此作为其具有专业知识的一个重要的指标，1969年，在美国各类型大学的教授中，有 56.4% 的教授发表了至少 1 篇文章，而到 1989 年则有 79.2% 的教授发表至少 1 篇文章。"[2] 目前在几乎所有的研究型大学中，高水平的研究和发表能力都是学术职业从业者的一项必备技能，也是一项基本的入职要求。

长期以来，获得终身教职的过程对于广大的新入职教师来说总是充满着迷惑与不确定性，青年教师群体普遍反映这一制度"凡事都是如此地模糊不清""矛盾及难以捉摸""没有稳定及可信赖的回馈，很难看清得到终身教师到底需要付出什么""这种感觉就像在黑夜中射箭"。[3] 终身任职制度对于参与者来说是一场极大的考验和磨炼，甚至是一种折磨，许多人在获得终身任职资格之后，对于这段历程都充满感慨，这种感慨不是出于兴奋而是出于终于逃出牢笼的幸福感。一位受访者表示："这一制度几乎毫无人性，就像一段持续的灵魂搜寻过程，这一过程看不见结果，因为你总是认为自己并不优秀，并且这种感觉让人极为沮丧。"[4] 对于那些最终得到终身教职的人来说，这一过程既是痛苦的，同样也是值得骄傲的，然而对不幸被淘汰的那批人来说，他们不但失去了谋生的

---

① Liu Xiangmin, Zhang Liang, "What Determines Employment of Part-Time Faculty in Higher Education Institutions?" https：//ecommons. cornell. edu/bitstream/handle/1813/74597/ cheri ＿ wp105. pdf？sequence ＝ 1&isAllowed ＝ y. 2021 － 05 － 08.

② 耿益群：《美国研究型大学学术职业的历史沿革及特点分析》，《比较教育研究》2008 年第 5 期。

③ ［美］斯马特：《高等教育学》，吴娟等译，江苏教育出版社 2010 年版，第 296 页。

④ William G. Tierney, Estela Mara Bensimon, *Promotion and Tenure*：*Community and Socialization in Academe*, Albany：State University of New York Press, 1996, p. 73.

工作，也丧失了作为学者的尊严，"终身任职制正如它目前的结构与实行的状态，新手教师期待着依靠此制度获得所承诺的学术自由、所提供的保障与所代表的严密精确，但同时这种文化使得青年人充满压力与不确定感，现有形式的终身任职制度是在削弱以强调团队了解、彼此尊重及沟通共享为特色的传统大学文化"①。僵化的任职考核时间期限（与形式）是终身教职制度饱受诟病的原因之一，随着学术环境的转变，特别是政府对于高等教育投入的相对弱化，年轻教师能够获得研究支持的难度逐渐增大，同时期刊付梓过程也变得冗长，加上部分学校长期存在的实验设施和图书资料等硬件条件不足，长达七年的终身教职考核过程已经对青年人造成巨大的心理压力。与此同时，面对铺天盖地的批评，许多大学开始对终身教职制度进行系统改革，一方面建立终身聘用后评审制，诱导教师放弃终身教职；另一方面削减甚至取消终身教职岗位。

尽管部分学校仍然提供终身教职岗位，但在合约中对晋升要求和岗位职责都做了特定性说明，总体上看，青年教师想要按照传统模式在终身教职岗位上顺利晋升的难度正不断加大，因此，"美国大学终身教职轨岗位不再受青年教师的青睐，进入终身教职轨的人员比例日趋下降，传统上以教职轨教师为主的大学专任教师聘用形式，已经逐步被其他形式代替——非教职轨教师，如兼职或全职学期合同制教师的比例由过去的小部分逐渐增大，且已发展到需要大学管理者警惕的临界值上"②。换言之，由于终身教职制度严格的学术业绩和职位晋升考核方式，许多青年人正逐渐调整工作预期，选择以非终身岗位开启学术职业之路。对于广大青年教师而言，参与或者不参与终身轨是一个艰难的现实选择，一旦进入终身轨，竞争便成为生活的常态，"尽管有很多方面的抵制，竞争这个词在高等教育的话语中越来越频繁地出现，在过去的50年里，不仅对高等教育的需求出现了巨大的增长，而且人们越来越意识到，在一个庞大而流动的市场中，每个参与者都将面临对地方和资源的激烈竞

① Austin, Ann E., and R. Eugene Rice. "Making tenure viable: Listening to early career faculty", *American Behavioral Scientist* 41.5 (1998): 736–754.
② 高惠蓉、单婧：《美国大学终身教职时钟暂停政策研究》，《比较教育研究》2021年第11期。

争——大学竞争最有吸引力的学生申请者和最负盛名的教师，教师竞争有吸引力的职位——所有这些参与者都意识到市场变得更大和更艰难，具有不同技能和需求的新参与者可能会威胁到他们在系统中的位置的安全"①。从 1997 年到 2007 年，四年制大学的终身教职教师的百分比从 50% 下降到 39%，而在研究型大学中，这一比例已经降到 30% 以下，即使是少数幸运者进入终身轨道制度之中，却也不得不面临着"非升即走""不发表就出局"的挑战。

终身教职岗位对于教师的要求主要是在科研领域，在确定是否给予终身制时候，"申请人有着极好的教学评价，但科研能力评价较弱，终身制申请很少能够通过；相反，如果申请人科研能力评价很高，尽管教学能力评价欠佳，申请终身制一般也能通过，因此，高校教师往往把精力放在科研上，争取在试用期内多出书与发表文章，并在学术会上多发言，多争取外来的科研项目"②。美国德克萨斯理工大学传媒与传播学院院长戴维（David D. Perlmutter）以自己经历为案例总结道："二十年前，学校招聘人员会将有两篇已发表论文的求职者看作是拥有潜力的学术新人，时至今日，这一评价标准已经达到令人难以置信的难度，除非已经拥有五或六本出版物并且以主要研究者身份参加过重大科研项目，否则大家都不会再认为求职者是具有研究潜力并具备成为终身教职教师资格的。"③ 研究是需要投入大量精神负荷的长期活动，有分量的论著与成果是无法在零碎而分散的时间条件下完成的，但教职人员通常却被期望要投入精力于研究工作之上，同时应为其所在学术机构和专业学科贡献力量，这样多样化的要求是许多教师普遍遭遇到的困境。④ 对于初入职场的许多青年教师来说，终身教职可望而不可即。与此同时，除了终身教

---

① John G. Cross, Edie N. Goldenberg, *Off-track Profs*: *Nontenured Teachers in Higher Education*, Cambridge: The MIT Press, 2009, p. 53.

② 孙建荣、冯建华等:《憧憬与迷惑的事业: 美国文化与美国教育》，中国社会科学出版社 2000 年版，第 171 页。

③ David D. Perlmutter. Career Lingo: "Potential", https://chroniclevitae.com/news/1652-career-lingo-potential. 2016 – 12 – 14.

④ Lotte Bailyn, *Breaking the Mold*: *Women*, *Men*, *and Time in the New Corporate World*, Now York: The Free Press, 1993, p. 510.

职晋升困难本身带来的压力之外,与已经获得终身教职教师的关系问题也令那些终身轨教师感到压抑。"一位生物化学专业的年轻教授告诉我们,当初级教师在高级教师手下做事时,自我审查体现得尤为明显,因为这些初级学者不敢直言研究数据的错误和曲解,虽然一些导师有时会愉快地接受此类意见,这位年轻教授却目睹了太多相反的反应,这说明沉默才是最好的意见;但当所有的目光都集中在这区区一个任命上时,忧虑只会加深,后果就是对学术成就的整体冲击;享有终身任期的教师不仅能决定何人可以成为其同事,也能决定初级教师的人选,由于待在学校太长时间,这些教师即使思想自由,行动也都倾向于保守,寻找共事的同事只凭好感。"[①] 整体而言,终身教职对于青年教师的吸引力正逐步下降。

整体而言,美国大学教师当前面临着越来越大的社会压力,根据杜德拉斯(James J. Duderstadt)的看法:"教师对那些长期存在的学院惯例感到忧虑,如任期和学术自由;同时也担心科研经费会因为经济衰退和津贴项目变动而再度被削减,另外还在获取赠款的要求、偏重于科研的奖励制度与对教学的热爱和责任感之间存在着冲突。"[②]对于许多学术职业从业者来说,学术工作已不再是像马克斯·韦伯(Max Weber)所宣扬的那种带着神秘色彩的"天职",而是与一般的世俗化职业一致,充满着不确定性和竞争性的"工作",这项工作需要耗费大量精力,收益却日渐微博,"对于绝大多数人,大学教职的收入并不特别丰厚,在1999年,助理教授的起薪平均约为每年34000美元,全职教授为每年68000美元,大体上与工程师及电脑程序员相同;虽然他们的工资与大都市以外的城市中的中小型律师事务所的助理相当,但是全职教授的平均收入要远低于大型律师事务所的新任律师以及联合医疗小组及医院中的领薪医师。"[③] 越来越多的求职者发现,在日趋饱和的就业市场里已经

---

① 〔美〕汉克、德赖弗斯:《拷问美国高等教育》,胡晓姣等译,河北教育出版社2016年版,第146页。

② 〔美〕詹姆斯·杜德斯达:《21世纪的大学》,刘彤等译,北京大学出版社2005年版,第4页。

③ 〔美〕阿罗诺维兹:《知识工厂:废除企业型大学并创建真正的高等教育》,周敬敬、郑跃平译,高等教育出版社2012年版,第10页。

很难得到适宜而满意的岗位，青年教师正重新审视终身教职的投入与收益之间的差异并理性做出选择。

学术劳动力市场是学术与市场相互结合和相互作用的产物，它既受经济与市场规律的制约，也受学术活动内在特点的影响。美国大学教师（特别是新教师）的工作条件和机会是由大学以外各个专业领域的市场环境决定的，因此，学术部门的地位和物质条件取决于教师能够吸引的外部资源以及教师自身为大学提供的竞争力。由于终身教职的前景充满不确定性与竞争性，许多毕业生在职业选择时已经不再像过去一样只盯着终身教职岗位，而是变得更加理性，一位在德瑞大学（DeVry University）和康考迪亚学院（Concordia College）同时兼职的教师宣称："我为自己能获得博士学位感到自豪，这是值得追求的，但就作为一名劳动者而言，这就像是一种惩罚，而我除了适应也无能为力，在学术劳动力市场需求机会的个体，实际上寻求的就是与文凭价值等价的条件，当这种追求落空时，每个人都会主动或被动地调整预期，这种选择充满痛苦，却是一定环境下不得不接受的理性选择。"[1] 对于新入职的青年教师来说，传统的以终身教职岗位所代表的学术精英职业发展模式已经遥不可及，原先的优越地位带来的"铁饭碗"已经很难获得，正如波丢（Pierre Bourdieu）所描绘的，人们根据相应的文凭过去的许诺而怀有的期望，现在得不到实现了，取而代之的是，现在的文凭和位置实际提供的机会使他们大为失望。[2] 面对现实，越来越多的求职者日趋理性，也不再按照传统大学教师发展路径来规划自己的职业道路。

二 特殊群体寻求灵活就业

大学教师作为一种专门职业，其本身对于从业者的时间和精力都有着特殊要求，随着入职限制逐渐减少，越来越多的不同于传统就业群体的特殊人群加入学术职业，这群"闯入者"尽管并未占据学术职业的主导地位，然而随着其日数的增长，他们的影响力正日渐扩大，对在一定

---

① 张伟：《美国高校兼职教师崛起的原因与影响探微》，《比较教育研究》2020 年第 6 期。
② [法]波丢：《人：学术者》，王作虹译，贵州人民出版社 2006 年版，第 6 页。

程度上改变了大学教师的职业性质。"学术职业不是铁板一块的实体，在时间上也不是静止和不变的，相反，专门职业随时间和地点而不同，学术职业是什么、包含什么工作、如何被体验，都高度依赖于一个人工作的情境和所处的职业生涯阶段。"① 随着高等教育在美国逐步普及化，更多的女性、少数族裔和其他特殊需求群体加入到大学教师职业之中，教师成员结构发生转变，而传统的终身教职制度的评审程序与审核条件则主要是为白人男性群体所订立的，这些要求往往与女性等群体的生活方式产生冲突，"学术界之外的雇佣观念，例如弹性空间、工作生活、职业适应力、持续改善及联结生产力与奖赏等策略，受到很多准终身教职或非终身任职的新进教员的欢迎"②。僵硬严苛的终身教职岗位对于特殊群体缺乏吸引力，而以灵活、自由、匹配为特征的非终身制教师岗位则赢得越来越多的新入职特殊群体教师的欢迎。

终身教职制度发端于19世纪晚期，这一时期担任大学教师工作的主要是白人男性群体，因此这一制度的评审程序与审核条件是以成年男性标准所订立并且在设计理念和运行逻辑上普遍缺乏对不同群体特殊需求的考虑。随着20世纪美国高等教育大众化水平的提升，以女性为代表的特殊群体逐渐成为高等教育的重要组成部分，并且其人数在近年来已经超越男性，"1971年，女性在获得学位占比中处于弱势地位，她们在本科学位占43.4%，硕士学位占40.1%，博士学位占14.3%；在2011年，女性在学士学位中的比例为57.2%，硕士学位为60.1%，博士学位为51.4%，女性的地位得到提升"③。与男性相比，女性获得终身教职岗位面临着多种挑战：一是美国大学学术圈的男性主导文化取向显著，理想教授的形象依然是以学术研究为首任、全心投入科研的男性，而对女性依然停留在作为"家庭主要照护者"的性别身份认同上；二是美国大学对女教师有着不同于男教师的期望，女教师需要承担较多的专业和社

---

① 约瑟夫·赫曼诺维奇、郭二榕：《学术职业的概念化：主观职业生涯的意义》，《北京大学教育评论》2020年第3期。

② ［美］斯马特：《高等教育学》，吴娟等译，江苏教育出版社2010年版，第307页。

③ Thomas D. Snyder, Sally A. Dillow. Digest of Education Statistics 2012, https：//nces. ed. gov/pubs2014/2014015. pdf. 2018 – 12 – 14.

区服务职责，但这些工作在终身教职决策中的权重却很低；三是女性生理时钟（特别是生育年龄）与终身教职时钟重合且会有冲突，生养子女造成的学术中断，直接或间接导致女教师无法通过终身教职审查。[①] 对于女性来说，获得终身教职的难度远超男性，这也在事实上迫使一些女性不得不转变就业观念。

美国国家科学基金会在 2014 年进行的博士学位获得者年度调查中发现，未来的学术职业从业者呈现出以下特征：一是女性在各个学科中所占比例均有所增加，目前她们在新博士中占多数，2010 年为 52%，而 2000 年为 47%；二是博士学位获得者的年龄不断增长，2010 年博士学位获得者的平均年龄达到 33 岁，而在 2000 年为 31 岁；三是女性博士生的结婚率高于十年前，她们获得学位的时间比男性平均多一年，越来越多的女性博士进入学术生涯入口时已接近生育年龄的上限。[②] 与过去相比，当前女性面临着更多家庭问题与生活压力，"（获得终身教职）的七年试用期限，对于那些在研究生院期间推迟生育，而现今又面临着年龄限制的女性教员来说是很困难的，在等待终身任职之后再组建家庭，或在获得终身任职之间照顾孩子都是很困难的抉择"[③]。对于部分女性教师来说，终身教职制度所规定七年的试用期恰好是生儿育女的最佳时期，她们中的大多数人并没有为自己预留必要的时间与精力，因为如果由于生育而耽误时间对于申请终身制是极为不利的。

终身教职制度的规定与女性的生活节奏普遍存在严重冲突，这也影响到她们的终身岗位的获得率，"对于从事教职的女性来说，获得终身教职的比例仍不高，调查表明，对于所有全职教师和有 15 年以上高教经历的教师来说，只有 21% 的女性但却有 79% 的男性有终身教职，即使得到终身职位，女性在学术职位上也处于劣势，75% 的男性和 50% 的女性

---

① 高惠蓉、单婧：《美国大学终身教职时钟暂停政策研究》，《比较教育研究》2021 年第 11 期。

② Yudkevich, Maria, Philip G. Altbach, and Laura E. Rumbley, eds, *Young Faculty in the Twenty-first Century*: *International Perspectives*, New York: SUNY Press, 2015, p. 294 – 295.

③ Austin, Ann E., and R. Eugene Rice, "Making Tenure Viable: Listening to Early Career Faculty", *American Behavioral Scientist* 41.5 (1998): 736 – 754.

最终获得教授职位"①。残酷的职场环境迫使一些女教师在权衡利弊之后选择放弃终身教职岗位,"在所有的焦点群体中,女性教师更为重视职业的灵活性,由于她们的角色比那些终身职位的同事更明确和有限,他们希望更自主地安排工作时间以履行照顾家庭的责任;许多女性非终身制教师都很高兴能摆脱终身教职给他们生活带来的压力——包括出版、担任若干委员会成员、复杂的同事关系以及沉重的教学负担"②。终身教职制度在设计理念时强调公平竞争,要求参与者在相对短暂的试用期内表现出高超的学术能力,这一制度自动忽视一切例外情况,表面的公平掩盖了内在的不公平。

除了对女性群体缺乏吸引力之外,终身教职制度在制度设计时过于强调竞争选拔的客观效益,缺乏对个体作为一名社会人的人文关怀(如没有考虑到参与者的家庭与工作之间的平衡问题)。对于那些在学术领域寻找岗位的个体而言,终身教职的获得之路充满艰辛与不确定性,在完成学位(一般为博士)后,"求职者需要与全国各地的竞争者进行较量而幸运地获得带有终身制的职位,大多到了而立之年的幸运者又必须开始长达七年的试用期,期间经历著述、论文、学术交流、教学和参加社会服务工作,而在七年后能否获得终身制仍是未知数"③。选择学术职业,青年教师将面对一场生存意义上现实风险,如果无法尽早获得终身职岗位,整个职业生涯会因为不断的被动流动而始终处于不稳定状态,甚至前功尽弃并不得不改弦易辙,这种风险会随着时间的延长而增加,而且年龄越大代价越大。④ 与此同时,学术事业充满着矛盾,终身教职岗位的强竞争性造成新教师在时间、精力与心理层面的左支右绌——缺乏必要的工作能力、与成功者比较的倾向、过重的工作负担等使得学者很难在工作与私人生活中找到满意的平衡,工作总是掌控一切,时间对

---

① 〔美〕阿特巴赫:《国际学术职业:十四个国家和地区概览》,周艳等译,中国海洋大学出版社 2008 年版,第 215 页。

② Waltman, Jean, et al., "Factors contributing to Job Satisfaction and Dissatisfaction Among Non-tenure-track Faculty", *The Journal of Higher Education*, 83.3 (2012): 411 –434.

③ 孙建荣、冯建华等:《憧憬与迷惑的事业:美国文化与美国教育》,中国社会科学出版社 2000 年版,第 175 页。

④ 阎光才:《学术聘任制度及其政策风险》,《高等教育研究》2016 年第 5 期。

教师来说永远不够来做工作需求的所有事。① 从 20 世纪 90 年代开始，初次进入学术职业的从业者（大多有博士后经历）的年龄不断提升，他们普遍都已经有了自己的家庭，需要面临生活的负担，"美国高校对终身教职轨教师提出了严格的科研、教学及社会服务等要求，在学术考核重压下的教职轨教师常常遭遇时间管理失调等问题，职业满意度低；终身教职轨对以双职工家庭结构为主的青年教师不利，表面灵活的大学学术时间让处于教职时钟运转期的青年教师，很难划清工作和生活的边界，导致学术与家庭生活失衡"②。这些因素都使得终身任职岗位对许多人的吸引力有所降低，那些选择不再进入终身教职轨道的教师已经逐渐将精力转移到自身有兴趣的其他事业之上，对于具有一定吸引力并且运行良好的非终身教职方案的需求不断增加。

非终身教职教师的崛起还与求职者所处世代的群体特征有关，"婴儿潮一代的成员现在已经走到了职业生涯的尽头，马上被'X一代'和'千禧一代'（指 1980 年左右出生的人）的成员所取代，这一代人更加自觉地关注家庭和工作生活的平衡问题，他们对模糊工作和个人生活之间界限的传统规范，以及工作高于一切的价值观提出了明显的挑战，他们不太愿意为了工作牺牲一切，也常常因一些特殊情况而离开岗位"③。相较于 20 世纪中期进入学术职业的一代来说，千禧一代在职业选择上日趋个性化，他们不愿意过多地为了工作而放弃自我的追求，"新一代的教师们也不再只是受雇者而已，他们是一群有着复杂生活的人，对其而言，就业是一个极其重要但并非唯一的活动，今日的员工比起其前辈来说，是较自主与反阶级制度的，较不喜欢竞争而更愿意合作的，他们当然想要工作，但是要以不同的方式来做"④。相较于烦琐严格的终身教职

① Lotte Bailyn, *Breaking the Mold: Women, Men, and Time in the New Corporate World*, Now York: The Free Press, 1993, p. 511.

② Neale-McFall, Cheryl, "Job Satisfaction, Enrichment, and Institutional Policy: Listening to Faculty Mothers", *Journal of Women and Gender in Higher Education* 13. 1 (2020): 56 – 71.

③ Howe N., Strauss W., *Millennials Rising: The Next Great Generation*, New York: Vintage Books, 2000, p. 12.

④ Lotte Bailyn, *Breaking the Mold: Women, Men, and Time in the New Corporate World*, Now York: The Free Press, 1993, p. 10.

岗位，非终身制岗位为千禧一代的不同需求预留出调整空间，同时在时间安排上也更为灵活自由，这些特征满足他们的特殊要求，因此许多人主动放弃前途暗淡的终身教职之路，选择以兼职性职业获取生活自由，部分非终身制教师认为，"当兼职教师的一个好处就是期末考试之后可以立即收拾东西换个地方继续工作，而这个新地方通常很有趣，工作节奏的变化甚至让人感到兴奋"①。非终身制岗位强调灵活、自由与独立的工作理念极为符合部分人的天性，"为什么有人选择学术职业而不是报酬更好的商业或者科学技术方面的职业，如分子生物学或者计算机这些经常缺少合格的、有认证的劳动力的行业？其答案的文化含义令人震惊：有些人憎恶公司生活，不关心赚更多的钱，只要过上一个合理的舒适的生活就行了，并且他们喜欢读书、写作、研究和教学"②。许多人把兼职看成是一种理想的生活状态，通过兼职工作，这些人扩大了生活与工作圈，同时也有机会实践教学艺术，检验自己与专业的适切性，如果结果不理想，个体可以在一定时间内体面地离开，这种自由是终身教职岗位无法给予的。

总体上看，非终身制教师的崛起与求职者在职业选择上日趋个性化的特征密切相关，相较于烦琐严格的全职岗位，临时性岗位为从业者的不同需求预留了协商空间，同时在时间安排上也更为灵活自由，这些特征满足部分人的特殊要求，许多选择非终身制职位的人的职业兴趣往往与他们的个人情况密切相关，"这种选择不见得是出于经济的原因，但它很可能是基于在教学和学习中找到的快乐以及大学教师的工作所特有的独立性，毕竟除了大学之外，很少有其他机构允许其成员拥有类似教师在工作上的自由"③。非终身制教师的择业动机是极为复杂的，有的人是因家庭或孩子原因不能全职工作，有的人对教学有兴趣却极为排斥枯燥的研究工作，有的人则是正处于职业轨道转换的过程中，有的人则是

---

① ［美］孔洛斯等：《芝加哥学术生涯规划》，吴波等译，高等教育出版社 2012 年版，第 8 页。

② ［美］阿罗诺维兹：《知识工厂：废除企业型大学并创建真正的高等教育》，周敬敬、郑跃平译，高等教育出版社 2012 年版，第 11 页。

③ ［美］斯蒂文·M.卡恩：《君子与顽童：大学教师的职业伦理》，王彦晶译，北京大学出版社 2021 年版，第 4 页。

追随配偶或伴侣的就业决定，有的人喜欢与学生互动却讨厌烦琐的行政事务，有时地理位置和先前的机构隶属关系在个体做出选择非终身制职位起着重要作用。[①] 值得指出的是，临时工作的相对优势和劣势可能会在人的整个生命周期的不同阶段也存在差异，对初入职场的人来说，没有获得终身教职可能会感到失望，然而对那些处于职业生涯后期的人来说，兼职工作是从全职人生转向退休人生的一个过渡，他们对于这些职位具有很高的从业愿望。[②] 许多人将非终身制教职视为一种自由而独立的职业，正是因为不愿面临过重的职业压力和生活负担，他们决定不追求终身职位，非终身教职使他们能够从事学术生涯而又无须承担终身教职的相关责任，也能够帮助其更好地平衡工作与家庭，甚至同时兼顾学术和非学术两种职业。

[①] Courtney Leatherman, "Faculty Unions Move to Organize Growing Ranks of Part-time Professors", *The Chronicle of Higher Education*, 1998 – 02 – 27 (A12 – A14).

[②] Feldman, Daniel C. , and William H. Turnley,"Contingent Employment in Academic Careers: Relative Deprivation Among Adjunct Faculty", *Journal of Vocational Behavior* 64. 2 (2004): 284 – 307.

第三章　美国公立大学非终身聘用制的代表性模式

> 有了一个发现后，我对世界的看法就不再像从前了。我的眼光跟以前不同了；我使自己成了一个具有不同看法和想法的人。我跨越了一个鸿沟，跨越了问题和发现之间的启发性鸿沟。
>
> ——［英］卡尔·波兰尼《个人知识》

20 世纪 80 年代以来，美国高等教育领域出现了一系列影响深远的变化——教育成本上升、教师工作量增加、学生类型多样化、教师老龄化以及有利的学术劳动力市场，这些变化都在迫使公立大学重新考虑其教师聘用政策，"为了适应新的现实，学术职业本身也在改变，大学和学院里出现了新型学术人员——临床教授、研究教授、兼职学术人员、客座学术人员以及其他类型的人员都成了大众高等教育系统的组成部分，教师的工作性质也在变化，不受外部力量控制的教学自由思想正在弱化"①。总的来说，美国公立大学在 21 世纪普遍面临着如何利用有限资源完成多重使命的挑战，寻找传统终身教职制度的替代方案以确保教师队伍灵活而高效成为这些学校的普遍策略。

经过多年演进，美国公立大学已经初步形成一些非终身教职制度的代表性模式，这些模式彼此差异很大，每种模式都对应着教师岗位的不

---

① ［美］阿特巴赫：《高等教育变革的国际趋势》，蒋凯主译，北京大学出版社 2009 年版，第 14 页。

同定位，这一方面反映出大学肩负着越来越多元的职责和功能，另一方面也代表着非终身制教师作为一个群体概念存在着一定的迷惑性，尽管这些教师在没有终身教职这一点上是相同的，但其内部成员之间仍然具有明显的可辨识性。当前美国公立大学中非终身制教师聘用制度的代表性模式主要有三种：以兼职教师为代表的边缘模式、以全职非终身制教师为代表的混合模式、以实践教师为代表的临床模式。值得指出的是，随着互联网技术的兴起，以在线教师为代表的技术模式的发展逐渐引发人们的关注，不过由于其出现时间短、从业人数少、发展路径仍在探索之中等原因，目前其还不能被视为一种较为成熟的非终身制教师聘用制度。

第一节　以兼职教师为代表的边缘模式

随着美国高等教育在 20 世纪中期开始进入大众化甚至普及化发展阶段，高等教育陆续向更多学生敞开大门，在此背景下，许多公立大学将雇佣兼职教师作为权宜之计，以满足对教授入门课程的教师人数持续增长的需求，经过数十年的演进，这种聘用临时性兼职教师的做法在公立大学中变成了一项长期性的发展战略。兼职教师的人数在近年来增长非常显著，其在学术劳动力中的比例急剧上升，目前已经成为美国大学教师中占据主要地位的教师类型，根据国家教育数据统计中心的报告，在过去的四十多年里，终身教职教师占高校教师总体数量的比例已经下降了 15.64%——从 1970 年的 45.15% 降到了 2014 年的 29.51%，接近 70% 的学术职位不再由传统的终身教职制度保护的教师所担任，在 1995 年到 2015 年间，美国高校教师总人数从 93.17 万人增加到 155.23 万人，增长率为 66.6%，其中全职教师人数从 55.08 万人增加到 80.7 万人，增长率为 46.5%，兼职教师人数从 38.09 万人增长到 74.39 万人，增长率达 95.3%，除了数量急剧增长外，兼职教师占高校教师总数的比重已经远超其他类型的教师，从 1975 年到 2015 年间，兼职教师占高校教师总数的比重从 24% 迅速上升到 40%，且在近 20 年间不断拉大与其他类型教师的差距。① 兼职人员的雇佣状况极为复杂，这些教师在大学中遭遇的现实境遇千差万别——即使在同一个学校中，不同兼职教师个体之间同样存在着差异。整体而言，兼职教师普遍在美国公立大学中处于弱势地位，他们的权益普遍无法得到充分保障——部分个体甚至缺乏作为教师的基本尊严，这在一定程度上代表了整个非终身制教师群体的普遍遭遇，兼职教师构成了美国公立大学非终身教职制度中的边缘模式。

一 兼职教师的含义

兼职教师属于临时教师（Contingent Faculty），主要指那些无法进入终身教职轨道、没有获得全职岗位许可、通过签订固定期限合同（多为1—3学年）与大学建立聘用关系的任期制教师。在英语中，兼职教师的常见表述有"part-time faculty""temporary faculty""adjuncts faculty"等，他们不占学校编制，不定教学工作量，以实际工作量取酬。② 尽管在聘用性质上与终身教职教师存在重要差异，但大学对于兼职教师也会进行正式而全面的考核，并且许多学校都对兼职教师的连任标准有着明确而严格的规定，这使得他们不得不经常性地变换工作岗位（只有少数兼职教师能在一所大学谋得长期就业机会）。

高等教育领域中聘用兼职教师有着较为悠久的历史，然而受传统教师观念、政府投入增加与终身教职普及等因素的影响，非终身制教师在很长时期内并未成为高校师资队伍的主要力量，往往仅作为教学、咨询、行政等岗位的辅助者角色存在。③ 传统上，兼职教师都是一些经验丰富的专业人士，他们要么还在工作，要么刚刚退休——因此有充足时间在大学或社区学院教授初级课程——兼职工作增加了这些人的收入但教学

① National Center for Education Statistics, Number of Faculty in Degree-granting Postsecondary Institutions, Fall 1970 through Fall 2015, https://nces. ed. gov/programs/digest/d16/tables/-dt16 _ 315. 10. asp. 2018 – 12 – 11.

② Tuckman H P, "Part-Time Faculty in American Higher Education", *The Journal of Higher Education*, 2. (1983): 237 – 239.

③ Kimber, Megan, "The Tenured 'Core' and the Tenuous 'Periphery': The Casualisation of Academic Work in Australian Universities", *Journal of Higher Education Policy and Management*, 25. 1 (2003): 41 – 50.

工作并不是其主要收入来源。近年来，随着学术就业市场的不景气，越来越多的青年人以从事学术兼职活动作为自己谋生的手段。已有研究表明，"美国公立大学中的兼职教师职位通常是临时性的，超过80%的兼职教师受访者表示，他们作为临时教师教书至少3年，55%以上的人担任该职位6年或更长时间，30%以上的教师担任该职位10年或更长时间，当被问及他们是否愿意在他们目前任教机构接受全职终身职位时，51.9%的人表示他们肯定会接受，另有21.8%的人表示他们可能会接受，总体上看，兼职教师对进入全职终身职位有着强烈的愿望"[①]。由于所处情况千差万别，每个兼职教师选择岗位的理由并不相同，但职业属性上的共通性决定了尽管其认为从事兼职工作在某种程度上符合自身利益，但事实上这种选择是以伤害自身利益的方式而进行的。

兼职教师的人员构成极为复杂，与终身教职教师较为统一的职业经历相比，兼职教师的来源可谓五花八门。塔克曼（Tuckman）等人从兼职教师的目的出发将其分为七种类型：半退休人员（semi-retired）；正在其他学校攻读学位的学生（student）；没能找到合适全职工作的人员（hopeful full-timers）；在其他单位具有专职的人员（full-mooners）；主要为照顾家庭而做兼职的人员（home-workers）；在多个机构从事兼职工作的人员（part-mooners）；不能归为以上各类的人员（unknowners）。[②] 这一类型划分为人们认识兼职教师群体的来源提供了较为科学的参考，也凸显出兼职教师群体类型上的差异。对于那些半退休人员来说，从事兼职工作或是源于兴趣，或是源于打发无聊时间，他们的半退休状态决定其并不会将兼职工作作为值得重视的工作；那些追求全职工作的人则是将兼职工作作为临时手段，他们一旦找到全职工作会迅速逃离这一状态；为照顾家庭而从事兼职工作的人员追求的是时间上的灵活性，她们主要是女性并且不是家庭收入的主要贡献者；对那些在多个机构从事兼职工

---

① The Coalition on the Academic Workforce. A Portrait of Part-Time Faculty Members：A Summary of Findings on Part-Time Faculty Respondents to the Coalition on the Academic Workforce Survey of Contingent Faculty Members and Instructors, http：//www. academicworkforce. org/CAW _ portrait _ 2012. pdf. 2021 - 04 - 12.

② Tuckman, Howard P. , Jaime Caldwell, and William Vogler, "Part-timers and the Academic Labor Market of the Eighties", *The American Sociologist* (1978)：184 - 195.

作的人来说，兼职工作往往具有重要意义，因为这是他们获得收入的重要甚至唯一来源。

与塔克曼的分类不同，莱斯利（David W. Leslie）等人将兼职教师笼统地分为四种类型：第一类是各领域的"专业人士"，他们中的一半以上都在其他地方有专职工作，并且在专业领域中有所贡献；第二类是"老当益壮者"，他们是已达退休年龄、有丰富专业实践或教学实践能力的专家；第三类是"自由骑士"式的人，他们通常把从事兼职作为提高生活品质的一种方式，主要包括音乐家、作家、顾问、艺术家等；第四类是有抱负的青年学者——通常是一些刚获得学位的哲学博士或在读博士，他们想靠兼职教师的收入来谋生。[①] 莱斯利对兼职教师的类型划分在学界引发广泛争议，许多人都在质疑这一划分的合理性，认为其有意地忽视了兼职教师群体中的绝大多数失意者以及对现状无可奈何者。在斯马特（John C. Smart）看来，对于一大部分兼职教师来说，之所以从事这一行业是因为教学工作本身带来的内在满足感，同时他们享受服务于受教育者的荣誉感；另外，许多兼职者都是退休人员，他们希望在事业甚至生命的末期继续发挥作用，同时一些秉持自由精神的学者们喜欢不同岗位的挑战，这些"自由人"想要获得一些稳定的收入，但又不喜欢几乎没有时间进行自由调配的全职工作状态，当然最多的从业者是那群渴望得到终身教职但尚未如愿的人。[②] 总体上看，兼职教师是大学中的流动者，他们为了各自不同的目的踏入职场，按照追求目标的不同可将美国公立大学中的兼职教师划分为以下类型。

（1）旨在追求全职岗位的职场新人。这一群体的人数约占兼职教师总数的一半，他们的学术履历及职场追求与终身教职教师类似，但其享受的聘用待遇完全无法和后者相比；这一类型的兼职教师因为无法获得有保障的全职职位，所以为了谋生而不得不选择同时在教育机构兼职，其中的有些人曾经进入过终身轨道，但因各种原因而最终没有获得终身教职任命。对于这一类型的教师来说，尽管他们普遍具有硕士学位甚至

---

① Leslie, David W. , Judith M. Gappa, "Part-Time Faculty: Competent and Committed", *New Directions for Community Colleges*, 118（2002）: 59 – 68.

② ［美］斯马特：《高等教育学》，吴娟等译，江苏教育出版社 2010 年版，第 310 页。

博士学位，但却很难获得全职终身教职岗位，他们承担着初级课程的教学任务，每周与学生接触的时间甚至超过终身制同事，这类兼职教师可以被视为正在寻求全职终身职位的"有抱负的学者"。

（2）没有全职工作的主动兼职者。与第一种类型的人员情况不同，主动兼职者并不追求终身教职岗位，他们自愿从事兼职教师工作并且在其他地方也没有被全职雇佣。这一类型的教师彼此之间差异极为巨大，他们拥有广泛的学术背景、职场经历和人生追求，其唯一的共同点便是对机构责任的厌倦和对兼职身份的喜爱。与其他类型的兼职教师相比，没有全职工作的主动兼职者群体并不过多关注学术工作，在工作时间之外，他们或者选择与家人共度时光，或者将主要精力投入投资事业、写作工作或咨询事务。尽管他们不追求终身教职岗位，但是由于这一类型的从业者普遍不过于在乎教师工作的谋生价值，因此他们希望获得足够的尊重——学校应按照终身教职同事相同的标准对自身工作进行评估，如果其能够通过评估，尽管工作仍是兼职性质，但他们通常主张要获得和终身制教师类似的权益保护。

（3）拥有全职工作的主动兼职者。这是一群特殊的"兼职教师"，这一类型的从业者尽管从事着兼职工作但他们在其他机构或组织中拥有全职工作，兼职教师往往只是其众多工作身份中的一种并且还不是最重要的一种。拥有全职工作的主动兼职者往往不依赖于他们所从事的兼职工作，他们被聘用是因为其在某些领域——艺术或是商业——拥有专业知识或技能，这些人不依靠兼职教师职位谋生，而是喜欢参与学院教学工作。作为教师，拥有全职工作的主动兼职者普遍希望获得正当程序的保护，尽管这些保护在现实中往往是机构无法提供的。这一类型的从业者本身具有较高的职业资历和专业技能，因此生活条件和工作状态普遍高于其他类型的兼职教师，对于他们来说，获得兼职收入通常不是大问题，但更高的薪酬仍然是值得追求的。

（4）退休人员。受益于美国大学特殊的退休政策，许多终身制教师在达到退休年龄后会继续从事兼职工作，他们组成了兼职教师群体中较为常见的一种类型。对于这些退休人员来说，获得报酬是从事兼职工作的重要原因，但渴望通过工作来保持既有的生活状态也是其进行这一尝试的主要动机。这一类型的教师通常不会获得任何正当程序的保护，他们的附加福利也会被取消，并且他们的工资待遇也会被降到极低状态，这些退休人员不可能获得终身教职岗位，他们所追求的往往是更公平的就业保障和经济补偿。① 对于这一类型的教师来说，兼职工作是人生的第二种选择，为其提供发挥余热的机会。

总体上看，虽然公众舆论经常将兼职教师描述为一个统一体，但实际上这一群体的成员构成极为复杂，个体愿意承担兼职工作的动机是较为多元的，"他们或者是有教学的兴趣，或者是来自工作本身内在的满足感，或者是正值职业轨道转换到将近退休或已经退休，有些兼职者本身喜欢同时待在不同岗位上体现一种特殊的'自由'"②。值得指出的是，无论是上述何种类型的兼职教师，女性在其中都占据着一个令人难以忽视的极高比例，一些机构认为兼职教师岗位有利于那些为家庭投入大量时间的女性获得基本的就业权利，因此他们并不打算为女性提供更加平等就业的机会，这使得许多人认为兼职教师问题本质上是一个性别权利问题。

二 兼职教师的聘用

兼职教师已经成为美国高等教育领域中一股不可忽视的力量，"兼职教师被聘来做那些正式教师不愿做的琐碎工作，学校规模越大，兼职教师的数量和比例就越大，如今，大多数学生都去规模较大的学校读书，这也增加了这些学生享受'临时教育'的机会"③。整体而言，没有兼职教师的参与，美国高等教育系统很可能已经无法正常运行，尽管在就业性质上极为相似，但不同学校在聘用兼职教师的做法方面千差万别，并且不同类型的学校对于兼职教师的使用程度也存在差异，已有研究发现，非全日制学生的数量与兼职教师的比例呈正相关趋势，与此同时，那些

① American Association of University Professors, The Status of Part-Time Faculty, https：//www. aaup. org/report/status-part-time-faculty. 2021 – 11 – 01.

② ［美］斯马特：《高等教育学》，吴娟等译，江苏教育出版社 2010 年版，第 310 页。

③ ［美］汉克、德赖弗斯：《拷问美国高等教育》，胡晓姣等译，河北教育出版社 2016 年版，第 39 页。

终身教职教师工资较高的大学也会聘用更高比例的兼职教师。① 对于所有学校而言，兼职教师的聘用都是一个重要但模糊的问题。

相较于严苛的从全国甚至世界范围选拔合适人选的终身教职教师招聘机制而言，兼职教师的准入机制相对简单、灵活、随意，招聘兼职教师一般不纳入学校的统一管理事务中，而是基于学系内部的非正式约定，并且会根据实际需要随时开始约聘程序。作为弗吉尼亚州最大的公立研究型大学，乔治·梅森大学（George Mason University，简称 GMU）曾在 2014 年 10 月发布了一份内容翔实的非终身制教师情况调查报告（*Indispensable but Invisible：A Report on the Working Climate of Non-Tenure Track Faculty at George Mason University*），这一报告为人们认识以兼职教师为代表的非终身制教师的招聘工作提供了重要参考，根据受访者的反馈，与其他类型的教师相比，兼职教师普遍存在着招聘要求低、招聘决定短、准备时间少的情况，"虽然大部分受访者（85%）被要求提交个人简历，但只有 59% 的人被要求提交推荐信，只有一半的人表示在招聘过程中参加了面试，仅 22% 的人被要求提交教学理念声明"②。实际上，乔治·梅森大学的情况绝非孤例，美国新教师基金会（The New Faculty Majority Foundation，NFMF）是一个为新任教师提供服务和支持的非营利性组织，其在 2011 年秋季进行了一项全国范围的兼职教师情况调查活动，目的是评估美国兼职教师的工作环境，结果表明：超过三分之二的兼职教师都是在课程开始前三周内被聘用的。③ 略显仓促的招聘时间与设置随意的招聘环节成为兼职教师招聘中的常态。

按照加里·罗迪斯（Gary Rhoades）的说法，"即时性（just-in-time）和随意性（just-at-will）是兼职教师招聘中的普遍特征——虽然课程的分

---

① Liu, Xiangmin, and Liang Zhang, "Flexibility at the Core：What Determines Employment of Part-time Faculty in Academia", *Relations Industrielles/Industrial Relations*, 68.2 (2013)：312 – 339.

② Allison M., Lynn R., Hoverman V., "Indispensable but Invisible：A Report on the Working Climate of Non-tenure Track Faculty at George Mason University", http：//www. unitedworkerscongress. org/uploads/2/4/6/6/24662736/gmu-contingent-faculty-study. pdf. 2021 – 02 – 04.

③ Street S, Maisto M, Merves E, et al., Who is Professor "Staff" And How Can This Person Teach So Many Classes?, https：//www. natcom. orgwww. natcom. org/sites/default/files/pages/NCA_ Career _ Center_ Who_ Is_ Professor_ Staff_ Report. pdf. 2021 – 02 – 13.

配可能会提前几个月完成，但直到学期开始之时（有时更晚），兼职教师才会得到最终的任用通知，另外，大学普遍不会为他们提供课前和课外工作的支持，绝大多数学校在聘用兼职教师方面严重缺乏有意义的正当程序，这意味着既没有真正的同行审查，也丝毫不关心招聘人员的质量"①。正如上述所言，对于大多数美国公立大学来说，招聘兼职教师的过程是较为随意的，许多学校直到开学前两到三周内才开始推动聘用兼职教师的工作，这已经成为大学雇佣临时人员时的一种惯例。与此同时，兼职教师普遍反映他们并不清楚招聘标准，实际上，他们中的许多人都是在没有经历任何实际招聘流程的情况下被聘用的，"兼职者是多样的，有着高度不同的生活情况与教学动机，但其聘用的情形则相反，不论其表现的质量、聘用的长度、职位的适用资格或其教学机构的需求如何，大部分大学或学院都以一致或利己的政策聘用兼职者，兼职教员的聘用倾向依据非正式的实施原则与系内承诺，而非提供公平与一致的中央颁布的学术机构政策"②。从某种意义上说，即时性和随意性的招聘形式符合招聘部门、学院或机构的利益——它可以加强部门、学院和机构管理者的自由裁量权，但却给教师群体造成极大困扰，同时也给学校管理带来了一些难以解决的问题——由于是学院甚至学系层面具体负责兼职教师的聘用工作，因此学校很难确定一定时期之内全校所雇用的教师人数、招聘类型以及未来招聘趋势，并且也无法确定有多少学生正在接受兼职教师的指导以及不同类型教师的授课情况。

随意的兼职教师聘用程序正逐步损害大学的办学效益，当大学失去对教师招聘过程的控制时，也就会失去对课程的控制。在制定一个学期的课程安排时，兼职教师通常被认为是"替补队员"——他们被视为填补了由于全职教师就业不足而造成的空白，即时性的兼职教师招聘过程几乎不可能让这些教师为教学工作做好充分准备，由于时间紧迫，兼职教师无法充分规划要处理的主题、要使用的方法或学生在课程中的特定

---

① Rhoades, Gary, "Bargaining Quality in Part-time Faculty Working Conditions: Beyond Just-in-time Employment and Just-at-will Non-renewal", *Journal of Collective Bargaining in the Academy*, 4.1 (2013): 1–14.

② ［美］斯马特：《高等教育学》，吴娟等译，江苏教育出版社 2010 年版，第 310 页。

需求，他们经常被迫使用自己没有选择的教科书，并遵循他们没有创建的课程大纲。在极端情况下，兼职教师会在学期开始后被指派教授一门课程，从而失去了宝贵的第一堂课来建立他们喜欢的教学环境，兼职教师有时会面临着年复一年地在同一机构教授相同课程的情况，然而，即使在这种情况下，不确定性仍然存在，由于他们对教科书或教学大纲几乎没有或根本没有控制权，因此这些"成熟的"兼职教师也会被临时性指派在特定学期教授不熟悉的课程。

很长时期内，有些机构雇用兼职教员是因为他们在特定领域或学科方面拥有专业知识和经验，虽然这种模式可能仍然存在于某些机构的特定部门，但在整个高等教育中，聘用兼职教师的理由已经随着时间的推移发生了变化，节省预算成本已经成为增加兼职教师的主要原因——在预算紧张时代，兼职教师可以节约大量的成本，因为他们经常赚取较低的工资，往往缺乏福利。兼职教师招聘的主导逻辑是经济因素，因此人员成本是影响兼职教师招聘的关键。学院之所以不会像招聘终身制教师一样在全国范围内招募兼职教师，并非是其不重视教师质量，而是这种做法对于短期岗位而言极其昂贵，学院根本难以承受，一些院长和系主任认为：为了临时任命而将招募人员的范围扩充到全国各地是没有意义的，毕竟这些聘用只是在特定学期内教授特定课程，并且还不保证能够真正聘用。与全职教师招聘过程不同的是，兼职教师的招聘通常由一名行政人员（主要是系主任）处理，并且不用经过学系多数教师的实质性审查，尽管许多管理人员都在努力寻找合格的兼职教师来为每个学期的未分配课程配备相应人员，但可以肯定的是，多数兼职教师的聘用仅仅是因为系主任认识他们并且可以使用他们，而不是因为他们是最有资格胜任这份工作的人。这种充满随意性的招聘程序意味着当兼职教师面临着被解雇或不续聘的情况时，他们是无法享受学校学术审查机制保护的——学系可以因为任何正当或不正当原因而选择不重新雇用一位兼职教师，并且通常不需要为此行动提供任何理由，在这种情况下，兼职教师可能会尽量避免任何可能冒犯他人的行为。

三　兼职教师的职责和权益

兼职教师的就业岗位多为临时性的不稳定职位，这意味着他们与机

构长期目标的联系有限，也很难成为所在部门的核心成员。在 20 世纪
80 年代之前，兼职教师通常在学术界以外拥有全职工作，因此他们的短
期就业合同不被视为一种问题，"鉴于早期有大量终身教职员工，兼职
人员与机构缺乏联系以及他们只专注于教学对更广泛的机构目标几乎没
有影响，但随着时间的推移，学术劳动力市场变得拥挤，终身教职员工
的百分比下降，因此这些职位开始由争取全职工作或终身职位的个人填
补，兼职教师的职责更重要，但是权利却没有相应提升"[1]。近年来，美
国大学对兼职教师的角色认定更为清晰，其主要职责是服务于大学教学
事务，特别是要指导学生完成课程要求并且要向学生提供咨询服务。公
立大学一般会将兼职教师的授课任务限制在本科低年级段课程范围之内，
同时并不会把兼职教师和终身教职教师的角色和职责进行严格区分——
两者在教学工作中肩负的职责和义务基本上是相同的（唯一的区别是他
们与该机构合同关系的性质），"在美国，兼职教师的聘用制并不涉及教
师工作归属的变化，是存在于隶属关系之外的一种教师知识与技术的合
理配置与流动，以实现教师人力资本的效益最优化"[2]。根据美国众议院
教育委员会（House Education Committee，HEC）对兼职教师的调查，绝
大多数成员的每学期授课数量都在六门之上，部分兼职教师甚至每学期
担任十门课程的讲授任务（见图 3 - 1），整体而言，相对于终身教职教
师，兼职教师承担着更重的教学任务。

　　根据波里特（Liza Ann Bolitzer）等人的研究，公立大学中的兼职教
师既需要承担繁重的课堂教学任务，同时也需要履行一系列不太显眼的
课外职责——规划教学进度、给学生作业评分、反思教学方式等，这些
兼职教师在教学方面呈现出以下特色：兼职教师总是尝试采用主题教学
的方式，经常带领学生在课堂上讨论主题或与学生私下会面讨论课程主
题；兼职教师在教学时总是会投入大量时间花费于教学之前和之后的工
作——包括准备课程材料和反馈学生问题等；兼职教师普遍关注教学的

---

[1] Kezar A., Changing Faculty Workforce Models, https：//www.tiaa.org/public/pdf/changing-faculty-workforce-models.pdf.2021 - 07 - 11.

[2] 张茂聪、李睿：《人力资本理论视域下高校教师的流动问题研究》，《高校教育管理》2017 年第 5 期。

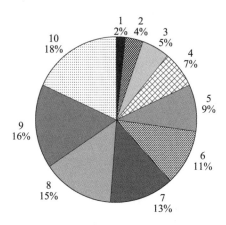

图 3 - 1　兼职教师授课数量示意图（2013—2014 学年）

资料来源：House Committee on Education and the Workforce Democratic Staff, A Staff Report Summarizing Forum Responses on the Working Conditions of Contingent Faculty in Higher Education, https：//edlabor. house. gov/imo/media/doc/1. 24. 14-AdjunctEforumReport. pdf. 2020 - 10 - 02。

潜在结果①。由于不同大学对兼职教师身份定位上存在着差异，虽然同为临时性岗位，但个体的经历和职责并不相同，部分兼职教师会定期教授相同课程，并且经常履行全职同行的部分非教学职责（参与课程规划和学生服务等），绝大多数兼职教师则是除了教学之外并不参与任何学院其他事务。不同类型的兼职人员能够得到的就业安全保障并不相同，一些机构通过定义一种有资格获得终身教职的特殊类型的兼职教师承认了这些区别。

　　许多公立研究型大学出于降低成本和增强灵活性的需求将兼职教师作为师资队伍的重要补充力量，学校聘用兼职教师承担课程尤其是非核心课程教学工作的目的是为终身制教师从事科研工作创造条件。在乔治·梅森大学，"兼职教师的任务是教授不受欢迎的入门课程，因此，许多学生的第一次大学求学经历是以与兼职教师合作而开启的，导论性课程通常有数百名学生参与，兼职教师的参与极大地满足了规模空前的

---

　　① Bolitzer, Liza Ann. "What We Know（and don't Know）about Adjunct Faculty as Teachers at Four-year Institutions", *The Review of Higher Education* 43. 1（2019）：113 - 142.

学生需求"①。对于许多兼职教师来说，基于每门课程费率或每小时费率的工资标准是合理的，但学校中的现实遭遇仍然难以令人满意。事实上，由于缺乏明晰的条款约定，兼职教师的权益普遍难以得到保障，同时学校缺乏专门政策去支撑他们的专业发展，这些教师很少会获得教学科研资源的支持。"作为边缘化的教师，兼职教师并没有很好地融入机构之中，即使在部门层面，他们在治理活动中也缺乏发言权，并且几乎得不到专业发展的支持，从本质上讲，与终身教职员工的政策相比，这些针对非终身教职员工的政策创造了一个边缘化的、处于不利地位的和二流的教职员工形象。"② 虽然兼职教师在一个机构的任期内的教学负担可能会大大超过同一部门的全职教师，但他们很少获得成为卓越教师和学者所需的制度支持，他们通常不被允许参与课程规划，并且与同事——无论是兼职同事还是全职终身教职员工——的互动非常有限，兼职教师大多并不知道他们教授的课程如何符合其所在部门或整个机构的教学目标，也不清楚自身教学活动的真正价值所在。除了与教学相关的活动，大多数兼职教师经常被要求无偿地投入其他活动，如学生建议、课程开发和课程设计，尽管这些活动不在他们的工作职责范围内。

　　由于普遍处于权益弱化的地位，兼职教师被视为大学中的"隐形教师"（invisible teacher）。"美国高等教育的学术劳动力已经从 1969 年 80% 的全职、终身制和终身制教职员工转变为 70% 以上的非终身制职位，大多数兼职教师所经历的恶劣工作条件（例如，低薪酬、没有工作保障）和缺乏支持（例如，没有专业发展和足够的办公空间）对高等教育机构的教学和学生学习成果影响深远。"③ 一般而言，兼职教师在聘用或晋升教职员工方面没有发言权，也不参与学术问题的决策过程，同时

　　① Allison M.，Lynn R.，Hoverman V.，"Indispensable but Invisible：A Report on the Working Climate of Non-tenure Track Faculty at George Mason University"，http：//www. unitedworkerscongress. org/uploads/2/4/6/6/24662736/gmu-contingent-faculty-study. pdf. 2021 – 02 – 04.

　　② Roger G. Baldwin，Jay L. Chronister，*Teaching without Tenure：Policies and Practices for a New Era*，Baltimore：The Johns Hopkins University Press，2001，pp. 72 –73.

　　③ Maxey，Daniel，and Adrianna Kezar，"Revealing Opportunities and Obstacles for Changing Non-tenure-track Faculty Practices：An Examination of Stakeholders' Awareness of Institutional Contradictions"，*The Journal of Higher Education*，86. 4（2015）：564 –594.

在机构决策机构中没有代表。兼职教师通常被排除在部门或机构治理之外，甚至不参与关于课程的基本讨论。与终身制教师相同的是，兼职教师同样面临着评估任务，但一般而言，这些评估所依据的标准与适用于全职教职员工的标准不同，同时大多数兼职教师的薪酬无法与同一机构的终身教职教师相媲美，而且即使在一所大学承担了多年的教学任务，他们仍然没有就业保障（课程在开学时会被取消），很少有教师能够获得健康保险、退休或失业救济金、图书馆和实验室设施使用权、独立的办公空间——兼职人员经常在校园咖啡店、教师休息室或自己的家中与学生交流。

兼职教师的经济状况普遍不佳，这使得很多人选择在多所学校任职以获得维持生活的收入，"兼职教师面临着令人遗憾的工作条件，他们的薪酬低于具有类似资质的其他领域的专业人员，尽管工作了几年，但没有加薪，他们每门课程的平均工资为 2700 美元，这些教师中有近一半教授了三门或更多课程（为了在经济上生存），76% 的受访者正在艰难地寻求全职职位"①。许多兼职教师从教学中获得的收入——有些人将不同机构的两三个兼职职位拼凑起来以获得相当于全职职位的收入——是他们唯一的经济收入。"除了具有挑战性的工作环境，大多数兼职教师的收入明显低于同一所院校具有终身教职资格的教员，为了获得一份可以维持生活的工资，许多兼职教师被迫从不同的项目或机构中拼凑出多个'零工工作'。"② 从经济地位上看，兼职教师普遍处于教师群体的底层，他们是大学中的"临时工"——没有工作保障，不享有学校福利，也不参加任何管理工作。很多兼职教师为了生计而在几个学校之间奔波，他们把自己看成大学雇员，近年来，为了获得就业保障和福利补偿，许多兼职教师热衷于组织工会，试图通过工会来保护自己的利益。

近年来，美国大学兼职教师遭遇的不公平对待引起多个关心教师权

---

① The Coalition on the Academic Workforce, A Portrait of Part-time Faculty Members: A Summary of Findings on Part-time Faculty Respondents on the Condition of the Academic Workforce Survey of Contingent Faculty Members and Instructors, http://www.academicworkforce.org/CAW_portrait_2012.pdf. 2021 - 11 - 12.

② McNaughtan, Jon, Hugo A. García, and Kim Nehls. "Understanding the Growth of Contingent Faculty", *New Directions for Institutional Research* 176. (2017): 9 - 26.

益的社会团体的重视，作为一个旨在"维护教师的学术自由、帮助教师参与大学事务的共同治理、保障教师经济与社会合法权益、保护与改善教师群体的经济安全与工作环境"①的专业组织，美国大学教授协会认为兼职教师的涌现已经深刻改变了美国高校教师的聘用结构，并且将在根本上改变美国高等教育，然而总体来说，兼职教师的地位始终没有得到政府、大学以及公众的重视，"如果没有这些临时教师，几乎所有的现代大学都无法正常运作，对许多学院而言尤其如此，但他们仍旧游离于教育体系之外，更像是临时雇员，所以临时教师很难被称为'教师'，虽然他们和那些享有或即将享有终身任期的教授承担的教学责任并无不同"②。与其他行业的兼职人员相比，大学中的兼职教师受过更好的教育，但却在工作机构中处于边缘地位，其发展前景不容乐观，"他们大多与学术界脱节，并且与其他教师的正式接触较少；这一群体的关注点更多地指向足够的薪酬、持续工作的保证、对全职工作的偏好以及更多的尊重"③。有鉴于此，美国大学教授协会强烈呼吁所有负责任的大学将兼职教师视为与全职教师从事不同类型的工作但享有类似权益的教师——尽管没有既定法律要求兼职教师应获得特殊报酬，但出于公平性和对整体机构福利的考虑，应确保兼职教师的工作量可以合法地被认为同一机构全职工作的一部分，并按比例补偿他们。目前已经有部分公立大学出台了将兼职教师转换为全职教师的政策，根据学者特罗尔（Cathy A. Trower）的研究，"爱荷华大学、阿拉斯加大学、威斯康星大学苏必利尔分校等少数研究型大学允许授予兼职教师终身教职，在爱荷华大学，兼职教师如果被发现已经达到大学授予终身教职的标准，并且其表现预期与全职教师的要求相同，那么他就可以被授予终身教职；在阿拉斯加州大学，校长基于大学利益的考量，可以提出决议任命兼职教师为终身

---

① 张伟、刘宝存：《臆断与启示：美国大学教师经济地位探析》，《高等教育研究》2016年第1期。

② ［美］汉克、德赖弗斯：《拷问美国高等教育》，胡晓姣等译，河北教育出版社2016年版，第39—40页。

③ Biles G. E., Tuckman H. P., *Part-Time Faculty Personnel Management Policies*, New York: Macmillan Publishing Company, 1986, p. 22.

教职教师"①。这些大学的做法令人振奋，然而总体上看，上述改革是特殊的"异类"，也并不代表着未来发展趋势，兼职教师在美国公立大学中的各项权益仍然普遍缺乏制度性保护，他们普遍处于大学的边缘性位置。

第二节　以全职非终身制教师为代表的混合模式

近年来，由于社会舆论对公立大学大量聘用兼职教师的现象提出越来越多的质疑，许多大学开始调整聘用方案——将聘用全职但不具有终身任职资格的教师作为平衡机构需要与社会舆情的有效措施，全职非终身制教师不但被大量聘用到教学岗位，同时也受聘于研究岗位、实践岗位与管理岗位，"虽然大学中的兼职职位增长迅速，但全职非终身制教师数量的增加也对机构发展产生了重大影响"②。学者列文（John S. Levin）等人用"混合"（hybrid）与"二元"（dualistic）来界定美国公立大学中广泛存在的全职非终身制教师的身份特征，认为："他们的工作和角色是混合的，既包含一些专业性要素，又暗含纯工作性要素；他们的身份是二元的，因为他们既是大学教师队伍的真正成员，却又无法享受作为一名学者的表达自由和身份荣耀，这种模糊的身份定位始终困扰着全职非终身制教师，而其日常工作的机构则要对此负责。"③ 全职非终身制教师像那些拥有终身教职的教师一样，广泛承担教授、研究、管理和服务的职责，但他们缺乏永久就业保障，在机构治理中也没有公认的身份设定，全职非终身制教师在一定程度上被认为是侵蚀教师专业人员地位的帮凶，很多观察和评论人士以极为负面的眼光来描述这些教师，并将其作为高等教育弊病产生的原因。

---

① Richard P. Chait, *The Questions of Tenure*, Cambridge: Harvard University Press, 2005, p. 45.

② Kezar, Adrianna, and Daniel Maxey, "Missing from the Institutional Data Picture: Non-tenure-track Faculty", *New Directions for Institutional Research*, 2012. 155 (2012): 47 –65.

③ Levin, John S., and Genevieve G. Shaker, "The Hybrid and Dualistic Identity of Full-time non-tenure-track Faculty", *American Behavioral Scientist*, 55. 11 (2011): 1461 –1484.

尽管存在着上述担忧，但大学雇佣的全职非终身教职员工仍然越来越多，学院的工作也越来越多地被委托给他们，与兼职教师不同，全职非终身制教师显然已经是大学组织结构的一部分，他们身上体现出"外围"与"核心"相互交织的混合状态。

一　全职非终身制教师的含义

全职非终身制教师（full-time non-tenure teacher）是指那些与大学签订多年制（多为 3 年以上）的长期聘用合同、在学术机构从事专职工作、享受大学提供的必要福利待遇但无法得到终身聘用及晋升承诺的教师。尽管与终身教职教师在某些方面存在相似性，但全职非终身制教师与大学签订的合同到期后，一般需要通过校方的评议才可获得续约，而在一些氛围比较保守的教育机构中，这一类型的教师通常会在教职前加上特殊化的前缀，如使用"讲师"（lecturer）的头衔来代指那些主要承担教学责任的全职非终身制教师，而对那些主要从事学术研究的全职非终身制教师则会在其教职前加上"研究"（research），前缀的不同代表着教师功能定位上的差异。传统上，获得全职非终身制任命的教师所从事的岗位往往是临时性的，这种安排将使初入教职的青年学者有机会获得宝贵的工作经验，这种情况在部分大学中至今仍然存在，但从总体上看，全职非终身制教师在当前所肩负的工作显然已经超越了"临时性"的职责范围，他们已经普遍出现在大学的各个领域和部门之中。

全职非终身制教师近年来在公立研究型大学中得到迅猛发展，目前已经成为大学教师群体中的一股重要力量。根据肩负职责和工作性质的不同，全职非终身制教师一般可分为专职教师、研究人员、管理人员和其他专业人员。"专职教师是指那些花费超过三分之二的工作时间从事教学活动的教师，他们其余的工作时间是较为自由的；研究人员是指那些专门受雇于研究岗位的教师，他们从事研究的时间占工作时间的一半以上；管理员是指那些花费一半的时间从事行政工作的教师；其他专业人士是指那些花费一半工作时间从事教学、研究或管理以外活动的教师，他们通常从事实验室技术支持、办公室文件处理或社区服务工作。"① 为了帮助全职非终身制教师快速适应校园环境，许多大学目前开始重视这类教师的发展和培训工作，这些做法帮助后者相对于兼职教师群体能够对大学产生更多的信任和依赖。

整体而言，全职非终身制教师的地位层次处在教师群体中层，尽管他们在薪酬、声誉及决策参与等方面都不及终身教职；但他们能全职工作、享受学校的福利甚至获准参加部分管理工作。② 由于各个大学出台的聘用政策存在差异，全职非终身制教师一般可分为三种类型：

第一种是替代型（Alternative-Career Model）。这种类型教师在聘用标准、权责归属及雇佣条件等方面与同一机构中的终身制教师基本相同，并且像后者一样享受学校提供的学术休假等特殊待遇；替代型教师所签订的合同一般为有保障的长期合同——最初是按年度或多年合同聘用的，成功完成 3 年到 6 年的试用期后，将获得多年期合同；除了终身教职之外，这类教师在所有方面都类似于他们的终身教职同事——在一些特殊情况下，其获得的薪酬待遇甚至高于后者；替代型教师属于大学中的"特殊教师"，他们并非因外在原因而无法获得终身教职，这一类型教师的合同可以转换为终身聘用，这一模式被认为是替代终身教职制度的可行方案。

第二种是整合型（Integrated Model）。这种类型的教师主要是一些展现出学术潜力的优秀人才，这种模式是大学专门为所谓的高级人才提供的一种较为灵活的聘用类型。整合型教师的初次合同期限通常较短，但有资格获得续签长期合同；大学对这一类型的教师通常会实行规范化、连续性的考核，并且将其与终身制教师进行严格区分；整合型教师的待遇一般高于终身制教师，同时享受额外福利补贴，他们对机构事务拥有发言和投票权，并且有资格获得专业发展支持，处于这一模式下的教师大多数是在学术团体中已经功成名就的个体，正如有学者所言，"我的整个事业在学术界之内，但却在轨制之外，这是个理想导向的事业，我不必在意一个人要达到成功所必需的条件，而我已拥有一个极为精彩的

---

① Kezar, Adrianna, and Daniel Maxey, "Missing from the Institutional Data Picture: Non-tenure-track Faculty", *New Directions for Institutional Research*, 2012. 155（2012）：47 – 65.

② 刘鸿：《美国高校教师聘用类型的分层》，《中国高教研究》2014 年第 12 期。

职业生涯"①。整合模式被运用在雇佣具有优异特殊技能与兴趣的个人，他们一方面被认为可以提升机构的声望，另一方面也能丰富被雇佣者的资历。"这种做法将增强课程供应，补充终身教职员工的专业缺陷，同时促进成本控制，在这种模式下受聘担任职位的教职员工有可能更充分地融入机构文化，因为这些教职员工有机会更多地参与机构服务，并且他们的贡献和能力将受到重视。"② 相较于其他模式下的个体，整合化模式下的雇佣者享有较高地位且受人尊崇，他们准终身制教师享有类似的职称与头衔、选举权与专业发展支持。

第三种是边缘型（Marginalized Model）。这种类型的教师在身份地位上与兼职教师相似，主要从事于单一的教学或行政工作。与兼职教师不同的是，边缘型教师的岗位属于全职（专职）性质，他们与机构通常会签订长期合同，并且合同允许其可以获得无限制续聘（或有条件续聘），这些教师拥有一定的晋升职称机会，但晋升的层次一般维持在较低层次；边缘型教师的薪酬和待遇远低于终身制教师，但他们享受学校提供的基本福利，同时能够得到专业发展的支持，这一类型的教师占全职非终身制教师的大多数，他们实际上代表了这一群体的整体面貌。

对全职非终身制教师的研究表明，他们的工作条件往往介于终身教职教师和兼职教师之间，体现出明显的混合型色彩。全职非终身制教师所获得的较长期限的工作合同为其提供工作保障，也为其规划和实施课程创造了机会，这些教师通常只隶属于一个机构（专职工作），并且通常有资格获得健康和其他福利。全职非终身制教师相较于兼职教师而言，能够获得更高的薪酬，并且会有明确政策保障他们能够参与所在机构的重要活动和决策。一般来说，从全职非终身制教师职位过渡到终身教职职位并没有较为便捷的途径，教师实现这种跳跃的案例是特殊且罕见的。不过近年来随着美国大学教授协会等组织的呼吁，越来越多的大学开始为全职非终身制教师提供结构化的晋升途径，目前已有学校出台规定，

---

① Judith M. Gappa, *Off the Tenure Track*: *Six Models for Full-Time Non-tenurable Appointments*, Washington, DC: American Association for Higher Education, 1996, p. 18.

② Roger G. Baldwin, Jay L. Chronister, *Teaching without Tenure*: *Policies and Practices for a New Era*, Baltimore: The Johns Hopkins University Press, 2001, pp. 73 – 74.

将全职非终身制教师的晋升过程比照终身教职教师的晋升过程来处理，即提交一份记录关键成就的档案，部门、学院和大学层面的审查，以及对任何级别的负面决定提出上诉的机制。美国内布拉斯加大学（University of Nebraska）的医学院采用"专业聘任"（Professions Appointment，PA）的形式来聘用全职非终身制教师，这是一种为期 5 年的合同聘用制，可无限期地更新合同，教职员工可以在任何时期申请终身任职，却不需要为了续聘而提出申请，如果他们的终身教职被拒绝，他们可以继续以约聘的身份工作。[①] 尽管有了一些松动迹象，然而总体上看，美国公立大学普遍没有制定专门针对全职非终身制教师的明确、系统和一致的职称晋升促进政策，也缺乏与全职非终身制教师评估和晋升事务相关的明确或成文的规定，这使得这些教师的晋升之路并没有在一个标准的时间框架内发生，即使是那些长期任职的全职非终身制教师也不知道如何获得晋升高级级别的资格。事实上，除非这些通常扮演与终身教职不同角色的教职员工能够满足对终身教职员工的研究期望，否则根据机构的现行政策，他们肯定难以得到晋升，在一些研究型大学中，全职非终身制教师之所以能够得到晋升，主要是由于院系的自行决定甚至是个别负责人的突发奇想。对于全职非终身制教师来说，没有与终身教职教师相似的职业晋升阶梯令人充满被歧视感，因此往往导致士气低落。

二　全职非终身制教师的聘用

由于在全职非终身制教师功能定位上存在差异，不同大学对这些教师的任职资格规定千差万别，并且因为缺乏全国性的指导方针和标准，各个学校在招聘全职非终身教职教师的做法并不一致。尽管有的全职非终身制岗位是通过详尽的全国搜索来填补的，但同样存在着个别院校根据当前的需求由部门按学期在当地聘用的情况，这实际上代表着对于全职非终身制教师的招聘在一定程度上存在着权力下放的现象，比较麻烦的是，大学层面似乎没有意识到监督或控制这些做法的必要性。一般来

---

① Wigton, Robert S., and Robert S. Waldman. "An Innovative Faculty Appointment System at the University of Nebraska", *Academic Medicine*, 68. 3 (1993)：190 – 191.

说，全职非终身制教师的增长并不都是大学进行总体规划的结果，而是经常作为其他举措的副产品出现，聘请全职非终身制教师的决定常常并不是由大学董事会、校长或教务长做出的，事实上，如果"决定"一词传达了集体决策的概念，那么它可能是对事实的误导，统称为"招聘决定"的一系列活动是由学院一级学术部门的统筹、教育计划的安排、课程计划的设计与学生培养的模式共同推动的。换言之，全职非终身制教师的招聘像兼职教师一样也会在一定范围内存在缺乏制度规约的临时性决定的情况，因此，美国公立大学中全职非终身制教师的类型极其多元。

　　值得指出的是，与兼职教师不同，全职非终身制教师的招聘过程尽管不像终身教职教师那样严格，但在招聘程序上已经形成一定规范，各方对招聘全职非终身教师普遍采取审慎态度。在美国公立大学中，一旦有全职非终身制教师岗位的空缺产生，围绕这一岗位进行的人员招募过程通常是高度分散的。以招募负责教学事务的专任教师为例，这一招聘过程通常以各个学术单位（部门或者项目组）向监督该单位日常运行的教务长提出岗位招聘建议为起点，教务长接到计划之后会向大学首席教务官（通常为学术副校长）提出建议，待后者经程序性审议后再按照上报路径依次返回招聘决定，等到学院层面接到招募许可后，学院会依托社会媒体进行公开招募，经过评议后会与合适求职者签订初次任命合同，这一合同中会明确规定任命类型，初始雇佣合同的实际期限通常在 1 年至 3 年。一般来说，美国公立大学在招聘全职非终身制教师时往往会先制定前提条件和人选范围，学院会成立专门的招聘委员会，该委员会是由学术人员而非行政人员所构成，当收到应聘申请后，委员会会迅速开展评估工作，针对所有应聘者的研究成果、教学成果、学术奖励等方面进行综合考评，最后以招聘委员会投票结果为最终结果并提交学校相应机构。值得注意的是，研究型大学在选聘教师时，既看重应聘者的学历又看重实际能力，除全面权衡外，侧重科研成果；比如，有没有在比较公认的学术刊物上发表论文，如成果是专著，还需提供几份独立的述评。① 总之，受制于监督机制束缚，公立大学全职非终身制教师的招聘

---

① 郭峰：《美国大学教师聘任制的实施及其启示》，《高教探索》2003 年第 4 期。

更加类似于终身制教师，招聘过程呈现出明显的程序化和规范化的特征，学院和院系通常会遵循严格的筛选和选择过程来确定谁将填补全职职位。

从招聘性质上看，全职非终身制教师的任命性质是一种定期任命制，通常而言，这种任命是由学院层面做出，并且可以签订最长不超过连续6个学年的长期聘约，但无论是初始任命还是续签任命都不会涉及授予终身教职权或职务晋升。最常见的合同期限是1年期制，但这种合同通常会得到持续签订的承诺并且事实上也是如此，特殊合同约定要求会因机构的不同而存在差异，一般来说，这种合同主要是用于为休假的成员提供临时替代教师，或为突然空缺的职位提供临时保障。在某些情况下，大学会为全职非终身制教师设置最长聘用年限（多为10年），其目的既是防止这类教师达到事实上的终身教职状态，也是为了保持新教师持续加入与控制教学成本。

全职非终身制教师在聘用性质上体现出浓厚的混合性，他们一方面有着不同于兼职的专职性，另一方面又体现出不同于终身制的多元性。"兼职教师可能会在不止一个机构中任职，但全职非终身制教师通常只受雇于单一机构；在1969年，全职非终身制教师约占大学教师总数的3%，到了2007年，这些教师已占全国大学教师总数的18.8%，需要注意的是，与兼职教师非常相似，全职非终身制教师是一个极其多样化的群体，他们有着不同的动机、经验和背景。"[1] 尽管大学管理者强调要在全国范围内寻找全职非终身制职位的候选人，就像他们为终身制教师所做的那样，但现实与这种理想相去甚远。大多数学校不愿意投入大量时间和资源在全国范围内寻找这些职位，一般情况下，学院会优先考虑那些熟悉的人——前研究生、大学教职员工的合作伙伴或附近的人，这意味着全职非终身制教师的市场像兼职教师一样是本地或区域市场。与终身制教师相比，大学招聘到的全职非终身制教师通常来自较小的人才库，这使得人们会怀疑这批教师只具备较少的经验或较低的学历，这可能部分解释了为何全职非终身制教师相对于

---

① Kezar, Adrianna, and Daniel Maxey. "Missing from the Institutional Data Picture: Non-tenure-track Faculty", *New Directions for Institutional Research*, 2012. 155 (2012): 47–65.

终身制教师而言拥有较低地位的原因。近年来，越来越多的找不到正式工作的年轻博士成为全职非终身制教师，他们顶替的都是正在享受公休或者休产假的教授的工作，尽管他们的工作热情高涨并且要求不高，但学校仍然极少会让他们长期留任，这些青年人只有在校任职期间才能享受医疗保险及其他福利。

整体而言，影响全职非终身制教师聘用的主要因素包括：求职者所属学科及专业、已获资格、机构地理位置以及与其他机构的距离。全职非终身制教师在招聘时能够获得的薪酬待遇在不同地区存在明显差异，那些比较靠近城市的地区因拥有充足的学术劳动力人才供给，所以学校只愿意提供接近平均水准的薪酬；相比之下，人口较少的偏远地区因没有大量的艺术、科学或商业人才聚集，因此学校会提供较有竞争性的待遇。总体上看，非中心城市地区的全职非终身制教师的工资高于城市地区，这点与终身教职教师的工资状况存在差异，后者往往是生活成本高的城市地区的薪酬水平更高。近年来许多机构由于合格候选人供过于求，已经能够用高素质的个人填补空缺的全职非终身制职位，这使得美国公立大学中全职非终身制教师的平均待遇水平在逐步下降。

三 全职非终身制教师的职责和权益

不同个体对于全职非终身制教师岗位的理解并不相同，对于一些人来说，这一职位的任命是整个职业生涯的开始，这些人渴望担任需要承担全部教职责任并具备必要学历的职位，他们希望这样的任命将提供获得最终终身教职职位的机会；对于其他一些人来说，全职非终身制教师岗位只是职业生涯的一段历程，他们投身教职的时间有着明确的阶段性，因此这些人并不始终专注于学术工作，也不会把主要精力投入到研究之中。事实上，尽管学术研究和社会服务对大学来说极其重要，但由于教学工作量持续增加，大多数全职非终身制教师几乎没有时间参与这些活动。在一些机构中，终身制和非终身制教师的角色定义和实际角色有时会根据特定机构需求而有所不同，一些特殊情况的出现也会导致符合终身任职资格和不符合终身任职资格的教师间职能上的差异。

在美国公立大学中，全职非终身制教师和终身制教师的职责是不同的——全职非终身制教师通常肩负专门或单一职责，这与传统的多功能教师角色存在差异。"一些政策明确指出，不希望全职非终身教职人员在教学、研究和服务之间保持平衡，相反，他们必须专注于一个领域，这些教师在学术和教学方面有着不同的期望，扮演着互补的角色。"[①] 与终身教职教师无所不包的职责定位（全面参与教学、研究与服务等活动）不同，全职非终身制教师的职责普遍是分散的、专业化的，就像兼职教师一样，教学为主型教师的存在价值主要是为了满足部门对教学事务的需求，而不是满足教师个体的职业目标，学校并不支持这些教师进行科学研究或参加学术会议，这对于那些热心于学术工作的教师来说是一个真正的障碍。值得注意的是，近年来在自然科学领域，越来越多的岗位专为研究活动而设（即所谓的"全职研究岗"），这些岗位涉及大学的众多学科，如建筑、工程和医学领域，受聘于这种岗位的教师通常会专注于研究活动，他们是职业的研究者而不再是传统的大学教师，目前这一趋势正向人文学科和社会科学学科领域渗透。与此同时，在新进出现的研究项目与领域中，全职非终身制教师大量承担起行政工作，这是因为这些地方最初创建的全职非终身制职位是为了满足特殊的短期需求，例如完成研究资助、执行临时教学或开发即时项目等，然而当这些短期需求得以满足后，这种任命类型并没有随之消失，反而成为许多机构或部门的常规性岗位。除此以外，在一些 19 世纪由联邦基金创建的公立研究型大学中，部分全职非终身制教师岗位以提供服务为主，他们管理着大型实验室、制定实地研究计划、开展教学和咨询服务，同时负责将大学的创新和发现带到当地社区、地区和州。

在一些特殊情况下，美国公立大学出于不同的现实需求而不对全职非终身制教师和终身制教师的角色进行严格区分。在部分大学中，全职非终身制教师被赋予与终身教职教师同样的职责，他们必须同时肩负教学、研究和服务工作，这就使得全职非终身制教师与兼职教师群体存在

---

① Bland, Carole J., et al., "The Impact of Appointment Type on the Productivity and Commitment of Full-time Faculty in Research and Doctoral Institutions", *The Journal of Higher Education*, 77.1 (2006): 89 - 123.

着明显差异。与兼职职位相比，全职非终身制任命代表了他们工作分配中更高的工作安全性、福利和可预测性，这种区别是很重要的——全职非终身制教师所享受的权益通常明显好于兼职教师，因为他们有固定工资，享受医疗保险、退休优待、病假补贴等福利，同时全职非终身制教师一般在学院各种委员会中拥有发言权（但没有决定权），并且还普遍具有与终身教职教师相类似的学术自由。值得指出的是，尽管两者的差异看似不大，但在一些关键环节或特殊时刻，全职非终身制教师和终身教职教师之间的差异往往会得以凸显，例如当学院领导层发生变动时，因个体对学院发展和专业建设的理解不同，全职非终身制教师往往会面临着工作上的挑战，这意味着相对于终身教职教师而言，尽管是同样是全职岗位性质，但非终身制的身份总是为这一类型的教师带来难以避免的不稳定感和安全焦虑。

整体而言，全职非终身制教师能够为大学提供长期而稳定的教学、研究和行政服务，这些优势使得他们深受寻求资源优化和组织灵活性的教育机构的欢迎。在薪酬和工作条件方面，全职非终身制教师在许多公立大学中与终身教职教师享受同等待遇，他们享有办公空间，可以使用校园设施和服务，然而，由于岗位性质的原因，全职非终身制教师在学术自由方面面临许多限制。与终身教职教师相比，全职非终身制教师获得的保护和工作保障更少，并且有可能被排除在学术治理结构之外，非终身制的岗位性质限制了他们的功能定位。全职非终身制教师的角色结合了"专业"和"工作"的双重元素，他们被置于专业人士和终身教职教师的脆弱位置，从而产生混合的二元身份意识。正如莱斯利·冈萨雷斯（Leslie D. Gonzales）所言，全职非终身制教师在认定自己角色时经常在制度化与合法性之间游移，他们必须在正式和非正式的政策期望与自己的切实需求之间保持平衡。[①] 全职非终身制教师的职业身份是二元的：当与兼职教师作比较时，他们是全职的专业教师；与终身教职教师在一起时，他们处于次等的学术等级，大学的研究传统很大程度上排除了全

---

① Gonzales, Leslie D., "Framing Faculty Agency inside Striving Universities: An Application of Bourdieu's Theory of Practice", *The Journal of Higher Education*, 85.2 (2014): 193–218.

职非终身制教师获得更高认同的可能性。全职非终身制教师并不是真正的专业人员，也不是类似于全职终身教授的职业阶层，自我怀疑和不一致的身份是显而易见的，全职非终身制教师的混合身份通过参与者与所在机构保持的距离表现出来，似乎很少有人对他们的机构、他们在机构中的位置以及他们的正式专业任命感到完全满意。相反，通过一只脚在门内，一只脚在门外，参与者在终身职位设置之外保持了一个双重形象。① 全职非终身制教师对地位和公平的担忧不可避免地打破了其对教师职业的幻想，身份定位上的不确定性成为他们发展的障碍。

虽然人们很容易将全职非终身制教师和终身教职教师视为相类似的群体，但这些任命之间的确存在很大差异，非终身教职的标识是不可避免的。以工作量为例，关于全职非终身制教师的适当工作量尚未达成共识，一些机构制定了明确的工作量政策，而其他机构则根据具体情况设置工作量。一般情况下，工作量的决定似乎主要基于所涉及的机构或学术单位的人员配备需求，同时分配给全职非终身教职员工的工作量通常是有资格获得终身教职的教职员工既没有时间也没有意愿去做的工作。全职非终身制教师普遍无法控制自己的命运，他们的主要工作常常被学院所低估。尽管无论是集体还是个人，全职非终身制教师都在特定的环境和条件下表现出相当大的独立性，然而，很大一部分全职非终身制教师始终处于一种不和谐的状态，虽然教学工作或许很适合他们，但是非终身教职的职位不符合他们的愿望。全职非终身制教师不太可能对自己的机构做出承诺，机构也不太可能对他们做出承诺。一般来说，"当学术机构因大学部门挑战或课程规划目标转化而将兼职教师的职位并入全职非终身岗位时，后者所享受的待遇一般要比被其所取代的兼职者更好，然而这些人仍然经常感受到身份上的差别对待"②。值得庆幸的是，最近的研究发现，全职非终身制教师正越来越像终身教职教师，也就是说，他们经常参与教学、研究和服务，虽然一些学校通常有政策规定："为了保护终身制，全职非终身制

---

① Levin, John S., and Genevieve G. Shaker, "The Hybrid and Dualistic Identity of Full-time Non-tenure-track Faculty", *American Behavioral Scientist*, 55. 11 (2011): 1461 - 1484.

② ［美］斯马特：《高等教育学》，吴娟等译，江苏教育出版社 2010 年版，第 313 页。

教师不应拥有类似于终身教职员工的工作档案，但许多校园都违反了此类政策。"[1] 未来美国公立大学全职非终身制教师的发展动向仍然处于前途未明的状态。

总体上看，全职非终身制职位被描述为兼职临时任命和终身职位任命之间的"混合"模式，这一模式目前已经成为一种重要的任命类别，全职非终身制教师的增长速度远高于终身制教师，许多这样的任命是根据具体情况而增加的，其不受任何总体目的的指导，越来越多的个体被聘用到全职岗位，但他们并没有获得所在机构终身教职的机会，雇用全职非终身制教师或许是机构削弱终身教职制度的更大计划的一部分。全职非终身制教师通常与终身教职教师的教学负担相当，甚至履行相同范围的职责和责任（指导学生、开展研究和从事服务），两个群体之间的差异几乎完全取决于这样一个事实，即一个群体有资格获得终身职位，而另一个没有。"尽管学校希望全职非终身制教师不会注意到他们并不是真正的终身教职成员，他们的工资的确可以维持生计，而且他们可能有福利待遇，甚至可能有退休计划，但他们的合同是固定期限的，这是一种较低的存在秩序，全职非终身制教师处于食物链的下游，一旦其效用耗尽，就不会受到欢迎和支持。"[2] 尽管全职非终身制教师相对于兼职教师而言享受更多的权益保障，但这一群体中的绝大多数成员仍然面临职场上的残酷竞争和朝不保夕的生存焦虑，如果不采取措施，这些教师很可能会步兼职教师的后尘。[3] 对于全职非终身制教师而言，如何充分利用"混合身份"来提升自身的价值感是考验这一群体的根本挑战，推进机构制定系统的教师发展计划并监督这些计划顺利实施可能是一条保障自身权益与提升岗位地位的有效路径。

---

① Kezar A. , Changing Faculty Workforce Models, https：//www. tiaa. org/public/pdf/changing-faculty-workforce-models. pdf. 2021 – 07 – 11.

② Childress H, *The Adjunct Underclass*：*How America's Colleges Betrayed Their Faculty*，*Their Students*，*and Their Mission*，Chicago：University of Chicago Press, 2019, p. 26.

③ Richard Chait, Cathy A, *Trower*，*Where Tenure does Not Reign*：*Colleges with Contract Systems*，Sterling：Stylus Publishing, 1997, p. 2.

第三节 以实践教师为代表的临床模式

21 世纪以来，美国社会对高等教育机构应提供更多有用知识、技术和人才的期望越来越高，大学不仅要生产和传播学术知识，更要提供多元化、全方位的服务。为了满足这种需求，美国公立大学与周边社会开展了多种形式的合作，人力资源流动成为其中的重要内容，这被视为能够推动大学和社会长期利益的实现，也被认为是实现知识转移的一个重要渠道。美国公立大学近年来通过聘用资深行业人士来校担任实践教师（practice teacher），成功地实现了教育机构与外部社会的深入交流，这一做法深受医学教育中"临床培训模式"的影响，因其贴近实践而被视为非终身教职聘用制度中的临床模式。

一 实践教师的含义

实践教师，又称临床教师（clinical professor），是指那些在大学或其他学术机构外任职、凭借自身行业性或临床性经验参与大学教学、科研或社会服务工作的专业技术人员，他们通常是有经验的实业家、企业家或行业顾问，并且以重视实践技能培训而不是解决理论问题而著称。与一般的大学教师不同，实践教师大多在各自的专业领域中拥有相当多的实践经验，并且已经在相应领域取得一定成绩，因此其在大学中的工作并非自身谋生的重要或唯一手段。

为了便于管理，美国公立大学通常会与实践教师签订短期或长期用工合同，同时会在合同中约定并不会为实践教师岗位提供终身任职机会，但在有些学校，这类岗位可以是全职性的。实践教师通常会领取较为低廉的薪水（或补贴），部分教师的岗位性质是荣誉性的，只是作为志愿者而非专业工作人员承担职责，因此并不会从学校中获得收益。传统上，实践教师主要集中于自然科学、工程学科以及医学领域，但近年来实践教师在人文与社会科学领域也持续涌现，比如商学院通常会雇用一些退休的企业前领导人，后者尽管没有高级专业学位，但却能够提供丰富的企业管理经验，这被视为丰富大学的教育资源的一种手段。总体上看，企业、私立研究机构与公共性机构等部门成为大学实践教师的主要来源渠道。

实践教师岗位很早就被引入美国学术体系，但在引入之前，经历了长期的调查、讨论与试用阶段。20 世纪 50 年代以后，随着高等教育规模的扩大，越来越多的证据表明，美国教育领域的既有物质资源和人力资源根本无法满足高等教育大众化时代的需求，为此，一些大学另辟蹊径，开始将学术界以外的资源引入大学活动之中，在充分评估风险之后，大学中的专业学院认为学术界以外的人力资源在相当大的程度上是可用的，如果能够适当使用这些资源可以快速充实大学师资规模，于是部分学校开始出台政策尝试将这些学术界以外的有经验的研究人员转化为学术体系内部人力资源，实践教师由此出现。在经过初步试点之后，越来越多的资深行业从业人员被大学聘用为实践教师，这些教师最初被用来加强研究生教育——从而成为不断扩大的高等教育系统的一部分，后来则广泛参与到大学的学术研究和本科教育活动中。因此，我们得出结论，聘用实践教师可以被视为高等教育机构加强甚至扩大研究和教育资源的一种方式，大学一开始只是将实践教师作为教育教学的补充资源，但近年来越来越多的实践教师希望不仅作为编外讲师和课外导师，而是更多地参与课程开发与实施，因此，部分学校正逐步提升实践教师在教育教学中的地位。然而，由于实践教师参与大学事务的时间有限，并且热情容易消退，因此绝大多数学校并不愿意过多地让实践教师参与学校重要事务的规划。随着大学与社会联系更加频繁，实践教师在大学中的角色将会更加重要，学术界内外部分的深度合作会有更好的实现机会。公立大学近年来研究压力越来越大，专任教师普遍将主要精力集中于自身的专业领域之内，研究日益个体化与专门化，也逐渐与学生需要相背离，大学日益察觉到学生培养与学术研究之间存在着巨大鸿沟，由于很难在短期内扭转这一势头，因此一些学校决定另辟蹊径，开始尝试在本科教学中使用来自各个行业的专业人才。

实践教师的大量涌现有着特殊的时代背景，20 世纪 80 年代以来，美国公立大学的办学目标、资金来源和运作模式发生了重大变化。对于大学来说，与外部社会建立关系变得越来越重要，大学正努力在学术研究和社会服务之间建立联系，人力资源的流动成为大学和社会有效互动的重要渠道，根据专业领域的工作要求聘请具有临床经验与实际技能的实践教师对于大学完成既定目标越发重要。大学之所以聘用资深行业从业者为实践教师，旨在利用这些行业精英（如实业家、企业家、顾问或创新者）的经验来提高学生的行业意识和就业技能，同时加强大学与外部世界的合作。"这些不具有终身任职资格的大学成员，包括拥有高阶专业经验的人，后者有着精准的临床诊疗及研究能力、宽广和不寻常的生活体验、优异的团体领导资历、源自不同文化的观点与看法，有创新及原创的理念，有政府与政治领导经验与无法以传统思考所衡量的人性关怀，很多这样的教师都不希望或不愿意接受终身任职聘任。"① 需要具有临床经验的人员参与教学活动是大学任命没有资格获得终身教职的实践教师的现实原因，这种类型的招聘经常出现在教育相关领域中，例如，雇佣一线教师、教育行政人员或新的博士毕业生来监督学生的实地实习、利用具有临床教学经验的医生指导医学生等，这种做法也经常在社会学、社会工作、心理学和其他包括实习经验的专业中使用。

知识的创造和传播在 21 世纪成为一种难以衡量的无形活动，许多大学已经认识到人员流动是增加学术界与周边社会之间知识转移的一种方式，使用实践教师能够有效吸收行业性和专业性知识，帮助大学以更加全面深刻的方式认识世界。实践教师（作为专业学者）在大学与行业的合作关系中发挥着至关重要的作用，这些岗位的设计极其灵活，从而确保教师可以向学生传达所处专业领域在外部世界的最新发展情况，"有创建的思想家和研究者并不是大学教授的唯一类型，他们向来是杰出人物，其影响也是最深远的，但即使是大学，尤其是现代大学，也需要并使用不同类型的人——有的教师对学问的贡献作用有限，但善于激励学生，或善于将其他人的研究成果融会贯通"②。此外，实践教师的"桥梁

---

① Judith M. Gappa, David W. Leslie, *Two Faculties or One? The Conundrum of Part-Timers in a Bifurcated Work Force*, Washington, DC: American Association for Higher Education, 1997, p. 16.

② ［美］弗莱克斯纳：《现代大学论——美英德大学研究》，徐辉等译，浙江教育出版社2001 年版，第 5 页。

作用"还体现在将教学与实践紧密联系起来，从而满足不断涌现的新需求——这些需求无法由专门担任教职或行政职位的人所解决。值得指出的是，在绝大多数研究型大学中，实践教师的主要身份是教师而非专门的研究者，因此会有机构强调其支持基于活动和经验的教学活动，但并不直接鼓励产业界和学术界之间的研究互动，通过充分承认实践教师的贡献，大学进入了一个更加响应并服务于社会的新时代。

二　实践教师的聘用

美国公立大学中的专业学院（包括法学院、商学院、医学院和建筑学院等）长期以来一直有雇佣社会人士来院开设讲座的传统，但近年来各学院对于实践教师的使用都在加强。"实践教师岗位在医学院、新闻学院、商业学院、法律学院和牙科学院都很常见，他们的头衔是终身职位和非终身职位适当柔和的产物，如临床教授或研究教授等，实践教师可以教授课程、参与研究，或在医院与工作现场监督实习生，这些教师的合同期限从 9 个月到 5 年不等。"[①] 一般而言，实践教师可以提供终身教职教师所不具备的专业领域的经验与技能，他们是一批"专业雇员"，美国公立大学近年来对实践教师的聘用形式愈发灵活，部分实践教师以全职形式参与工作，并且有可能获得终身制任命，一些学校则基于本校情况制定了不同于一般教师聘用模式的灵活性任用形式。

在美国公立大学里，对专任教师的聘用有一套较为固定的程序和步骤，全职终身制教师岗位的招聘范围基本上是全国性的，即学校会在全美范围内的某个领域中招募最合格的候选人，而在少数精英研究型大学中，此类招募的范围已日益国际化。无论是在公共部门还是私营部门，对学术人员职位的招聘过程通常都是高度分散的。聘用一般是在学系部门开始发起的，系主任会向负责该单位的学术院长提出要求，并最终向校学术副校长提出建议。与此同时，具体招聘单位需要向上级部门推荐数名候选人（通常按某种等级排序），学院将做出实际的聘用决定——

---

① Richard P. Chait, *The Questions of Tenure*, Cambridge: Harvard University Press, 2005, p. 47.

不仅包括应选择哪个候选人，还会直接与候选人谈判雇佣条款和条件（包括职级和薪水）。①因此，尽管搜索和筛选大学教师的过程是高度分散而标准化的，但实际的招聘决策和谈判通常是集中地进行（出于提升效率的考量），学术院长在基本的机构预算限制内拥有相当大的自由裁量权。研究型大学聘用资深行业人员为实践教师有着极为复杂的多重考量，一般认为，组织支持与个人网络是大学聘用实践教师的重要前提，其他的相关性因素包括地理因素、专业与行业的关系以及教师个人的动机等。② 实践教师群体在一般头衔或标签下拥有着多重岗位与身份性质，根据其扮演的角色不同，实践教师有许多不同的称谓，如临床教师、实验教师和服务教师等，在一些大学里，针对实践教师的术语称谓缺乏规范性要求，为了显示职责的独特性，实践教师会在一般性教师职称称谓之前加上"临床"二字，如医学院中广泛存在的临床助理教授、临床副教授和临床教授等。无论机构选择使用什么职称，这些教师都在大学中扮演者越来越重要的角色。

聘用实践教师传统上并不是大学人事事务的核心工作之一，大学对于这部分教师的招募也缺乏相应的制度设计，因此个人网络的构建对于实践教师的招聘至关重要。假如没有个人关系的建立，仅是通过官方渠道联系某人询问其是否想成为一名实践教师的做法既缺乏效率，又无法保障聘用质量。德斯特（Pablo D'este）等人的研究表明，"既有关系网络对聘任实践教授极为重要，毕竟这个人每周只会在大学里待一天，因此想要保障合作顺利进行，就不能花费太多精力在双方信任关系的建设上"③。通常情况下，学院层面会有一名专门人员（如系主任）负责联系实践教师，该人员或许以前曾是所聘用实践教师的同事，或者曾是其学

① Twombly, Susan B., "Values, Policies, and Practices Affecting the Hiring Process for Full-time Arts and Sciences Faculty in Community Colleges", *The Journal of Higher Education*, 76.4 (2005): 423 – 447.

② De Fuentes, Claudia, and Gabriela Dutrénit, "Best Channels of Academia-industry Interaction for Long-term Benefit", *Research Policy*, 41.9 (2012): 1666 – 1682.

③ D'este, Pablo, and Markus Perkmann, "Why do Academics Engage with Industry? The Entre-preneurial University and Individual Motivations", *The Journal of Technology Transfer*, 36.3 (2011): 316 – 339.

生或朋友，双方的私人关系保障了聘用关系能够顺利建立，正如一名院长所指出："实践教师在大学中变得非常重要，我不能说与实践教师的合作关系是我们既定战略的结果，因为其中的私人因素所产生的个体化学反应发挥着巨大作用，我想这就是为什么我们不公开宣布实践教师岗位空缺的原因。"① 总体上看，实践教师的招聘基本上是自下而上进行的，是私人关系的产物，这被认为是实现人岗匹配的最佳方式。近年来，聘用实践教师已经成为公立大学中人事制度的重要内容，为了加强与某些行业的深度合作，越来越多的大学开始通过建立附加程序和特殊条款将实践教师的任命予以制度化，这已被确定为一项战略举措。② 制度化的聘用模式促进了实践教师的评估和任命，进一步强化了实践教师的参与意识与奉献精神。美国公立大学一般会要求实践教师能够在聘用期间平均每月至少有一天的时间与大学接触（虚拟或线下，相当于一年至少12 天），不过日期相当灵活，以适合学校及本人需要。按照一般聘期合同约定，实践教师最常见的聘期为 3 年，他们在大学中花费的时间一般占自身总工作时间的 20%—50%，通常为 20%（即平均每周工作 1天），实践教师参与各种教育教学活动，其中最重要的事务就是指导学生实践。

　　实践教师在日常实践中发挥着桥梁作用，他们既要履行传统的教师角色，又要履行大学与社会间衔接者角色，尽管这些人在机构中发挥着宝贵作用，但现有研究表明：绝大多数学校对实践教师缺乏规范化的聘用程序与职责认定。因专业领域、机构类型与功能定位不同，实践教师群体并没有统一的类型规格，并且聘用形式也多种多样，对实践教师进行总体特征的概括可能是既不准确又具有误导性。由于不同学校所处的内外部环境存在差异，因此对担任实践教师所需资格的认定存在极大差异，其影响因素包括候选人获得的证书水平、行业地位、教学水平等。

────────────

① Henningsson, Malin, and Lars Geschwind, "Senior Industry Practitioners as Part-time Visiting Professors: The Various Benefits of Collaboration", *Higher Education Policy*, 32.1（2019）: 109 – 128.

② Scott W. R., *Institutions and Organizations: Ideas, Interests, and Identities*, Los Angeles: Sage Publications, 2013, p. 11.

当聘用岗位所肩负的职能与传统终身职位的职能相接近时，就越可能需要更高的学位资质和更多的专业经验，但一般而言，受聘教授入门、中级或发展性课程的实践教师通常不需要获得较高学位，这些岗位更看重教师在专业领域内拥有的丰富从业经验，而不是持有博士学位或其他最终学位，美国高等教育既复杂又多样，这一情形使得大学在实践教师使用方面始终无法找到一套稳定而统一的教师聘用原则和指导方针，每个学术机构都会不断调整教师聘用的制度和程序以满足自身需求。

三 实践教师的职责和权益

自 20 世纪中叶以来，实践教师一直是美国高等教育系统的一部分，但学界目前仍然没有对这一群体的生存状态及聘用效益等问题进行全面评估或调查。整体而言，针对实践教师在大学中肩负的现实职责，学术界已经有了一定的探讨。博斯姆（Broström A.）等人提出，大学雇佣高素养的实践教师能够实现诸多目标：第一，增加大学适应社会能力，通过提供新的理念和思维为大学创新提供了强大的刺激；第二，提高学生综合能力，新力量的加入有助于大学更好地培养学生，助其与外部社会建立有价值的联系；第三，增加知识生产和传播，多元力量的合作能够促进知识转移，同时有助于正在进行的或未来的创新项目的开展。第一个和第三个原因与大学组织的研究和创新工作有明显联系，而第二个原因与大学承担的教育教学功能有明显的联系。埃伦·布兰特（Ellen Brandt）等人提出，大学通过吸引来自社会人员参与自身活动能够实现三重目标：（1）发展或创造新教育形式；（2）让合作成为教师教学和学生学习过程的一部分；（3）帮助学生顺利从教育过渡到工作生活阶段。[1]一般而言，实践教师可以在许多不同的方面影响大学的发展，他们通过使课程更加适应行业需求，从而对学生培养产生影响；对实践教师的使

---

① Brandt, Ellen, et al., Effekter av samarbeid mellom høyere utdanning og arbeidsliv-en forstudie, https://www.researchgate.net/profile/Taran-Thune/publication/255615169_Effekter_av_samarbeid_mellom_hoyere_utdanning_og_arbeidsliv_-_en_forstudie/links/54ef0b7a0cf2e55866f3f06c/Effekter-av-samarbeid-mellom-hoyere-utdanning-og-arbeidsliv-en-forstudie.pdf.2022-01-12.

用为大学创造了一个机会，后者可以将课程及时地扩展到目前尚未涉及的专业领域；实践教师的作用还体现在学生"关键技能"的塑造上，许多雇主们所认为的在高等教育中被低估的技能——如实践技能、领导和管理技能、沟通技能、主动工作的能力、跨学科团队工作能力、读写能力、团队合作能力和数字技能等——都能通过实践教师的参与得以提升，这一工作对学生就业的影响是显而易见的。[①] 总体上看，实践教师的出现可以被视为大学与社会进行合作互动的证明，但其并不能被简单地归结为帮助学生更好地就业，他们的作用体现在提升大学的整体效益上。

实践教师扮演着"变革推动者"的角色，他们将教育部门的教学和学习活动与现代社会日趋多元的行业需求进行了有机结合，"大学对实践教师的看法几乎没有差异，它们都有一个总体期望，即实践教师是与周围社会加强合作的一部分；大学将实践教师视为优秀大使、网络构建者和测试他们研究的产业相关性的一种手段，并希望能带来更多的资金。"[②] 与其他类型的非终身制教师不同，实践教师在功能定位上存在着明确边界，他们一般需要完成的职责包括：（1）促进产业界和大学之间更紧密的合作；（2）激励学生为产业繁荣而服务；（3）为大学提供学位课程策略方面的建议和指导，以配合行业需求；（4）提供相关学位课程的教学；（5）为学生提供真实的行业环境和场景。[③] 作为非终身制教师的重要组成部分，实践教师通过提供教学、研究与咨询等多方面的服务切实参与到大学运行之中，目前已经成为美国研究型大学加强与外部社会互动的重要手段。

实践教师被视为大学接触本部门以外的组织并推进人力资源多元化的一种尝试，这些教师凭借丰富的临床经验和行业知识在诸多方面影响到研究型大学诸多功能的展开。现有研究表明，学生可以从接触具有高

---

① Royal Academy of Engineering, Visiting Professors, http://www. raeng. org. uk/grants-and-prizes/schemes-for-people-in-industry/visiting-professors-in-innovation. 2022 – 02 – 24.

② Fagrell, Per, Lars Geschwind, and Anders Jörnesten. "Industrial Adjunct Professors in Sweden: Meeting Many Goals Despite Unexpressed Expectations", *Nordic Journal of Studies in Educational Policy*, 2016. 2 – 3（2016）：31947.

③ Royal Academy of Engineering, Visiting professors, http：//www. raeng. org. uk/grants-and-prizes/schemes-for-people-in-industry/visiting-professors-in-innovation. 2022 – 02 – 24.

等教育以外工作经验的实践教师中受益，"我们遇到了在社会工作、护理、新闻、商业和工业技术等领域拥有多年专业经验的兼职教师，他们的感知利益与一般大学——行业参与的动机高度对应，这些通常缺乏最终学位的人为传统教师的理论和研究知识提供了宝贵的补充"①。另外，声誉和声望对于大学吸引外部资源极为重要，通过聘用实践教师大学可以有效提升学校的知名度，并且在一定程度上改善大学的公共关系，这对于那些新兴的创业型大学至关重要，实践教师成为优秀的学校大使，他们代表着大学愿意对外合作的愿景，同时能够为大学建立更广泛的行业合作伙伴网络提供帮助。实践教师的存在使得大学和企业之间的沟通更加顺畅，处于不同发展阶段并拥有多种互动渠道的大学可以从与行业的合作中受益，高等教育机构和公司都渴望通过实践教师这一渠道建立新的或扩展的网络以及接近技术前沿。

实践教师的角色和任务从一开始就不是固定的，而是随着时间的推移而确定的。作为与外部世界直接接触的一种方式，实践教师扮演着打开社会大门的重要角色，人们在一定程度上期望这种个人联系将为大学带来额外收入——尽管大学很少奢求通过这种方式能够从行业获得直接资金，但还是希望能够将行业的兴趣整合到已有研究项目中。实践教师被视为增加流动性的一种方式，通过吸引来自产业界的人进入学术生涯，相关知识流入大学之中，在增加研究的适用性方面，这种专门知识被认为是特别重要的。对于大学的一些部门来说，聘用实践教师是增加导师和研究人员的重要途径，他们不仅是一种人力资源的补充，而且还是一种资源，并且大学还不用为此担负沉重的经济负担。在日常实践中，大学聘用一名实践教师的合约期限通常不超过 5 年，学校通常只需要为实践教师支付少量报酬（特殊情况除外），后者的大部分收入仍然由原雇佣单位支付，实践教师很难赚取丰厚收入，但可以满足个体非经济领域的期待——正如职业扎根于学术界之外的个人的存在丰富了大学内容一样，这些人也通过与学生互动和对自己的职业进行反思而感到充实，在

---

① Kezar A., Changing Faculty Workforce Models, https://www.tiaa.org/public/pdf/-changing-faculty-workforce-models.pdf.2021 – 07 – 11.

某些专业——尤其是那些收入前景不稳定的领域——同样存在经济动机，艺术家和音乐家经常寻找实践教师岗位，因为这能为其在不确定的世界中提供一定程度的财务支持。

总体上看，医学、健康和工程学科领域的实践教师人数占比较高，这些领域的实践教师能够为校园带来全职学术人员无法提供的经验和技能。聘用实践教师可以被视为大学在两个不同的"世界"之间建立新知识转移桥梁的一种方式，这些教师在很大程度上塑造了大学与外部世界的复杂关联，他们的形象充满个体性、多样化和模糊色彩，其职责是通过参与项目、撰写文章、指导博士生和主持讲座参与大学事务，任命为实践教师是对一种业已建立的关系的正式确认。几乎所有实践教师都表示，他们的任命是出于个人认同而非外部力量施压的结果，正如一位实践教师所说："实际上，我想更多地从事教育工作，我认为这是一项非常重要的任务，但就目前而言，没有时间这样做，但这是我真正想做的发展，作为实践教师，我想参与课程的设计，并在课程中添加外部视角。"[1] 实践教师对自身成为一名"学院人"所怀揣的期望各不相同，但大部分人都期望能够接触到他们在日常工作中没有机会触及的领域，被任命为实践教师为自己提供了一个发展和提高自身技能的机会，让他们获得观察日常工作的新视角——它提供了停下来思考的时间，从事实践教师为个体带来了"一只脚"在学术界所具有的智力刺激和满足感。

第四节　在线教师——非终身制教师中的新力量

21 世纪以来，随着信息技术的进步，互联网逐渐成为人们沟通交流的重要平台，网络技术创造出的虚拟世界成为教育发展的新空间，越来越多的教育活动发生在看不见摸不着的虚拟空间中。长期以来，大学之间的竞争一直是美国高等教育的标志，而今这个曾经排他性的联盟正在

---

① Fagrell, Per, Lars Geschwind, and Anders Jörnesten, "Industrial Adjunct Professors in Sweden: Meeting Many Goals Despite Unexpressed Expectations", *Nordic Journal of Studies in Educational Policy*, 2016. 2 – 3 (2016): 31947.

扩大——以西部州长大学（Western Governors University）、凤凰城大学（University of Phoenix）为代表的新型教育机构正在加入竞争，这些新型力量凭借对市场的快速回应和技术的全面运用迫使传统高等教育机构不得不重新思考和配置其教育计划、交付方式和人员配备。为了求得生存，大多数美国公立大学开始主动拥抱网络世界，将教学、科研与社会服务等活动从面对面的环境转变为网络教学或两者结合，由此诞生了一批新的教师——在线教师。相对于传统的非终身制教师来说，在线教师因网络技术兴起而产生，其所处环境、生存样态与发展模式都离不开后者的支持，因此他们是一批真正的"技术教师"，是非终身制教师中的一股全新力量。相对于近年来发展轰轰烈烈的营利性高等教育机构来说，在线教师在美国公立大学中的发展才初现端倪，尚没有形成较为固定的聘用模式。

新技术的出现已经对大学传统的运作模式产生巨大冲击，技术的迭代使得更加复杂的在线交互成为可能，在线教育环境得到极大提升，学生在网络上就能实现类似于真实学习情境中的互动、交流、参与和协作。"信息技术的进步和应用引起了美国学术机构功能、学生和教师交往方式、教与学的方式、教师研究方式的巨大变化；在传统的高等教育机构中，主要是通过教师传授知识，教师是学术质量的保证，这一基本的理念目前正在受到挑战，信息技术使传统的学术文化正在发生变化，许多教师开始涉足信息技术领域，积极学习和掌握这些技术，并将国际网络技术用于教学和研究之中，个别院校开始将教师对信息技术的利用作为衡量教师绩效和晋升的重要内容之一，这可谓信息技术对学术职业所产生的一个积极影响，信息技术对于学术职业的影响将是深远的。"① 技术的使用不仅使师生之间的交流具备了新的电子形式，而且也使两者间产生了新的关系形式，从而重新定义了大学空间。"技术进步，特别是信息技术进步，对大学乃至整个社会的方方面面正在产生重大影响，IT 发展极大地丰富了高等教育形式，由于准入门槛降低，一方面激发了巨大的学习需求，另一方面也刺激了虚拟大学和营利性大学的涌现，凭借现

---

① 耿益群：《美国高校终身教授制度的困境与出路》，《比较教育研究》2006 年第 2 期。

代教育技术，企业纷纷介入大学的教育领地，开发知识市场；反之，传统大学积极参与虚拟大学建设，扩大市场份额。"① 虚拟空间的出现使得大学传统的以物理空间为中心的存在形态被打破，这预示着高等教育教学模式将发生根本性的变化，在过去的二十年里，新技术在大学校园中的推进步伐持续加快，技术给大学带来更为便捷和高效的服务之外，也给教师的生活和整个机构的运作带来了高度不确定性。

自 21 世纪以来，受困于严重的公共财政紧缩，美国公立大学开始引进和利用新技术以降低办学机会成本，在这一过程中，大学逐步发现技术的增加可以降低对教师资源的依赖和支持——教师角色可以是分开的，其担负的某些功能可能由其他员工以更便宜的方式完成，如果合理地使用一些在线教师资源，可以帮助学校弥补建立最先进技术基础设施所增加的成本。传统教师往往缺乏技术专长，无法最大限度地利用新的信息和通信技术，因此，不是聘请教师来开发和提供整个课程，而是将教学过程分开，史密斯（Vernon C. Smith）等人总结了一种被称为"虚拟装配线生产"的新教学模式——教学可以分解为 9 个不同的领域，每一领域都由不同的教师个体或团队所负责，其分别是：教学设计（技术专家）；主题选定（课程导师团队）；开发团队（网页设计师或网页程序员）；交付（学习平台团队）；互动（课程导师团队）；评分（导师）；改进（教学设计团队、教师）；建议（课程专家团队）。② 新技术的使用为大学带来了至少两种新的专业人员：第一种是在线技术人员，他们提供后勤支持以维护新的硬件和信息系统；第二种是专门为课程教学提供支持以通过不断发展的技术来增强学生学习的人员。③ 这些新型教师的出现既与大学降低成本的需求相关，也是技术升级的产物，他们代表着大学范式的转换——从以教学为中心的范式转变为以学习为中心的范式——教师不仅是知识传播者，更是学习促进者，这种变化要求教师学

---

① 顾建民：《美国大学终身教职制度改革》，《清华大学教育研究》2006 年第 1 期。

② Smith V. C., *The Unbundling and Rebundling of the Faculty Role in E-learning Community College Courses*, Tucson: The University of Arizona, 2008, p. 16.

③ Van Dusen G. C., *The Virtual Campus: Technology and Reform in Higher Education*, Washington, DC: The George Washington University, 1997, p. 15.

会使用新技术并利用技术来提供教育产品。与此同时，新技术的使用帮助大学为越来越多样化的学生群体提供远程学习机会，技术在教学过程中的应用要求教师承担起更多的职责，这些要求可能会损害其传统职能的发挥，出于理性思考，美国公立大学目前更加愿意聘请非终身制职位的在线教师担任专业指导者角色。

总体上看，目前美国公立大学对在线教师的聘用正逐步形成一些特色，"教师通常是根据绩效合同聘用的，评估主要由学生和同行进行，重要的一点是，在线教学分拆是以多种方式发生的，在线教师领域没有单一的教师劳动力雇佣模型"①。在线教师的总人数较少，聘用岗位为兼职性质，"这些教员是一年一聘的，并在一段固定期限内可以更新契约，他们负担沉重的教学任务，相较于其他准终身任职同事所获得的薪资较低，他们的聘用状况与兼职者相似，但享有更好的薪资、福利与长期聘期"②。在线教师不受传统教师发展模式的束缚，但也存在一定程度上引起教师在教学过程中作用下降的弊端，其未来发展方向与演变路径仍有待进一步观察。

---

① Kezar A. , Changing Faculty Workforce Models，https：//www.tiaa.org/public/pdf/changing-faculty-workforce-models.pdf. 2021 – 07 – 11.

② ［美］斯马特：《高等教育学》，吴娟等译，江苏教育出版社 2010 年版，第 314 页。

第四章　公立大学非终身聘用制兴起的现实影响

美国大学在其成长过程中充满纠结、烦恼乃至痛苦，大学内外最不缺的就是问题——有的有解、有的无解；正是这些成长的烦恼，构成了一部美国大学的活的历史。

——程星《美国大学小史》

20 世纪 90 年代以来，受社会环境与院校转型等多重因素的影响，大学教师群体成为美国高等教育改革的深度参与者，终身教职制度的衰落与非终身制教师的崛起是这一时期值得注意的现象。非终身制被视为大学聘用制度改革的方向，美国新生代学者中有很大一部分已经进入了临时性职位，他们已经不再是传统学术职业阶梯的一部分——这一现象的出现有着复杂的社会背景，也产生了持续而深刻的影响，它不仅冲击了美国大学传统的办学理念和教师聘用模式，同时也因其制度设计违背公平原则造成大学教师身份认同的弱化与学术共同体理念的破产。总体上看，美国公立大学非终身制教师崛起既是各种社会力量相互作用的结果，也对教师职业、大学发展和社会思潮产生深远影响。

第一节　引发公平危机

在现代社会中，任何改革想要取得预期效果都必须以公平作为第一原则，违背公平原则的改革即使能达成短期目标，长期来看却会伤害到社会有机体的团结，这种伤害则将形成一种"社会负资产"并最终由社会全体成员所背负。对于大学教师而言，制度设计上的不公平比经济收入上的损失更难以接受，以兼职教师为代表的非终身制教师的崛起在美国社会引起一场广受争议的"公平危机"——尽管工作内容相近，但终身制教师和非终身制教师之间横亘着一条巨大鸿沟，双方不仅在有形的经济待遇方面存在着巨大差异，更在无形的声望、权威和地位方面判若云泥。公立大学以追求效益为目标而雇佣非终身制教师，却在追求的过程中违背了维护社会公平的价值理念，同时也加剧了不同教师群体间的裂痕。

一　违背社会公平

非终身制教师崛起的影响并不仅限于教育部门，而是渗透到经济、社会与政治等多个领域，从某种程度上说，它以一种人为手段强行制造群体裂痕和社会不公，这在深层次上破坏了美国长期以来宣称的平等与公平的立国精神。非终身制教师的出现本质是大学以一种违背公平的方式达成追求效益的目的，这既反映出职场新人将面临比前辈同事更大的竞争压力与更糟糕的经济状况，也意味着学术界出现了阶层固化——既得利益者想尽办法维护现有体系，新加入者则对自身利益受损的状况无可奈何。公平的招聘制度应该保障在学术水平和职业素养上不分伯仲的从业者享有相似的待遇和机会，然而非终身聘用制度的出现却明显地打破了这种平衡。

公立大学是衡量一个社会公平与否的标杆，其肩负着追求社会公平的职责，非终身制的兴起意味着大学在对待自身最重要的教师资源时违背了公平的基本原则。"有两个不同的世界，一个是终身制教师，另一个是非终身制教师，在第一个世界中，我们设想教师在不断发展的研究领域中同时增加他们专业知识，并与他们的机构和学生频繁互动；在非终身制教师的'平行世界'中，教师很少有时间或机会参与这些实践，他们中的绝大多数要么在多个校区任教，要么在大学以外从事其他工作，他们的教学负担很重，机构支持却很少，与同事和学生的互动也受到限制。"① 非终身制教师的聘用条款和薪酬政策普遍有悖于标准化和公平性，不同机构之间甚至同一机构内的各个学科之间存在相当大的差异，一些大学支付给非终身制教师的薪酬（教师薪酬是激励教职人员和影响他们去留的主要因素之一）一般都会少于终身教职教师，虽然在大学任职的专业教师普遍拥有硕士或以上学位，但他们的收入与其所受的学术训练极不相称，与其他职业相比较，大学教师的收入本身处于弱势水平，在这种情况下，以兼职教师为代表的非终身制教师与终身制全职教师间仍然存在着巨大差异。非终身制教师普遍遇到待遇薪酬低的问题，这一问题自非终身制教师产生之日起便已存在并且迟迟无法得到解决，这涉及正当权益剥夺问题。

根据学术工作者联盟（The Coalition on the Academic Workforce, CAW）在 2013 年的测算，如果以 8 门课程来计算兼职教师群体的年均工资，并将其与全职员工的年均收入进行对比，能够发现两者在收入中值上的差距令人震惊，而且随着学校授予学位类型的提高，这一差距变得更加显著（详见表 4 - 1）。"与私立高等教育机构相比，公立高等教育机构更倾向于为非终身制教师提供更低的工资与福利，但总体而言，很少有机构会为具有同等资格的非终身制教师提供比终身制教职更高的薪水。"② 非终身制教师不仅缺乏终身制的同等的薪酬水平，甚至连基本的工作机会都难以保障，"许多人是按学期受雇的，有些幸运者能够得到一份两年甚至三年的合同，但所有的工作都没有真正的安全性可言，非终身制教师不知道他们是否会在学术界安定下来，他们始终生活在恐惧之中，有时他们不得不放弃自己选择的职业，而这是他们训练多年才得以进入的职业，非终身制教师有时是极为可怜的一群人，因为他们所受的专业培训并没有给他们提供学术职业以外的广泛选择"③。除此之外，非终身制教师经常面临着现实困境，他们没

---

① Kezar, Adrianna, "Spanning the Great Divide between Tenure-track and Non-tenure-track Faculty", *Change: The Magazine of Higher Learning*, 44. 6 (2012): 6 - 13.

② Roger G. Baldwin, Jay L. Chronister, *Teaching without Tenure: Policies and Practices for a New Era*, Baltimore: The Johns Hopkins University Press, 2001, p. 50.

③ Purcell, Mark, "Skilled, Cheap, and Desperate: Non-tenure-track Faculty and the Delusion of Meritocracy", *Antipode* 39. 1 (2007): 121 - 143.

有获得终身制教师一样的专业发展支持——例如办公空间、电脑设施或员工福利等，终身制教师普遍拥有单独的办公室，而非终身制教职员工则需要共享办公室，部分大学甚至并不为其提供办公空间，与此同时，非终身制教师普遍缺乏学术休假资格与专业晋升机会，他们被剥夺了个人的荣誉感和受尊重权利，尽管肩负教学职责，但却并不被视为真正的"教师"，在许多大学，非终身制教师甚至无法获得在教工餐厅用餐的权利。

表 4 - 1　　美国兼职教师与全职教师年均收入（2010 年秋季学期）（单位：美元）

	兼职教师年均收入	全职教师年均收入	差别金额（占比）
授予本科学位院校			
8 课时	18000	55700	37700（209%）
15 课时	33750	55700	21950（65%）
授予硕士学位院校			
8 课时	19200	67300	48100（251%）
15 课时	36000	67300	31300（87%）
授予博士学位院校			
8 课时	22400	91900	69500（310%）
15 课时	48000	91900	43900（91%）

资料来源：The Coalition on the Academic Workforce, A Portrait of Part-Time Faculty Members, http：//www. academicworkforce. org/CAW_ portrait_ 2012. pdf. 2019 - 01 - 02.

随着过去几十年美国高等教育生存环境的变迁，大学教师群体的组成结构已经发生翻天覆地的变化，这些变化对于参与其中的个体而言，往往意味着无奈甚至残酷。"曾经主要由获得终身教职的全职员工组成的教职员工队伍20 世纪70 年代以来已成为一支受雇于临时岗位并越来越多地担任非全职性工作的员工队伍，尽管大多数在临时岗位任职的教职员工都拥有硕士或更高学位，但他们的收入与他们所受的培训和教育并不相称，尤其是与其他领域具有类似证书的专业人士相比，对于担任兼职职位的教职员工来说,这种差距尤其显著。"① 目前美国大学中的学术队伍已经形成一种类似金字塔的等级森严、分化明显的层级结构,"终身雇佣的婆罗门高高在上,较低的阶层处于屈从的位置,兼职教师相当于印度的种姓体系中的贱民,要求他们做其他人不愿意做的工作,排除他们得到任何特权的可能性。"② 终身教职教师就像印度种姓制中的"婆罗门",他们不但享有终身教职带来的优越待遇,甚至还有免除教学职责的特权;刚进入终身教职轨道的教师,犹如"刹帝利"般为获得终身教职进行着长达 7 年的奋斗;底层的兼职教师,像"贱民"阶层一样做着前两者不愿意做的工作,他们不但没有获得任何特权的可能,甚至连自身正当权益都难以保证。

为了在财政资源逐渐紧缩的条件下满足学生的需要和满足对制度灵活化要求的需要,大学越来越依靠非终身制教师,后者与终身制教师之间的差距使得个体内心的不公平感既直接又强烈。"美国高等教育出现了两级教师制,尽管非终身制轨道教员的经验因学科领域和就业机构的不同而有很大差异,但一般来说,与终身制和终身制合格的同事相比,这些学术专业人员处于不利地位,无论是工作量、薪酬、专业发展支持还是其他问题,定期合同的非终身制教师通常都不如他们的终身制同事,目前,许多有长期需求的机构都将非终身制教师视为短期解决方案,他们是可消耗的,很容易被替换。通常,终身制以外的全职教师仅以一年甚至一学期的合同聘任,这几乎不能提供职业稳定性。"③ 促进社会公平是教育的基本价值追求,大学教师则是这一目标的主要实现力量,然而在这一群体之内,目前却发生着以聘用制度改革为旗号制造社会不公的现象。"这批教师承担了学校大量的教学工作,但与之相比,他们的收

---

① The Coalition on the Academic Workforce, A Portrait of Part-Time Faculty Members: A Summary of Findings on Part-Time Faculty Respondents to the Coalition on the Academic Workforce Survey of Contingent Faculty Members and Instructors, http://www.academicworkforce.org/CAW_portrait_2012.pdf.2021 – 04 – 12.

② [美] 阿特巴赫:《比较高等教育:知识、大学与发展》,人民教育出版社教育室译,人民教育出版社 2000 年版,第 110 页。

③ Roger G. Baldwin, Jay L. Chronister, *Teaching without Tenure: Policies and Practices for a New Era*, Baltimore: The Johns Hopkins University Press, 2001, p.7.

入是不相称的，终身教职教师的声望和资历主要取决于他们的著作，而不是教学质量，特别抢手的高级教师通常要求较少的教学工作量；教学任务，特别是大规模的介绍性课程，主要落在研究生助手和兼职教师身上。"① 相较于终身制教师，非终身制教师得到的"只是一份仅仅支付劳动报酬的工作，而不是一种提供稳定的工作机会、专业地位以及健康福利的职业"②。如果没有非终身制教师，几乎所有学校都无法正常运作，然而现实中以兼职教师为代表的非终身制教师却时常游离于高等教育体系之外，"教育体系的不合理之处即在于此，两个学历相近的人，做着类似的工作，工资差距却非常悬殊——高等教育可能是全美国唯一存在此种情形的领域了，我们说的不是飞行员和机场清洁工之间的技能差距，因为兼职教师与那些有任期的教师通常能力相当，有时甚至更高"③。尽管和那些享有或即将享有终身教职的同事在工作内容上并无不同，非终身制教师却很难被称为真正的"大学教师"，这种现象的出现是一个社会非正义化的前兆。

二 制造群体裂痕

大学传统上是一个由有着相似经历和背景的个体组成的学术共同体，它是一个较为同质化的群体，其内部成员间尽管存在着差异，但相似性远胜于特殊性。"人们常说一所大学不仅仅是它各个单独的系科和行政部门，它被认为是一个整体；至少它的某些成员认为它应该是一个整体；很难说他们指的是什么；说这些话的人中有很多人难以告诉别人说大学应该是一个'整体'到底是什么意思，然而，它不是凭空想象出来的东西，关于'整体'，他们指的是，大学的所有或绝大部分，都被其成员认为是在具有共同的价值观这一意义上有共有的归属；当大学的各个成员因为所有人都坚持的某些共同价值而将自己视为其中的一员，一所大

---

① [美]大卫·科伯：《高等教育市场化的底线》，晓征译，北京大学出版社 2008 年版，第 90 页。

② Burton R. Clark, *The Academic Life: Small Worlds, Different Worlds*, Lawrenceville: Carnegie Foundation for the Advancement of Teaching, 1987, p. 205.

③ [美]汉克、德赖弗斯：《拷问美国高等教育》，胡晓姣等译，河北教育出版社 2016 年版，第 41 页。

学就是一个整体。"① 美国学术职业形成了一种与德国大学迥然有别的平等传统，尽管学术职业内部同样存在着分层，但这只是根据教师个体的学术能力、水平和成就来对教师身份进行的区分，并不存在着权力的特殊化使用问题，平等、民主与团结的学术共同体氛围曾成为美国社会引以为豪的资本，这种氛围既帮助学术人员获得了外界尊重与专业权力，也提升了大学教师的职业声望，"同僚关系在各个方面保持着自治的'卫星'，这种同步使各部门和机构能够进行思想交流，建立共识、作出决定，并使得大学教师可以通过申诉程序和共同治理免受同事或行政人员虚假行为的影响"②。非终身制教师的涌现破坏了学术职业内部的"平等"格局，它打破了终身教职制度所承诺的安稳、闲暇与宁静的学术圈生活节奏，也人为地造成了学术职业内部的分裂。

　　整体而言，美国大学教师正在进入一个在过去数十年中变化迅速的劳动力市场——可获得的终身教职岗位越来越少，并且大部分新职位都脱离了终身教职的轨道，因此争夺这些终身职位的竞争明显加剧，不同教师群体之间围绕着资源的竞争也日趋白热化。终身教职教师和非终身制教师之间的竞争是全方位的，两者之间既是年老者与青年人之争，也是有权教师与无权教师的对抗，不同类型教师之间感受到的是竞争与对抗而不是互助与温情。"几乎所有大学的终身教职和非终身教职员工都极为担心会出现两种完全不同的教师文化，一位院长总结了这种情况，他表达了对可能存在的两种对机构抱有截然不同且相互冲突的教师文化的担忧。"③ 大量聘用非终身制教师的后果之一是造成教师群体间的隔离，聘用性质上的差异使得符合终身教职资格和不符合终身教职资格的教师之间产生类似特权阶层和弱势阶层一样的文化鸿沟——两类教师的关注点、优先事项和实践活动均有所不同——这种巨大差异极易引发群体冲突并可能扭曲所在机构的办学使命，在非终身制教师数量较多的公

---

① ［美］希尔斯：《学术的秩序——当代大学论文集》，李家永译，商务印书馆 2007 年版，第 119 页。

② Fischer, Michael, "Defending Collegiality", *Change: The Magazine of Higher Learning*, 41. 3 (2009): 20－25.

③ Roger G. Baldwin, Jay L. Chronister, *Teaching without Tenure: Policies and Practices for a New Era*, Baltimore: The Johns Hopkins University Press, 2001, p. 41.

立大学中，这一问题尤为突出。

从历史上看，专业化的概念与终身教职制度的出现有着深层内在联系，但专业地位和非终身制教师之间却没有建立同样的联系，一般情况下，非终身制教师并不会被视为专业人士，这一现象的存在显得极不寻常，实际上，大多数专业领域都没有像学术职业那样建立严格的等级制度，在这一制度规训下，一些专业人士拥有终身职位，而另一些从事同样工作的人却不是专业人士并且不受任何保护，他们的存在价值仅限于衬托前者的高贵。"在过去几年中，许多高等教育机构通过大多数不受任期保护的新任命废除了终身教职制度，随着这种状况的恶化，学者们也形成了一种意识形态立场，即接受非终身教职的教师与预期教师标准不同，并且在专业性方面缺乏与终身教职教师相同地位，非终身制教师通常被视为缺乏公认的学术专业能力，因此他们比终身制教师素质更低，否则他们也会有终身教职。"① 大多数与非终身制教师相关的负面假设和刻板印象都与他们不被视为专业人士的事实有关，其隐含逻辑如下：因为这些人专业素质很差，所以他们没有获得终身任职权利，因此他们的待遇肯定不高，既不能参与专业发展，也无须继续提高自身在教学和研究方面的技能；既然非终身制教师不是学术团体的一部分，那么便不可能像拥有更高专业使命的终身制教师那样富有成效地工作。然而，相当比例的非终身制教师接受了与终身制教师一样的学术训练，也秉持类似的价值观，同时渴望实现相同的职业目标，随着持有博士学位的非终身制教师数量的增加，这种相似性越发凸显。

终身制教师对待非终身制教师的感情是极为复杂的，"即使在具备天时地利的条件下，大学中教师之间的同事关系都是一种奇异而复杂的混合体，它往往包含着学究气、嫉妒、焦虑、尊敬以及即使在一些具有工作成效的小团体里都存在的相互贬低"② 尽管那些已经获得终身教职的教师无疑会强烈抗议任何试图取消终身教职制的提议，但他们往往对所

---

① Gappa J M, Leslie D W, *The Invisible Faculty. Improving the Status of Part-timers in Higher Education*, San Francisco: Jossey-Bass Inc, 1993, p. 5.

② [美] 罗伯特·M. 洛森茨维格、芭芭拉·特林顿：《研究型大学及其赞助者》，张斌贤等译，河北大学出版社 2008 年版，第 9 页。

在机构中非终身制岗位的扩大表现得异常冷漠甚至对非终身制教师充满敌意。导致终身制教师和非终身制教师之间关系微妙的因素之一是前者担心大学聘用非终身制教师会对终身制制度本身构成威胁，大多数终身制教师认为非终身制改革是他们不喜欢的发展方向，那些在同一机构任职的终身制教师将越来越多地使用非终身教职人员视为"贬低终身教职"，因为这些非终身制岗位本"应该"是终身制职位。"虽然非终身制教师普遍不需要背负传统终身教职教师的任职资格要求，但许多人对自身在校园中的地位表示担忧，他们认为自己是二等公民——缺乏参与治理权利、较低薪水以及工作保障不确定性都引发其次要地位的看法；终身教职教师居高临下的态度更会加剧这种情况，他们大多视非终身制教师为'另类'。"① 部分终身制教师认为非终身制教师就像自愿委身恶劣就业环境中的"叛徒"一样，后者的存在使得大学能够以低成本完成工作，也拉低了大学教师的声望，使得自身在一定程度上丧失了与大学行政部门讨价还价的筹码，因此，他们极为抵触给予非终身制教师更公平的经济待遇。"非终身制教师被视为大学理念、本科教育和学术职业受到侵蚀的帮凶，许多观察员和评论员以极其负面的眼光看待非终身制教师，并将他们视为高等教育弊病的替罪羊，认为这些人的存在导致公众对大学教师专业身份的理解不完整。"② 在一些最近实施合同聘用制的大学中，许多年轻的博士生和教师都公开表达了对非终身制教师的憎恶之情，他们担心非终身制教师的存在最后将会导致终身教职制度被逐步淘汰。

终身制教师与非终身制教师之间存在着巨大差异，这加剧了两个群体之间已有的裂痕，并阻碍了大学中专业文化的进步。"一个大学现在可以为每个教师职位（指终身制岗位）雇佣5—8个兼职教师，而且不用给他们支付福利，除非他们有某种形式的工会权利，许多人文学科高质量的博士和大量的社会科学领域的博士为教书的热情付出了沉重的代

---

① Schuster, Jack H., "Reconfiguring the Professoriate: An Overview", *Academe*, 84.1 (1998): 48 – 53.

② Levin, John S., and Genevieve G. Shaker, "The Hybrid and Dualistic Identity of Full-time Non-tenure-track Faculty", *American Behavioral Scientist*, 55.11 (2011): 1461 – 1484.

价：他们被迫每个学期在不同的学校或院系教五或六门课程，还经常到偏远的地区教课，而这都是为了维持基本的生活。兼职教师承担了许多四年制大学和社区大学一半以上的课程，就像研究生助教在研究型大学的本科课程中发挥的作用一样。"① 许多大学目前为非终身制教师提供的低劣待遇使得教师群体内部产生了明确的阶层差异，双方的关系近乎陷入对立状态。终身教职员工对非终身教职员工的普遍刻板印象就是他们是一群失败的学者，后者之所以没有获得终身教职仅是因为自身资历不足并且愿意在没有学术自由的前提下出卖自己。② 目前在美国学术职业内部已经分化出两种不同的"阶级"——"学术劳工阶级"与"学术明星阶级"。制度架构上的设计不公加剧了终身制教师和非终身制教师之间的紧张关系，这是因为该框架重点在于保护传统的终身制教师，而牺牲了非终身制教师的利益，重要的是，前者并未对后者的不平等待遇进行集体性抵抗，事实上，非终身制教师经常缺乏终身制教师的支持。实际上，对两类教师或两种教师文化的区隔不仅是由明确的待遇或政策引起的，而且是由教师质量和地位的隐含或推断差异引发的，终身制教师和非终身制教师被大学赋予了不同的身份定位——与终身制教师不同，非终身制教师大多不是通过全国性搜索所聘用的，其职责主要是教学而非研究和社会服务，这导致非终身制教师给人留下低级别教师的印象，也极大地冲击了传统的大学教师教学、研究和社会服务相统一的角色定位。很多人担忧公立大学越来越多地使用非终身制教师将会引发研究质量的下降，因为许多大学出台政策明确表示不鼓励也不支持非终身制教师以有益于机构和教师职业的方式参与大学的研究任务，这类政策进一步强化了后者的二流地位，使得学术职业内部群体进一步分裂。

在美国公立大学中，非终身制教师通常被概念化为与终身制教师不同的存在者，尽管越来越多的非终身制教师是全职性的，他们的角色也

---

① ［美］阿罗诺维兹：《知识工厂：废除企业型大学并创建真正的高等教育》，周敬敬、郑跃平译，高等教育出版社2012年版，第67页。

② Kezar, Adrianna, "Spanning the Great Divide between Tenure-track and Non-tenure-track Faculty", *Change：The Magazine of Higher Learning*, 44.6 (2012)：6–13.

越来越类似于终身制教师，然而，人们始终不愿意承认两者的一致性，并且坚称两者是从事同一种工作但性质截然不同的群体。"在比较非终身制和终身制教师的研究中，研究人员通常使用终身制教师的标准来衡量非终身制教师，如对大学教师生产力的研究发现，与终身教职员工相比，非终身教职员工缺乏学术研究能力，然而，这种比较是不公平的，因为非终身教职员工是根据不一定适用于他们的标准进行评估的，非终身教职员工的职责不同，工作条件也各不相同，从这些研究中得出的结论对终身教职教师有利，并进一步增加了非终身教职人员不是专业人士的假设。"① 事实上，与终身教职员工相比，非终身制教师获得的专业发展支持普遍较少并且也不可靠，后者所获得的大部分支持是由行政人员根据具体情况临时授予的，除极少数特例外，大多数大学更愿意将有限的资源投资于那些与学校能够建立长期关系的教师身上，研究支持上的差异在非终身制教师和终身制教师之间划分出一条清晰界限。

许多非终身制教师特别是兼职教师发现自己处于大学的边缘性角色，他们与终身制教师之间的薪酬差异非常明显：终身制教师的平均年薪在60000 美元至 100000 美元，而全职非终身制教师的平均年薪为 47500 美元，兼职教师则是完全按照课程数量领取报酬，每门课程的平均收入仅为 2700 美元，考虑到时间与精力，一位兼职教师每年最多能够主讲 8 门课程，总计只有 21000 美元左右。② 几乎所有的大学都存在向非终身制教师支付的工资低于终身制教师的现象。根据学者蒙克斯（James Monks）的调查，全职终身教职教师收入的中位数为每小时 26.48 美元，全职非终身教职教师收入的中位数为每小时 19.11 美元，比全职终身教职教师的收入低 28%，兼职非终身教职教师收入的中位数为每小时 23.67 美元，比全职终身教职教师少 11%，全职非终身轨教授的工资比同等全职终身轨助理教授低 25.9%，兼职非终身轨教授的每小时工资比

---

① Kezar, Adrianna, and Cecile Sam, "Understanding Non-tenure Track Faculty: New Assumptions and Theories for Conceptualizing Behavior", *American Behavioral Scientist*, 55.11 (2011): 1419 –1442.

② Curtis, J. W., & Thornton, S, "Here's the News: The Annual Report on the Economic Status of the Profession, 2012 – 13", *Academe* 99.2 (2013): 4 – 19.

同等全职终身轨助理教授低大约 64%。①许多非终身制教师反映，他们的工资待遇完全取决于所教课程的数量，如果无法获得一定数量的课程，则他们根本没有资格获得雇主提供的福利，"兼职教师在课程准备、期末考核和回应学生咨询等事务中所投入的精力完全没有得到承认，雇主们仅考虑在课堂上实际花费的时间来确定薪酬"②。整体而言，与终身制教师相比，以兼职教师为代表的非终身制教师的收入完全处于另一个阶层，尽管两者所肩负职责有其相似性（甚至后者更符合人们对于教师这一角色的理解），但身份界定上的差异已经为双方人为地制造了鸿沟。

基泽（Adrianna Kezar）认为："在学术界，有两个不同的世界，一个由终身轨的教师栖居，另一个由非终身制的教师寄居：在第一个世界，教师拥有没有政治和外界干预的教学和研究自由，同时享有制定课程和研究议程的权力，他们享受终身教职的保障，也就是说，作为大学所倚重的业界精英，教师能够参与一切与学校发展相关的活动，比如参加各种层面的教育改革、探索高水平的教学方法、召开专业研讨会、运用新媒体与网络资源、建设新的课程实施平台等，所以，在第一个世界，我们不仅可以见识到学校对教师的重视与优待，而且同样能够见证教师为履行工作职责所做的一些努力，比如不断加深学术积累、拓展研究领域、参与学校管理、加强与学生的沟通、切实融入校园生活；在另一个世界，大多数教师很少有时间或机会参与学校事务，他们不是奔波于多个校园之中埋头教学，就是在学术界外另有职业，这一世界寄居的教师成员不仅数量庞大，而且成分复杂。"③ 除基本薪酬待遇外，几乎所有的美国大学都会为终身教职员工提供一系列非工资性经济补偿——通常被称为"附加福利"，一是为教师及其家人提供的健康保险和机构供款（私人年金计划中现金供款和针对公共雇员的地方公共供款）；二是为教师本人

---

① Monks, James, "The Relative Earnings of Contingent Faculty in Higher Education", *Journal of Labor Research*, 28. 3 (2007): 487 – 501.

② House Committee on Education and the Workforce Democratic Staff, A Staff Report Summarizing Forum Responses on the Working Conditions of Contingent Faculty in Higher Education, https://edlabor. house. gov/imo/media/doc/1. 24. 14 – AdjunctEforumReport. pdf. 2020 – 10 – 02.

③ Kezar, Adrianna, "Spanning the Great Divide between Tenure-track and Non-tenure-track Faculty", *Change: The Magazine of Higher Learning*, 44. 6 (2012): 6 – 13.

提供法定机构供款，即所有雇员超过 50 人的组织为所有员工提供的联邦退休年金；三是许多学校还为终身制教师及其配偶和孩子提供特定的学费补助，考虑到美国高等教育的成本，这项福利占据教师实际收入的极大比重。[①] 以兼职教师为代表的非终身制教师群体几乎无法获得任何形式的附加福利（或许除了联邦政府规定的所有雇主必须提供的为员工缴纳社会保险外），这种制度设计上的差异使得大学教师内部事实上已经被割裂为利益诉求截然不同的诸多群体，并且群体间的裂痕正不断扩大。

第二节　重伤大学传统

在人类历史上曾经发生过的社会革命中，尽管大学中某些个体成员的思想常常是变革发生的刺激因素，但大学作为一种机构却被视为维护社会稳定的力量，对传统的继承曾被大学视为自身生命力永不枯竭的源泉。美国大学在 20 世纪形成了一种极为特殊的演化模式，一方面是大学都极为强调传统理念的意义和价值，甚至在某些方面成为社会中保守机构的代表；另一方面又积极拥抱改革，不断通过持续调整来应对社会的需求。自高等教育大众化以来，尽管大学逐渐褪去"象牙塔"的光环，但几乎所有人心中仍有一个对大学理想形象的想象与期待，非终身制教师的崛起极大地冲击了传统的大学理念，市场逻辑主导下的聘用制度改革看似实现了效率为先和竞争为本，实际上却是以单一标准对大学教师职业进行了裁量，当大学教师一方面缺乏稳定的就业环境；另一方面又面临巨大的竞争压力时，很难想象这一职业仍然能对青年才俊产生吸引力，随着人才的流失，大学教学质量不可避免地下降，这便陷入一场难以摆脱的困局。

一　冲击大学理念

以大学为代表的高等教育机构在美国社会居于特殊地位，它既为公

---

① Philip G. Altbach, Gregory Androushchak, *The Global Future of Higher Education and the Academic Profession*, New York：Palgrave Macmillan, 2013, p. 189 – 190.

众提供所需的技能，又坚持探索新知识，从而极大地支持了美国的整体进步。"在社会系统中，大学的使命是独特的，它并不直接创造物质财富，但是却担负着决定社会未来发展方向的重要使命，探求新知识、新技术、新生产方法和新管理方法，培养具有创新意识和能力的人才，履行社会批评的责任，大学成为创造新知识和培养创新人才的安全场所。"① 20世纪中期以来，美国公立大学以其自身开放公平的社会形象赢得了民众的认可，它向传统上无缘接受高等教育的学生——尤其是来自中、低阶级的家庭和少数族裔的青年人——敞开大门，从而为无数个体及其家庭实现阶层跃迁提供了机遇。美国高等教育的发展理念在20世纪80年代后出现了巨大转变，在这一时期，大学的公共性开始消退，与此相伴随的是，新公共管理主义理念开始主导大学，"即使是公立大学也开始将追逐经济利益收入奉为学校运作圭臬，其运作模式类似于企业模式，在推行私营化路径与方式过程中表现出公司结构的基本特点，在这样的背景下，公立大学越来越服务于自身而不是社会和公众"②。非终身制教师的崛起代表着效益至上原则已经充斥整个美国高等教育系统，即使是传统的公立大学也不得不向市场主义妥协，人们愕然发现，几乎所有的大学都像一个精明的商业公司，它们的管理者时时刻刻都在计算成本与收益，教师像被人挑选的货物，任由别人随意摆布，大学从"公立性"向"私利性"的转型极大地冲击了自身传统。

大学是一个国家精神生活的核心，"大学不单单是教人养家糊口、为公立学校提供师资或是帮助个体进入上流社会的中心；它应该是能对现实生活和不断增长的生活常识之间的关系进行微调的核心机制，文明的秘密正在于此"③。尽管大学是一种无权势的社会机构，但它们却往往能够经历数百年历程而岿然不动。在美国，以大学为代表的高等教育机构从来都不是一成不变的，但变化的速度通常是适度而渐进的，对传统的

---

① 阎凤桥：《学术劳动力市场的特性与研究型大学的教师聘用制度》，《北京大学教育评论》2005年第3期。

② 卓泽林、柯森：《"紧缩时代"下美国公立研究型大学的应对策略研究——基于密歇根大学的经验、影响及启示》，《现代大学教育》2014年第6期。

③ W. E. B. Du Bois, *The Souls of Black Folk*, New York：Tribeca Books, 2013, p. 47.

守护为大学甚至整个美国历史文化的积淀提供了现实基础，也成为人们尊重大学所代表的精神价值的源泉，"大学塑造我们现有社会的类型和理想的国家类型，大学具有独一无二的功能，它不仅仅提供最高级的专门技能，而且使每一新生代都与更多前辈学者的团体汇合，共同反映和思考生活的重大问题，共同面对重大的社会挑战"①。在 20 世纪末期，随着社会的快速转型，大学已经很难保持原有的演进节奏，而是身陷转型矛盾之中，大学像其他社会事物一样，变得越来越世俗与功利，"我们普遍经历的不同程度的危机感、当前'生活在十字路口'的感觉、对新自我定义和新身份的狂热追求等问题，都不是源自大学学术的缺失、错误或疏忽，而是源自我们所处社会中普遍存在的身份模糊、权威分散以及生活的不断碎片化"②。尽管大学在现代社会中的地位越发重要，但人们想要对大学进行准确把握却更加困难，高等教育领域的变化速度正超出我们对其进行衡量或理解的能力。

受人文主义思潮的影响，传统上人们认为大学教育的目的是培养"整体人"（或"全面发展的人"）——这种教育能够使个体的人性得到完全的发展，为了达到这种目的，个体就应该进入大学来接受高等教育。大学曾被视为杰出之士才能进入的地方，它是保证个人在学术和社会地位上得到升迁的标志，"对于学生而言，高等学校扮演着一种伦理力量，帮助他们自我检验及审视其在世界中的位置，帮助他们通过智力训练和自我管理提高理性能力及行动能力，使之能独立地质疑乃至'颠覆性'地质疑所处的社会及其价值观"③。理想总是美好的，然而在事实上，这样一种传统的大学观正遭受当前高等教育经济危机的困扰，晚期资本主义所引发的政治—经济危机对大学产生深远而沉重的冲击。随着现代世界中大学与社会互动的加强，传统的大学观已经无法回应当前人们对于大学的期待，大学成为个体生命中并不特殊的一个阶段，进入大学并不

---

① ［美］罗德斯：《创造未来：美国大学的作用》，王晓阳等译，清华大学出版社 2007 年版，第 33 页。

② ［英］史密斯、韦伯斯特主编：《后现代大学来临？》，侯定凯等译，北京大学出版社 2014 年版，第 36 页。

③ 钟启泉主编：《教育哲学指南》，华东师范大学出版社 2010 年版，第 706 页。

需要个体具备优越的学术资质，学历也并不代表着将来会取得世俗意义上的成功，大学的精神性意义和世俗性价值都在衰减。"体制性的实用主义就是要认识今天大学的真实面目：这种体制的运作再也无须任何先验性的主张，由于它们的运作无须文化的宏大叙事，现代性意义上的大学已经随风而逝；作为一种一流的官僚化体制，它不再要求将语词的多样性统一为意识形态整体，就能整合纷繁的内在多样性，它们的统一不再关涉意识形态，而只是一种在扩大化了的市场上的交换价值。"① 大学公共精神的衰减是其向现实妥协的产物，也是其自身顺势而为甚至主动选择的结果。

对于 20 世纪后半期的美国大学来说，它已经完全无法逃脱汹涌发展的市场经济浪潮，为了争夺生存资源，大学以服务社会为口号迅速转变了传统办学理念，"美国高校，无论是公立的还是私立的，抑或是营利性的，在收入上总是如饥似渴，只要可能就从政府那里要钱，并从任何可能的地方要资源，它们坚信：高等教育的使命如果没有资金，就不可能实现，因此资金一定总是在追逐中"②。转变之后的美国大学将是否能够满足市场需求、是否能够培养学生适应市场变化的能力作为衡量自身办学效益的标准，同时越来越强调高等教育对市场的妥协，这被视为大学坚持为社会服务的必然要求，也是大学在与社会其他机构的比较与竞争中取得自己合法地位的基础。"美国当代大众高等教育系统的形成至今仅有 60 年，它与之前的模式的相似性只是形式上的，大学已经与那种僧侣般的学者们在其中沉思星空和其他遥远事物的象牙塔形象相去甚远，大学倾向于反映社会的其他部分。"③ 非终身制教师的出现是大学迎合市场主动作为的结果，它极大地冲击了传统上大学所肩负的社会使命和价值重托。

传统上，大学教师是有着自身特殊专业权力与人格魅力的一群人，

---

① ［加拿大］比尔·雷丁斯：《废墟中的大学》，郭军等译，北京大学出版社 2008 年版，第 161 页。

② Burton A. Weisbrod, Jeffrey P. Ballou, *Mission and Money：Understanding the University*, Cambridge：Cambridge University Press，2010，p. 28.

③ ［美］阿罗诺维兹：《知识工厂：废除企业型大学并创建真正的高等教育》，周敬敬、郑跃平译，高等教育出版社 2012 年版，第 9 页。

"大学体制在其过去的状态下维护自己的存在和发展的手段是生产出这样的教师：他们拥有稳定的、相同的社会与学术特征，并且在一定时期内这些特征都相对固定、不轻易改变，更确定地说，大学体制的长期稳定，就规定了不同层次的教师都应该具有一种学术的素质、一种生来固有的规则"①。大学的发展史实际上就是一部大学教师的权利由弱到强的演进史，"美国大学的发展史，就是智力和学术事务方面的权力从托管人评议会和校长手中转移到各个系和它的各个成员手中的历史，这个运动与有能力的校长的魄力相结合，是美国的大学和科学研究的社会结构中不平衡的适应和革新的源泉"②。从历史上看，自现代大学从美国社会中出现以来，从事学术职业或多或少都得到了一定的回报——尽管收入略显微薄，但绝大多数的参与者都能获得稳定的职业生涯与有保障的薪资收益。自终身教职制度出现以来，美国大学教师学术生涯的稳定性日益增强，学术职业通常被描述为在一定程度上摆脱了商业世界的残酷竞争和不确定性，在克拉克·科尔（Clark Kerr）看来："学术行业，像其他许多行业一样，有一种'行会思想'——行会孤立于社会，忠实于生产者主权而非消费者主权，学术行业更多地遵守行会的规章制度而非及时适应大众的需要，自治行会的思想仍然是一个有吸引力的理想，它向教师发出这样的号召'关上我们的大门，成为自己围墙的主人'，教师行会从未真正成为完全自治的行会，从未成为一个'自由代理人'的公司，但不管怎样，'行会思想''学者共和国'，仍然常常是教师们幻想中的'天堂'。"③ 这种行会精神曾经激励着大学教师勇敢地为自身职业与所在专业立法，"大学教师的角色实际上包含了以专业知识为中心的许多人物，履行教师职责，不仅高度依赖专业判断，而且依赖对看上去可随意选择的任务的执行意愿，教师应该被视为最能判断如何平衡这些

---

① ［法］波丢：《人：学术者》，王作虹译，贵州人民出版社2006年版，第188页。

② ［美］约瑟夫·本－戴维：《科学家在社会中的角色》，赵佳苓译，四川人民出版社1988年版，第301页。

③ ［美］克拉克·科尔：《大学的功用》，陈学飞等译，江西教育出版社1993年版，第69页。

责任的专业人士"①。在 20 世纪的很长一段时期内，成为大学教师在美国社会是值得骄傲的选项。

近年来，随着非终身教职制度的大行其道，投身学术职业的风险急剧增加，学术界的身份地位和经济收益出现了很大差异，大学教师已经不再是传统上温文尔雅的"精神贵族"，而是四处为稻粱谋的"凡夫俗子"。传统大学教师的价值哲学几乎已经被完全颠覆，"人们需要求助于市场逻辑来理解当代的艺术或政治，市场中不存在任何的权力中心，不存在一种可以产生权威性话语的位所，也不存在一种权力资源，在这一的一种消费者文化的背景下，作为立法者的知识分子没有立锥之地"②。以兼职教师为代表的非终身制教师不但无法为自身世界立法，更是要主动为变革让路，市场经济的发展对大学教师提出一系列新的要求，包括：要适当调整职位设置，从而适应专业和学科发展的新格局；要承担培养人才重任，满足社会发展对学生素质、专业知识结构、能力结构的要求；要对职位管理制度变革加以适应。③ 大学通过操纵奖励系统来改变其与教师间微妙的平衡关系，它求助于非终身制教师以满足教学需求，这种做法最终使得越来越多的教师岗位变成了临时性的。

"在大学企业化的趋势下，高校管理者将追求效率的企业管理理念引入大学，灵活管理、成本分析、绩效责任超越职业安全、专业发展、学术权利，成为聘任大学教师的价值取向，不仅侵犯了非终身教职教师的权益，削弱了学术职业的基本原则，也逐渐瓦解了支撑美国高等教育保持卓越的因素。"④ 对非终身制教师依赖的日益加深不应被理解为一种孤立的现象，而应被视为高等教育未来普遍采用的人事策略之一，这些策略正在形成一个由终身制教师、非终身全职教师和兼职教师组成的三级学术人才体系，高等教育回归到一个三叉系统，它不是设计的，而是旨

① ［美］罗杰·盖格：《大学与市场的悖论》，郭建如、马林霞等译，北京大学出版社2013 年版，第 97 页。
② ［英］鲍曼：《立法者与阐释者：论现代性、后现代性与知识分子》，洪涛译，上海人民出版社 2000 年版，第 222—223 页。
③ 吴鹏：《学术职业与教师聘任》，中国海洋大学出版社 2005 年版，第 36 页。
④ 李子江、杨雪芬：《美国大学非终身教职教师权益保障研究——基于美国大学教授协会的经验与反思》，《中国高教研究》2021 年第 1 期。

在控制成本和保持制度灵活性的决策的累积产物。① 尽管难以以有意义的方式进行衡量，但非终身制教师涌现的影响将是深远的，它不但打破了大学教师作为学术共同体成员的整体感，更是将大学教师置于资源优化配置的前提下进行优劣分等，这相当于重新定义了学术角色和学术职业的性质，"大学教师没有经过一场伟大的斗争或者与强者的殊死较量就被击败了，这一结局是由大学一次又一次看似影响细微的重新定义所引发的，这种重新定义使得学术职业变得无关紧要；作为一种职业，大学教师的影响力正不可遏制的下降"②。非终身制教师的大量出现实际上是大学对自身传统的背离。

教育曾被人们视为改变命运的机会，然而对于以兼职教师为代表的广大非终身制教师而言，这种说法越来越被证明是错误的，"兼职教师的处境与那些建筑行业的工人类似，那些工人这个月或这一年在这个建筑工地工作，下个月或下一年则在另外一个地方工作。在美国，这两个职业之间主要的不同是，工人们已经组织了强大的工会来保护自己的福利和工资，兼职教师则是在那些雇佣他们的人的怜悯下生存的"③。对于以兼职教师为代表的非终身制教师而言，制度上的不公比经济上的损失更难以接受，不公平的改革即使能在短期内取得效果，长期来看却会伤害到社会有机体的团结，其造成的伤害则将形成一种"社会负资产"正被所有人所背负。"与终身轨教师相比，非终身轨教师的工作和职位没有足够保障和不太确定，他们可能更多地把教学作为职业的首要任务，更多地与本科生打交道，以及较少地参与全国性学术团体，他们甚至比其终身制同事对未来更悲观一些，虽然他们对自身状况的评价是令人遗憾的，但似乎也是现实的，因为多数高等院校赋予非终身制聘任的特性就是边缘性的、可以放弃的。"④ 当大学教师群体之中的大部分都无法保

① Schuster, Jack H., " Reconfiguring the Professoriate：An Overview ", *Academe*, 84.1 (1998)：48 – 53.

② Childress H., *The Adjunct Underclass*：*How America's Colleges Betrayed Their Faculty*, *Their Students*, *and Their Mission*, Chicago：University of Chicago Press, 2019, p. X.

③ ［美］阿罗诺维兹：《知识工厂：废除企业型大学并创建真正的高等教育》，周敬敬、郑跃平译，高等教育出版社2012年版，第68页。

④ 吴慧平：《双梯制下美国大学教师的生存图景透视》，《高教探索》2014年第5期。

障自身合法权益时，奢谈大学仍然能够维护推动社会公平的传统就变得不切实际。

二 削弱教学效益

随着非终身制教师日益占据越来越大的教师任用份额，美国高等教育中的学术人员队伍正在发生着稳定而根本的变化，按照目前学术界的预估，这种变化在未来的数十年中仍将持续下去。尽管形势已经发生翻天覆地的变化，然而许多公立大学的管理理念和模式并没有跟上不断变化的学术人员配置模式，这引发了人们对大学教学效果的担心。教学是大学的传统功能，也是其存在的根本价值之一，大学教师的主要任务是献身教学，尽管与终身教师相比，非终身制教师承担着大量的教学任务，但他们通常无法控制课程开发，并且由于学术工作的专业化，他们被禁止在这一领域拥有任何重要的决策权。学术工作的分散化和缺乏专业发展机会意味着非终身制教师只是充当知识传播的媒介，同时由于冒险的危险性和对职业安全教学评估的依赖性，他们可能不愿意尝试新的教学方法。[①]非终身制教师的崛起从根本上是对大学教师身份的再定义，这一现象的出现对大学的教育教学使命产生直接影响，它在一定程度上削弱了大学的教学功能，也引发大学教学质量的滑坡。

非终身制教师崛起尽管在短期内降低了办学成本，但长期来看，其溢出效应更值得重视，这种改革所引发的弊端是多方面的：首先是教师群体对大学责任感的降低；其次是教师很少有机会融入学术圈，也极少参与科研和社会服务等活动，因此自身专业发展能力和机会不足；最后，教师会因缺乏必要的资源支持而造成教学质量的下降。由于非终身制教师（特别是兼职教师）的聘期普遍较短，因此那种在聘用终身制教职工时通常采用的较为严格的招聘程序不太可能会被采用，事实上，招聘非终身制教师通常是以一种非正式的方式（如熟人介绍或同事推荐）进行的，这种在没有严格审查的情况下做出的任命容易导致教师群体质量良

---

① Cynthia Field, Glen A. Jones, A Survey of Sessional Faculty in Ontario Publicly-funded Universities, https://www. oise. utoronto. ca/hec/UserFiles/File/Sessional_ Faculty_ _ OHCRIF_ Final_ Report_ _ July_ 2016. pdf. 2021 – 03 – 31.

莠不济，"相较于严密的国家级准终身任职教员的招募，兼职者的招募通常是非正式且由系主任掌控的，大部分的兼职者是依照学期而派任的，派任通知或更新通知通常来得很迟，如此一来，兼职者就只有很少的时间来准备课程，这样有可能对其教学质量有所妨碍"①。由于非终身制教师通常负责教授本科生的入门课程，因此他们成为大学新生最初接触的教师，虽然使用非终身制教师能够节省成本，但却既有造成初入大学的学生就读体验降低，"与终身教职教师相比，非终身制教师尤其是兼职教师在本科教学中表现不佳，他们更倾向于给学生更高的分数，这可能会降低学术挑战和学生的积极性"②。以兼职教师为代表的非终身制教师常常教授选课人数较多的导论性课程（而终身制教师则主要教授高年级课程或研究生课程），由于这种课程需要耗费大量时间于备课、考核以及回应学生疑问等事务，因此大部分的非终身制教师几乎没有时间去进行充足的教学准备，相关课程的研究工作更是无从谈起。

在现代大学中，专业发展已成为大学教师日常工作的一部分，以兼职教师为代表的非终身制教师通常却不能或是只能有限地参与教师专业发展活动，"兼职教师在服务学习方面的投入少于全职教师，在教学方法、教育创新和文化敏感性等方面缺乏主动性和以学生为中心的教学方法尝试，这些教师中的绝大多数要么在多校区任教，要么在学术界以外从事其他工作，然而却几乎没有机构支持，与同事和校园领导的互动也很有限"③。已有研究表明，兼职教师与学生的学业成绩存在着密切关联，哈林顿（Charles Harrington）等人提出："兼职教师的任教课程数量与学生在未来学习中的成绩和保留率成反比关系，学生在大学第一学期接触兼职教师执教课程的数量越多，第二学期的保留率就越低、成绩越差，经常选修兼职教师开设课程的学生的转学率是不经常选修这种课程的学生的 1.47 倍，兼职教师指导的学生毕业率更低，从两年制大学转到

---

① ［美］斯马特：《高等教育学》，吴娟等译，江苏教育出版社 2010 年版，第 311 页。

② Umbach, Paul D., "How Effective are They? Exploring the Impact of Contingent Faculty on Undergraduate Education", *The Review of Higher Education*, 30.2 (2007): 91 – 123.

③ Kezar, Adrianna, "Spanning the Great Divide Between Tenure-track and Non-tenure-track Faculty", *Change: The Magazine of Higher Learning* 44.6 (2012): 6 – 13.

四年制大学的机会更少。"① 由于缺乏支持学术自由的正当程序保障，非终身制教师害怕在课堂上提出有争议的问题——尽管这会激励他们的学生仔细思考这些问题并形成自己的知情意见。

与终身教职教师相比，非终身制教师很少获得他们需要的机构支持，因此就不太可能挑战他们的学生，因为他们通常依赖学生的评估来维持他们的继续就业。由于缺少职业保障，非终身制教师会因害怕遭遇解雇或终止合同而尽可能减少做出选择的机会，也不愿意进行发现新知识和采用新教学方法的试验，部分成员为保住工作甚至会牺牲学术操守——通过降低评分标准或分数作假来提高课程成绩以获得学生好评。"在其他因素不变的情况下，当四年制学术机构增加对全日制非终身制教师或兼职教师的使用时，其本科生在第一学年之后的保持率和第四学年的毕业率都会持续走低。"② 绝大多数非终身制教师面临着严峻的经济压力，因此不得不通过寻求多项兼职工作来应对日常负担，这种状况必然妨碍他们对学术生涯的规划，也影响其对高质量教学活动的投入。尽管大学中非终身教职员工的数量正在增加，但与终身教职员工相比，其中一些教师与学生的互动有限，学生可能会认为非终身教职员工不太稳定、不太安全，他们也不太可能寻找这些人作为榜样和导师。全日制非终身制教师的教学负担通常高于终身制教师的教学负担，这可能会使单个学生的学习时间减少而不是增加。兼职教师，尤其是城市地区的兼职教师，必须经常在多个机构找到工作以维持生计，并且没有时间（通常没有地方）与学生在课堂外会面。③ 现有研究表明，过度依赖非终身制教师容易在很多方面影响学生学习，这是因为非终身制教师普遍缺乏为学生提供高质量教学所需的专业支持，同时他们无法作为长期顾问和学生建立关系，并且他们缺乏学术自由因而限制了其推动学生卓越发展的能力。

---

① Charles Harrington, Timothy Schibik, "Caveat Emptor: Is There a Relationship Between Part-Time Faculty Utilization and Student Learning Retention", http://airweb3.org-/airpubs/91.pdf. 2018 - 11 - 05.

② Ehrenberg, Ronald G., and Liang Zhang, "Do Tenured and Tenure-track Faculty Matter?" *Journal of Human Resources* 40.3 (2005): 647 - 659.

③ Zhang, Liang, and Xiangmin Liu, "Faculty Employment at 4-year Colleges and Universities", *Economics of Education Review* 29.4 (2010): 543 - 552.

　　非终身教职教师的任命通常是短期性的，试图靠这种工作谋生的教师通常必须承担更高的教学负担，这让他们几乎没有时间而且常常没有地方在课外与学生见面，他们也不太可能了解本系课程的最新情况，也不太愿意为学生提供建议。"美国高校提供给非终身制教师的专业支持实际上还是处于一种较低水平，这一方面可能是受制于日益窘困的财政状况，使得高校无法投入更多经费来改善教师待遇，而另外一方面也说明了高校只是把兼职教师作为教授某门课程的临时工看待而已，不愿意为此投入太多精力与经费来改善他们的工作条件。"[1] 非终身制教师职位的不安全感也引起了人们对其担任本科生论文顾问以及研究生课程和论文委员会的能力的担忧，由于职位不安全，非终身制教师本身大多也不愿担任论文顾问，出于同样的原因，学生也不愿意要求他们担任论文顾问。在研究生机构中，担任研究生项目委员会成员和论文顾问的非终身教职员工的数量凤毛麟角，一些机构甚至明确禁止非终身制教师担任这类职务。

　　非终身制教师在研究型大学中主要负责教授低年级学生课程和补习课程，由于近年来"第一代""低收入""退伍军人"等特殊群体大量涌入大学，使得非终身教师所教授课程的复杂程度逐步提升，"这些课程通常需要获得额外支持，然而现实中选修该课程的学生却又普遍缺乏与教师互动以在课堂外获得个性化反馈和鼓励的机会；正如一位学生所言：与指导教师的关系是影响学生是否继承参加课程的最重要因素，而非终身教职教师却无法担任这种角色"[2]。非终身制教师常常因在几所学校之间的长途通勤而负担过重，他们必须在自己的未来和职业兴趣、家庭义务与学生需求之间取得平衡，在大多数情况下，这些教师根本无法提供学生在学习过程中所需的个人鼓励和支持。

　　非终身制教师通常不太熟悉大学或其所在学院的整体课程规划，因

---

　　[1] 吴慧平：《美国大学兼职教师生存状况堪忧》，《中国教育报》2013 年 12 月 20 日第 7 版。

　　[2] Maxey, Daniel, and Adrianna Kezar, "Revealing Opportunities and Obstacles for Changing Non-tenure-track Faculty Practices: An Examination of Stakeholders' Awareness of Institutional Contradictions", *The Journal of Higher Education*, 86.4 (2015): 564 - 594.

此他们无法以顾问的身份有效地为学生提供服务，即使是在回答有关下学期上哪些课程的最基本问题时也是如此，他们是一群学院中的边缘人，"在支持的服务、供给设备及办公室空间资源稀少的情况下，兼职者通常获得最少的优先权，无法适当地获得支持服务或办公室空间，将影响兼职者的教学及使他们与学生的会面更加困难，同时非常少的学术机构会提供福利给兼职者"①。非终身制教师通常以短期雇用的方式工作，他们没有理解大学长期发展目标的意愿，教学也极少以为学生的长远发展为指引，并且不能与学校其他的课程设置进行良好整合。"非终身制教师不太使用以学生为中心的和高影响力的教学实践，学习更多由非终身制教师提供的机构的保留率和毕业率也较低；为了满足学术使命和维护高等教育机构的价值观，学生的学习成果必须保持在最前沿，雇用没有充分支持非终身制教师的趋势威胁到了这一使命。"② 同时，非终身制教师大多缺少终身教职教师所拥有的基本教学设备，因此他们不能布置、管理那些对学生益处更大的复杂学习任务，大学也并不鼓励他们参与学生课堂外和校外活动，"通常情况下，兼职教师在上完课后就离开学校，学校没有给他们配备自己的办公室及个人在计算机等教学辅助设备，所以'教完就走'是兼职教师的特性，他们几乎没有时间对所教学生进行课外辅导"③。总体而言，非终身制教师很难充分进行负责任的教育，这对教学质量提升造成了不利的影响。

参与研究对大学教师来说是一项提升教学水平的基本路径，研究可以帮助教师向学生传达最新和最全面的研究成果，从而培养学生的思想开放、批判性思维和智力，这比简单向后者灌输干巴巴的事实和公式更重要。受限于工作环境的制约，非终身制教师普遍不参与研究工作，他们教授的内容也大多局限于传统的教科书之中，因此很难引起学生挑战困难问题的欲望。非终身制教师的教学负荷通常高于终身制教师的教学

---

① ［美］斯马特：《高等教育学》，吴娟等译，江苏教育出版社 2010 年版，第 311 页。

② Kezar, Adrianna, and Sean Gehrke, "Why Are We Hiring so Many Non-Tenure-Track Faculty?" *Liberal Education* 100.1 (2014)：44 – 51.

③ 卓泽林、柯森：《"紧缩时代"下美国公立研究型大学的应对策略研究——基于密歇根大学的经验、影响及启示》，《现代大学教育》2014 年第 6 期。

负荷，这可能会使非终身制教师在课外与个别学生合作或跟上其领域的新发展的时间更少。"兼职教师的存在有利于缓解大学的财政负担，但也削弱了教师的专业化程度，因为他们不会坚持传统的大学核心价值观，并且普遍教学经验不足，学历较低，课堂教学较少使用教学辅助服务，极少参与学院事务或课程制定方面的事务。"[①] 非终身制教师数量的增加在一定程度上改变了教师工作的性质，以兼职教师为代表的非终身制教师大多只是被雇佣来从事教学工作，他们普遍被排除在校园生活的许多活动之外——既不被鼓励或允许参与课程设计，也无法参与部门级会议，更不会享有治理权利。"大体上讲，兼职教师不是按办公时间付酬，他们常常教大规模的导论性课程，而全职教师教高年级课程或只教研究生课程，因此大部分的兼职教师几乎没有时间去写东西和做研究，他们有更多的论文要改，有更多的学生需要指导。"[②] 多数教育工作者都认为，与教师在课堂外的互动是促进学生学习的有利因素之一，不幸的是，非终身制教师很难灵活应对学生的兴趣和需求，因为他们通常是按课程付费的，而且获得机构资源的机会有限。

总体上看，与终身制教师相比，非终身制教师普遍薪酬低、福利少、专业发展机会有限，并且逼仄的工作条件还限制了他们与学生和同事交流的机会，也限制了他们积极参与教育教学事务讨论的能力。"尽管公立大学在实施教师聘任制度上更多地依赖兼职教师及研究生助教是为了破解大学的经济困境，但是这种政策发展的结果也给公立研究型大学教育质量带来了诸多负面影响。"[③] 恶劣的工作条件、不公平的薪酬分配以及校园生活的有限参与使得非终身制教师并不会真正将教学视为值得追求的工作——除了能够获得报酬（通常不足以支付生活成本）之外，它并不能带来任何其他方面的价值，这种认识实际上成为绝大多数非终身制教师的共识。

[①] ［美］亚瑟·科恩：《美国高等教育通史》，李子江译，北京大学出版社 2019 年版，第 325 页。

[②] ［美］阿罗诺维兹：《知识工厂：废除企业型大学并创建真正的高等教育》，周敬敬、郑跃平译，高等教育出版社 2012 年版，第 68 页。

[③] 卓泽林、柯森：《"紧缩时代"下美国公立研究型大学的应对策略研究——基于密歇根大学的经验、影响及启示》，《现代大学教育》2014 年第 6 期。

第三节 危害教师声望

美国社会素来没有欧洲式的将大学教师予以神圣性或权威性的观念，"殖民地学院不得不在缺乏学者的条件下成立，在这个新世界里，没有学者行会，也没有一个学者群体肩负管理大学的职责。"① 终身教职制度的兴起在一定程度上扭转了这种风气，使得大学教师职业成为一种备受社会公众认可同时也有较高职业特权的专门职业，大学教师成为美国社会中产阶层的典型代表。同律师、医生等职业一样，大学教师的声望主要源自自身独有知识和技能所带来的专业地位，以兼职教师为代表的非终身制教师的崛起极大地削弱了大学教师既有的参与大学治理和享有学术自治等专业权利，就业性质上的改变削弱了教师职业认同，部分非终身制教师窘迫的经济状况沉重打击了大学教师的社会声望。

一 弱化教师权益

教师是美国高等教育系统的力量源泉，大学中的教学和研究活动都是由他们领导的。"美国教师实际上训练了整个美国社会的领导阶层，不论是在各专业、政府、商业界或艺术界，他们提供了美国社会所依恃的研究的创新、哲学的探索、政策的分析、艺术的培养及技术的升级，总而言之，经由教师提供的教学、研究与服务，美国的经济与文化才能持续繁荣。"② 大学系统的健康运行有赖于教师群体的能力和积极性，"教师质量是大学生活的根本，最好的教师可以吸引来最有才能的学生、培养出最杰出的毕业生、吸引到最多的科研资助等，与大多数其他经济部门不同，在高等教育中，不可能出现资本代替劳力，尤其不可能代替

---

① 马万华主编：《多样性与领导力：马丁·特罗论美国高等教育和研究型大学》，教育科学出版社 2011 年版，第 5 页。

② Howard R. Bowen, Jack H. Schuster, *American Professors: A National Resource Imperiled*, New York: Oxford University Press, 1986, p. 3.

大有前途的劳动力，因此几乎一切都以人的素质为转移"[①]。知识渊博的教师是美国大学的财富，传统上大学教师因其在课堂内外的贡献而受到重视，大学则以安全和任期自由的方式奖励这些贡献，对于大学教师权益的保护是美国高等教育系统成功的基础。非终身制教师的崛起代表着美国大学学术人员配置模式的变化，这种变化反映出美国学术界的一个重要甚至是永久性的转变，而这种转变所带来的影响是多方面的，对于大学教师群体来说，非终身制教师的大量出现极大地弱化了自身曾经享有的专业权益，造成职业地位的下降和专业权力的流失。

作为最早研究非终身制教师群体的学者，加帕（Judith M. Gappa）曾鉴于这一群体长期被管理人员、终身教职员工所忽视的现实而将他们称为"隐形员工"，同时认为这些人在大学中的遭遇令人失望，他们的合法权益无法得到保障。[②] 随着大学教师聘用制度改革，目前越来越多的人已经脱离了终身教职轨道，因此以兼职教师为代表的非终身制教师已经很难被忽视，他们早已不再是事实层面的"隐形员工"，不过非终身制教师在身份认定和权益保护方面仍是"隐形的"——很少有大学会为这一群体制定专门政策。传统上，大学教师与学校其他成员（包括行政管理人员）之间的关系不同于一般社会机构中的雇主与雇员关系，而是平等的同事关系。[③] 这种平等关系难以掩盖大学内部各群体之间存在着复杂的权力博弈，一方权力的获取往往意味着另一方权力的丧失。相比于终身制教师来说，以兼职教师为代表的非终身制教师在同大学行政部门交往时处于绝对弱势地位，大学当局可以以任何正当（甚至不正当）的理由要求这些教师让渡自身合法权益，同时却又不对这种行为付出代价，在极端情况下，大学有可能迫使这些教师陷入一种教学和研究的自由受到限制的境地——个人必须专注于机构重视的工作才能继续就业。

---

① ［美］亨利·罗索夫斯基：《美国校园文化：学生·教授·管理》，谢宗仙，周灵芝，马宝兰译，山东人民出版社 1996 年版，第 161 页。

② Gappa, J. M., and Leslie, D. W, *The Invisible Faculty*: *Improving the Status of Part Timersin Higher Education*, San Francisco: Jossey – Bass, 1993, p. 5.

③ 吴鹏：《学术职业与教师聘任》，中国海洋大学出版社 2005 年版，第 78 页。

　　许多非终身制教师面临着缺乏职业发展机会、工资不平等和缺乏公平的就业政策等问题。"学术界正发生重大转变，这些变化对机构与其教职员工之间的关系以及教职员工的职业生涯产生了影响，随着非终身制职位越来越多，大学日益采取侵犯教师权益的政策和做法，它们不再愿意为这些受聘进入学术职业的教师提供支持性的工作环境和发展机会。"① 换言之，大学行政部门可以要求非终身制教师对大学及其一切事务做出承诺，然而它却不用向非终身制教师的承诺做出回应，许多机构没有通过制定明确的政策来系统地解决非终身教职员工的治理角色——尽管大多数非终身教职教师知道他们无法参与学院重大事务的决定，但其中的许多人却不清楚他们是否可以在部门或机构治理中享有一定的参与权利。实际上，在一些公立大学中，非终身制教师的权益是由学院管理者临时赋予的，不确定性和角色混乱成为非终身制教师普遍面临的状况。

　　随着享有终身教职的大学教师的比重日益降低，作为整体的大学教师群体日益分化，这种分化不只是身份角色上的分立，更是功能与定位上的重构，教师群体越来越难以发出统一的集体声音，其在与行政当局对抗时的力量也在逐步降低，"大学教师群体正从一个学者群体转化为大学中的创业者个体的集合，他们现在是大学中相当封闭的官僚群体的雇员，教师们已经将自己大量的特权让给了固定的学术管理者"②。由于非终身制教师要么不被允许，要么选择不参与大学治理工作，因此大学治理的负担主要在终身制教师身上，后者由于普遍热心于专业发展，因此这一权力最终回到行政力量手中。"大学的分化和分割直接意味着教授和中心管理层之间的组织距离在增大，如果说教授的权力是在他们的专业知识所限定的合法范围内增长，在专业知识之外的事务当中，即对于那些属于其他的大学成分的合法利益范围内的事情，教授的影响毫无

---

　　① Roger G. Baldwin, Jay L. Chronister, *Teaching without Tenure*: *Policies and Practices for a New Era*, Baltimore: The Johns Hopkins University Press, 2001, p. Ⅳ.

　　② ［美］阿罗诺维兹：《知识工厂：废除企业型大学并创建真正的高等教育》，周敬敬、郑跃平译，高等教育出版社 2012 年版，第 146 页。

疑问在减少。"① 在那些将治理权授予终身制教师，但将执行或协调职责分配给非终身制教师的大学里，最容易出现的现象就是将最熟悉项目的人排除在制定项目决策的领导层之外，"教师在大学中的话语权和影响权力正在因工作性质的临时化而减弱，如果这些趋势继续有增无减，这些权利可能会被完全扼杀，权力不平衡状况进一步恶化，所有这些都使重大问题的决策远离了教师个人"②。换言之，非终身制教师在参与大学事务时面临尴尬处境，他们只能以执行者而非决策者身份参与其中。"学术界的基本准则是所有成员平等，从这个意义上说，学术控制形式上是社团性质的，然而总是有某些学术工作者没有充分的参与权力，甚至往往被排除在决策之外。"③ 尽管非终身制教师权责不确定性现象在所有组织层面都很普遍，但在学院层面的不确定性最大，也许是因为他们与学院接触的机会更多，非终身制教师对其治理角色的反应各不相同——许多人对自身没有资格参与学院治理工作感到无所谓，另一些人则感到权利被剥夺和价值被忽视，当治理决策直接影响到非终身制教师负责的教学或项目时，这种被剥夺感变得更加明显。非终身制教师在竞争终身制职位时通常不会受到优待，"有的大学明确规定：非终身制教师在指定任期内不能获得终身任职资格或终身职位任命，除非他或她是通过正式搜索而被选中以填补此类任命，一位在研究型大学担任非终身职位的教师就他所在的机构获得终身职位的可能性总结道：这项工作不是任何东西的门票，也无法就终身职位进行谈判"④。这些情况反映出非终身制教师的边缘性角色身份，也间接地说明整个教师群体权益的日渐衰微。

由于非终身制教师普遍缺乏学术自由以及许多过去曾使得教师敢于

① ［美］盖格：《增进知识：美国研究型大学的发展（1900—1940）》，王海芳、魏书亮译，河北大学出版社 2008 年版，第 15 页。

② Ponak, Allen, Mark Thompson, and Wilfred Zerbe, "Collective Bargaining Goals of University Faculty", *Research in Higher Education*, 33.4（1992）：415-431.

③ ［加］约翰·范德格拉夫等编著：《学术权力：七国高等教育管理体制比较》，王承绪等译，浙江教育出版社 2001 年版，第 2 页。

④ Roger G. Baldwin, Jay L. Chronister, *Teaching without Tenure*：*Policies and Practices for a New Era*, Baltimore：The Johns Hopkins University Press, 2001, p.38.

挑战现状的权益，因此他们无时无刻不生活在害怕失去职位的恐惧中，他们很少代表自己发言或与其他团体讨论变革。"许多兼职教师抱怨他们比全职教师工作还努力，获得的却是更少的补偿，更重要的是，他们常常发现自己没有归属感，他们的生活并不足以提供进行智力工作的稳定条件，如果他们在获得博士学位后花了五年或者更长的时间去做兼职教师，就常常会被学术工作委员会认为'太老了'，兼职教师是在那些雇佣他们的人的怜悯下生存的，由于他们没有组织也不能限制供给，他们在争取工资方面处于不利的位置。"① 根据加州大学伯克利分校劳动研究和教育中心（UC Berkeley Center for Labor Research and Education）的调查，由于收入微不足道，近25%的兼职教师正在接受政府援助，援助项目包括医疗补助、儿童健康保险、贫困家庭临时援助，所得税抵免与补充营养援助。② 这一现象具有普遍性，其之所以出现有以下原因：首先，校方对非终身制教师关心不多，导致非终身制教师的组织归属感极低，同时学校在各方面与非终身制教师的交流甚少，他们往往得不到正确的入职指引，对本校缺乏充分的认识和了解，进而影响其后续的组织融入；其次，非终身制教师获得高校专职人员的认同度低，主要表现在与这些人接触少，难以融入既有的集体，特别是难以得到终身制教师的肯定和尊重，非终身制教师经常处于压抑的工作环境。非终身制教师的招聘决定已经分散到大学的各部门之中，这群教师的发展不会像终身制教师那样被持续跟踪，他们也不被尊重和肯定，这是造成工作不满进而产生职业倦怠的主要原因；最后，由于得不到大学在参与学校管理方面的授权，这极大地削弱了非终身制教师对学校组织的认同感。

尽管非终身制教师已经占据教师群体的绝大多数，但由于岗位性质、聘用政策以及就业环境的影响，这些教师始终无法参与学校教育教学决策的制定，大学管理者通过支持在教工人员配置方面具有更大灵活性使得大多数教员无法参与共享治理和决策过程，因此间接地强化了对机构

---

① ［美］阿罗诺维兹：《知识工厂：废除企业型大学并创建真正的高等教育》，周敬敬、郑跃平译，高等教育出版社2012年版，第68页。

② UC Berkeley Center for Labor Research and Education. The High Public Cost of Low Wages, http：//laborcenter. berkeley. edu/pdf/2015/the-high-public-cost-of-low-wages. pdf. 2018 – 12 – 23.

的控制。"学院中的主导结构和权力关系使非终身制教师无可奈何，因为他们无法从事与权力和影响力有关的工作，大多数终身制教师认为，决策应该是他们所独有的，因为以兼职教师为代表的非终身制教师不应在大学中享有合法席位，他们还认为大学没有道德义务向长期服务的兼职人员提供全职职位，此外，非终身制教师自身并没有获得参与决策制定的权利，这种情况因管理人员权力的集中而加剧。"① 许多非终身制教师对所在机构的资历和晋升制度缺乏清晰了解，他们没有规范的职业发展整体规划，并且永远受到隐形绳索的束缚，"教学工作既受尊敬，又被鄙弃；既被誉为'奉献型服务'，又被奚落为'易如反掌的工作'，它弥漫着专业主义的豪言壮语，但也以低于受教育程度差很多的工人为其特征，它是一个中产阶级职业，可越来越多的入职者又在运用产业工人所开发的集体谈判策略"②。令人惋惜的是，教师对此无能为力。

在过去 40 年里，美国学术劳动力的结构发生了巨大变化，这引起教师职业权益的普遍下降，"近年来，教师作为一个集体持有的对教育过程的主导权随着大学重组被埋葬了，一个院系或者课程是否应该被建立、扩展、保留或者取消，哪些教师应该被雇佣或者解雇，课程和院系如何配置，这一系列影响学校运转的关键决定已经渐渐地由管理者和校董事会来承担"③。非终身轨全职教师可能和终身轨教师承担同样的教学和研究任务，但由于他们通常与学校签订短期或不固定的聘用合同，因此工作条件、薪资和福利待遇都不如终身轨教师，"也许比缺乏薪水和福利更令人担忧的是，非终身制教师被有意地排除在机构内部的专业活动和资源之外，学术自治、专业发展、课程开发、行政支持等统统与之无关，此外，几乎没有证据表明大学已经做出努力纠正这种状况，不稳定的就业预期、不规范的专业评估、低廉的薪水、无往的晋升之路以及苛刻的

---

① Cynthia Field, Glen A. Jones. A survey of sessional faculty in Ontario publicly-funded universities, https：//www. oise. utoronto. ca/hec/UserFiles/File/Sessional_ Faculty_ -_ OHCRIF_ Final_ Report_ -_ July_ 2016. pdf. 2021 – 03 – 31.

② ［美］劳蒂：《学校教师的社会学研究》，饶从满等译，人民教育出版社 2011 年版，第 8—9 页。

③ ［美］阿罗诺维兹：《知识工厂：废除企业型大学并创建真正的高等教育》，周敬敬、郑跃平译，高等教育出版社 2012 年版，第 59 页。

教学负担成为大多数大学教师的工作常态"①。总体上看，非终身制教师的工作压力更大，同时缺乏足够的职业安全保障和晋升机会，在内部治理或学术事务上则几乎没有发言权。

二 降低教师认同

长期以来，教师职业在美国并不像在其他国家一样是一种令人羡慕的工作，教学工作在美国从一开始就居于一种特殊却暗淡的社会地位，教师所提供的被认为高于一般的日常工作，并且具有为社会所重视的特殊使命的光环，但社会中的歧视却笼罩着承担这一使命的人们，因为真正给予从事教学工作者的尊重从来都与公开声称的尊重不相匹配。总体而言，尽管相对于中小学教师而言，大学教师的职业认同感较高，但这种职业认同感并没有扎实的现实基础，它极易受到外部环境变化的影响。对于任何一个社会成员而言，职业选择往往是一种非此即彼的决定，选择一种就意味着要放弃其他可能性，而在这种放弃极有可能是终身的，"任何不能纳新的职业都不能幸存，一个职业适应竞争性招聘体系的方式将会影响它的社会构成及其内部生活，当个体在各种可选的行业之间进行抉择的时候，各职业之间很大程度上就在悄无声息地进行着竞争，一个职业最终将会使那些具有特定意向和生活处境的人成为其成员。"②学术职业曾被认为是"职业中的职业"，是能够吸引和容纳社会精英的职业，然而目前这一职业正被重新定义，其对于社会优秀人才的吸引力在持续下降。③受到生存压力的影响，许多大学甚至出现解聘已经获得终身教职的教师而雇佣价格低廉的兼职教师的情况，尽管这能够在短期内节约开支，但它却会对美国学术职业产生严重的负面影响，使得教师对于所从事职业的认同感持续下降。

---

① Kezar, Adrianna and Cecile Sam, "Institutionalizing Equitable Policies and Practices for Contingent Faculty", *The Journal of Higher Education*, 84.1 (2013): 56 – 87.

② ［美］劳蒂：《学校教师的社会学研究》，饶从满等译，人民教育出版社 2011 年版，第 21 页。

③ Van Arsdale, George et al., "De-Professionalizing a Part-Time Teaching Faculty: How Many, Feeling Small, Seeming Few, Getting Less, Dream of More", *The American Sociologist*, (1978): 195 – 216.

大学教师的质量是保持学校名望和地位的最重要因素，只有最优秀的教师才能吸引最优秀的学生，才能产生最高质量的研究成果，才能获得外界最多的资助，"教师是学术事业的核心，如果没有致力于教育事业的教师，不仅没有一所大学能够成功，并且也不可能开展任何有效的教学和学习活动"①。非终身教职教师的崛起使得历史和传统共同建构起的学术职业期待显得不合时宜，大学教师不再是拥有职业特权的专业人员，而像一群朝不保夕、四处流浪的临时工一样为了谋生而奔波，"在太平洋岸边，学生称兼职教师为'5号公路异类'，因为这些人经常在5号公路沿线的十所大学兼职，所有这些人都有一些共同之处，即他们对超负荷的工作、微薄的薪水和不被重视感到挫折与失望"②。当一个职业的主体是由大量兼职人员构成时，这一职业必将很难形成真正的凝聚力和认同感，与此同时，随着学术界越来越没有吸引力，受过良好教育和聪明的年轻人越来越对其他新兴领域——如信息技术、生物技术、各种咨询和金融等更感兴趣，他们支付的薪水更高，并且其工作内容看起来更令人兴奋。"享有尊重、参与决策制定以及对共同利益的承诺，是学术治理和教师文化的核心，然而随着教职员工的工作性质日趋多元，人们对传统终身制教师之外的'新教师'的身份并未达成统一，非终身制教师几乎没有机会根据成就获得专家地位，与既有制度和传统教师文化缺乏对接反映出其角色的模糊性，他们处于'分离但不完全平等'的地位；大量聘用非终身制教师的做法很可能会损害日益分化的教师团体的健康和活力以及大学完成其学术使命的能力。"③ 非终身教职制度从其出现的时候就存在争议，一些年轻的非终身教职教师对自己当前的境况和地位不满意，一方面他们认为这类情况的增多使得大学教师供求问题日益激化；另一方面非终身教职教师的任期短、工资低，发展没有保障。

---

① ［美］阿特巴赫：《高等教育变革的国际趋势》，蒋凯主译，北京大学出版社2009年版，第5页。

② Rhoades, G. Managerial Professionals, *Unionized Faculty and Restructuring Academic Labor*, Albany: State University of New York Press, 1998, p. 3.

③ Haviland, Don, Nathan F. Alleman, and Cara Cliburn Allen, "Separate but not Quite Equal: Collegiality Experiences of Full-time non-tenure-track Faculty Members", *The Journal of Higher Education*, 88. 4 (2017): 505 – 528.

这一系列的问题使得非终身教师对这一制度难以产生真正的理念与价值认同。

"美国是一个典型的市场经济国家，这也体现在大学教师的聘任与晋升等方面，无论是私立还是公立大学，其教师的身份都是组织的雇员；不像英国、法国、德国、意大利等欧洲国家，虽然进入大学担任教师的门槛很高，但一旦教师的身份确立，大学教师就是国家公务员，享有终身教职的待遇；因此，与欧洲国家相比，美国大学教师在获得终身聘任之前，职业缺乏稳定性。"[1] 大学聘用非终身教职教师既能通过降低工资、减少福利和工作支持节约成本，也能依据院校需求灵活安排教师，然而，非终身教职教师却成为这种效率取向的牺牲品，既无法和终身教职教师平等享有学术资源，又鲜有参与院校管理的渠道，维护自身权益的能力同样薄弱。"兼职教学人员是学校劳动力中迅速发展的一部分，他们类似日本传统的无主的武士，漂泊乡间提供自己的服务，期待着被选做学徒，这些无主武士具有武士的全部资格，学校依据他们上的每一堂课付给相当少的报酬，从这个意义上说，兼职教师正遭受剥削，所以兼职教师对学校并不忠诚也就不奇怪了。"[2] 当高素质的人被聘用为不符合终身资格的职位时，他们不会对机构产生强烈的承诺，因为他们一直在市场上寻找终身职位，这种"骑墙心态"被视为不利于与教师同事建立有意义的关系以及对学术项目和活动进行长期投资，而后者对于部门和机构预期目标的实现极为重要。

当大学制定的各项规章制度将所谓的永久教师与临时教师分开时，教师的认同感会受到进一步影响。"在过去的半个世纪里，非终身制教师作为劳动力群体激增，从 1969 年占教师的 22% 增加到 2013 年的 57%，然而，这种扩散并没有提高身份的认可度，非终身制教师始终占据一个特殊角色，他们通常缺乏终身制教师的独立性和自主性，扮演着受监督的专业角色劳工。对非终身制教师满意度的研究强调了他们对教学和学生互动的享受，但也注意到他们经常对将他们视为二等公民的机

---

① 张斌贤主编：《美国高等教育史》（下），教育科学出版社 2019 年版，第 271 页。
② ［美］阿特巴赫：《比较高等教育：知识、大学与发展》，人民教育出版社教育室译，人民教育出版社 2000 年版，第 111 页。

构政策和同事行为感到沮丧。"① 随着经济地位的下降，越来越多的非终身制教师选择加入工会以集体谈判的方式保障自身利益，这已成为解决该群体劳资冲突问题成本最低且效果最佳的方式。工会化或许能在一定程度上保障兼职教师的权益，然而却代表着学术职业的状况恶化，大学教师社会地位和声望的下降，大学教师工作现在不如过去有吸引力。

"有一点讽刺至极，甚至有些可悲：这些聪明的临时教师都急于提升自己的地位，他们宁愿在学术界这个血汗工厂里辛苦劳作，大多非终身制教师都很敬业，他们是'博士工厂'持续生产的结果，说得好听点就是研究生院生产过量的产物，然而他们的工作并不轻松，他们没有办公室，有时甚至连一张办公桌都没有，许多人还奔波于多所学校授课。"② 越来越多的人对终身教职受到的冲击和传统学术价值观受到的侵蚀感到震惊，随着非终身教师数量的增加，大多数教师的权益（包括任期和同行评议、共同治理和学术自由）在大多数高等教育机构都受到了严重削弱。"大学教师所经历的困难情况包括：资源和支持不足、缺乏入职培训、指导和发展、报酬不足、缺乏医疗保险和退休福利、不稳定的压力、未得到承认和无报酬的服务和行政工作，学术自由受到损害，被排除在公开名单之外以及剥夺就业和工作实践的权力。"③ 许多非终身制教师常常没有长期就业保障，没有课程补助，没有健康保险和其他福利，也没有权利参加大学事务，更不会被允许申请研究资助或旅行支持，有些甚至没有参加获得大学提供的退休金，他们是一群外围的学术工作者，而这些人正在成为大学教师中的最主要力量。

在学术界传统价值体系中，根深蒂固的是，研究（作为知识的产生）比教学（作为知识的传播）更重要，而教学（作为知识的传播）被

---

① Alleman, Nathan, Cara Cliburn Allen, and Don Haviland, "Full Time, Non-Tenure Track Faculty, Service, and Organizational Commitment", *Journal of the Professoriate* 11. 1 (2020): 49 – 77.

② ［美］汉克、德赖弗斯：《拷问美国高等教育》，胡晓姣等译，河北教育出版社 2016 年版，第 247 页。

③ Rothengatter, Maarten, and Richard Hil, "A Precarious Presence: Some Realities and Challenges of Academic Casualisation in Australian Universities", *Australian Universities' Review*, The 55. 2 (2013): 51 – 59.

认为是次要的和外围的。由于工作与工作的价值联系在一起，因此，这些根深蒂固的学术专业观念证明了非终身制教师较低的报酬是合理的，后者感到自己像是被低估的学院成员，这不仅会导致自尊心的降低，而且会导致与工作本身的脱节感。① 据一些非终身制教师反映，"由于与学校的临时契约性关系的性质，他们失去了作为学者的尊严并且陷入痛苦的循环——丧失作为教育者的身份、以临时工身份来解决生计问题、改变现状时的无能为力"②。他们像企业临时工一样处于教师群体的底层，在职业安全、学术权利、专业发展方面面临不平等的待遇。非终身教职职业安全难以保障。非终身教职教师聘用期限不同、合同类型不一、签约时间仓促，有时根本不确定能否获得工作。更有甚者，为了根据生源变化、课程需要和财政状况随时裁减教师，院校甚至不与他们签订书面合同。出于节约成本的考虑，高校管理者将其待遇限制在最低标准，使他们面临与终身教职教师"同工不同酬"的状况，连最基本的薪资福利、医疗保险、社会保障、退休金等权益都无法与后者相比拟。

"不确定性始终是恐惧的根源，人们无法对生活整体中的许许多多的未知事物进行控制，这些东西永远导致了一种精神上的严重不安，人们为此而痛苦，渴望能够通过现实行为对不确定性进行控制，并由此获得安全感。"③ 非终身制教师对校园文化和大学环境的影响既取决于校园政策和传统在校园生活的各个方面包含或排除他们的程度，也取决于他们自己的参与偏好，由于缺乏终身教职的保护，非终身教职教师一般不愿意参与学术自由权的争取，也不愿参与院校内部管理，甚至不过多关心和选择涉及自己的课程。因此，非终身教职教师更容易被管理层操纵，学术职业日渐沦为领取工资甚至是计件工作的劳动者。"非终身教职专业发展未被重视。大多数非终身教职教师每天往返于不同的学校上课，却被隔离在学术共同体之外。他们不了解院校的目标和任务，在学术群

① Kwok, Cherrie YN., "Psychological Experiences of Contingent Faculty in Oppressive Working Conditions", *Journal of the Professoriate* 9. 2 (2018).

② Dixon, Anderson, *Psychological Contract Breach as Experienced by Adjunct Faculty: A Phenomenological Study*, Denver: The University of the Rockies, 2017, p. 3.

③ [英] 鲍曼：《立法者与阐释者：论现代性、后现代性与知识分子》，洪涛译，上海人民出版社2000年版，第12页。

体中参与感低，对院校缺乏组织认同，甚至没有办公室、邮箱和助理等必要的工作支持。"① 大学要求学者和科学家能够将所有的专业关注都投入到大学的教学和研究工作之中，然而没有一个大多数成员是全职人员的学术群体，就不可能建设一支有责任感、高效率的学术人员组成的师资队伍。② 随着校园工作条件的持续退化，教师职业认同水平也在下降，"美国教师没有英国的同行所享有的经济和社会特权，也没有什么声望，他们是雇员，要随时准备被解雇，没有常规的提升途径，工资十分微薄，而且不被认为是一个专业的成员，大多数教师把自己的工作看作是暂时的栖身之所，同时在寻找着更好的去处"③。被低估、被剥削和被消耗的情况日益突出使得大学教师工作越来越失去吸引力，一些理性的个体正逐步考虑放弃追求博士学位和学术工作。

随着新自由主义在高等教育中的兴起，原先的公共部门开始采用私营公司的模式重新塑造学术职业，大学被迫采取企业化的运作模式，同时以个性化的管理方式取代了对所谓的同类团体集体化的处理，工薪阶层的学者在新自由主义大学的新管理主义审计文化中挣扎。"正如学院和大学以一种增大了的学术资本主义的模式变得愈来愈企业家化了，同样，它们在其治理和师资力量上，也越来越经理化了；由于相对于雇员，管理上的灵活性是广泛的而且是在增长，教员也就越来越成了被操纵的专业人员，除此之外，教员也代表着在学院和大学校园里的专业劳动力的一个正在减少的部分：增长的范畴是非教员的、管理上的专业人员，这样的趋势见于高等教育的所有部门之中。"④ 聘用非终身制教师削弱了教师的权力和学术自治，学术工作的地位和条件都在发生变化，这些变化可能是不可避免的，但它们的确为大学的未来带来了极大的挑战。尽管进行了广泛的准备，但年轻的学者们面临着成为学术界常规成员的机

① 李子江、杨雪芬：《美国大学非终身教职教师权益保障研究——基于美国大学教授协会的经验与反思》，《中国高教研究》2021 年第 1 期。

② ［美］阿特巴赫：《高等教育变革的国际趋势》，蒋凯主译，北京大学出版社 2009 年版，第 86 页。

③ O'Boyle, Lenore, "Learning for Its Own Sake: The German University as Nineteenth-century Model", *Comparative Studies in Society and History* 25.1 (1983): 3 – 25.

④ 王逢振主编：《美国大学批判》，天津人民出版社 2003 年版，第 84 页。

会有限，他们中的许多人都签订了临时合同，通常工作条件差，重新任命的不确定性，学术生涯因此充满了许多不确定性，由于在学术界从事职业的机会有限，因此许多大学很难吸引博士学位的学生，招聘和保留学术人员的问题日益严重。① 对于整个美国高等教育来说，非终身教职制度的兴起所带来的一个现实挑战就是学术职业对于青年人从教意愿的冲击，换言之，最优秀的人才可能因为就业环境的恶化而逐步远离这一职业，如何在恶劣的条件下维持大学的活力与竞争力是管理者的现实问题。非终身制教师聘用制度的兴起已经给大学教师、大学自身和高等教育造成了巨大的挑战，尽管只有某些群体直面这一制度本身，但由其引发的风险可能要由整个单位或作为一个整体的大学教育来承受。"作为新型的教职员工，可续签和定期任用的教职员工对于当今的大学和大学来说非常重要，并且在将来也将越来越重要，他们的生产力、幸福感和满意度对于每个机构的质量和成功至关重要。"② 换言之，如果没有配套措施予以跟进，市场化取向的教师聘用制度改革很难避免陷入人才流失的困局，非终身制教师崛起及其引发的难以预料的诸多效果不过是这一困局的现实预演。

诚如阿特巴赫所言："学术界在世界范围内都处于危机之中，如果没有成功的教授，高等教育本身就会陷入危机，因为学者是大学的核心——教师、研究人员，实际上是各地高等教育知识和科学生活的创造者，如果最优秀和最聪明的人不被学术界所吸引，不仅世界一流大学不可能达到，整个学术体系也将是二流的。尽管如此，政策制定者和大多数学术领袖都没有认识到学术界所面临的核心问题或深层问题。"③ 从20世纪下半叶开始，学术职业在美国以惊人的增长速度赢得公众瞩目，大学教师的职业前景大大改善，出现了一个可预测的、正规化的职业轨道，

① Huisman, Jeroen, Egbert De Weert, and Jeroen Bartelse, "Academic Careers from a European Perspective: The Declining Desirability of the Faculty Position", *The journal of higher education* 73. 1 (2002): 141–160.

② Gappa, Judith M., "Today's Majority: Faculty Outside the Tenure System", *Change: The Magazine of Higher Learning* 40. 4 (2008): 50–54.

③ Maria Yudkevich, Philip G. Altbach, Laura E. Rumbley, *Young Faculty in the Twenty-First Century*, Albany: State University of New York Press, 2015, p. 5.

以及一个不断扩大的学术就业市场，能够吸收新的招聘人员，几乎与研究生院培养他们的速度一样快。20 世纪 70 年代开始了一个侵蚀的过程，因为学术就业市场的增长放缓，经济状况特别是通货膨胀剥夺了稳步增长的学术工资在购买力方面的大部分收益。20 世纪 80 年代末学术职业就业市场继续恶化，职业轨迹的可预测性和规律性受到新型学术任命做法的威胁。从那时起，高等教育市场化程度的不断提高，推动了高等教育体系在制度类型、学术领域，以及现在的任命类型等多个层面的不断扩大的分层。① 毋庸置疑的是，随着非终身教职制度的兴起，大学自治、学术自由与对传统的坚守等特征都将在未来大学中受到冲击，这些冲击有的是激烈的，甚至会以直接的对抗和诉讼为手段，另外一些则是潜移默化的，它们不会以显性范式展现，但总体而言，教师群体内部差异变得越来越大。

---

① Philip G. Altbach, Gregory Androushchak, *The Global Future of Higher Education and the Academic Profession*, New York: Palgrave Macmillan, 2013, p. 192.

第五章　大学非终身聘用制兴起的理性审思

　　教育绝不能被看作社会劳动中的一个分离的部分，恰恰相反，教育必须被看作所有社会机构都具备的一种功能，被看作是日常生活中的一个方面，是根据理性的声音来设计社会这一观念的根本结果。

　　　　　　　　——鲍曼《立法者与阐释者：论现代性、后现代性与知识分子》

　　非终身聘用制的兴起成为近年美国高等教育发展的重要特征之一，这一现象在美国社会引发巨大争议——非终身制教师的持续涌现一方面提升了大学的办学灵活性、降低了高等教育运行成本；另一方面也伤害了教师群体的合法权益、威胁到美国高等教育的长远利益。总体上看，自产生以来，美国公众围绕公立大学非终身聘用制度的讨论此起彼伏，舆论界对这一制度的评价出现了严重的两极分化：一方面是公众以及少数学者对这一制度极为认可，认为其弥补了终身教职制度的缺陷；另一方面则是绝大多数学者所拥护的观点，即这一制度对大学教师甚至整个社会产生了极其显著的负面影响。上述争论的背后反映出不同群体对于大学教师与高等教育的存在价值有着不同的理解，本章将在探讨当前人们对非终身教职制度的争论焦点基础上，对这一现象的实质及对中国大学教师聘用制度改革的启示进行学理性探讨。

第一节　效益与走向：非终身聘用制的争论焦点

　　对于任何一所大学甚至每个国家的高等教育系统来说，大学教师聘用制度的重要性不言而喻："任何一个补充教师的决定，都是大学的学术方向与质量的一个决定因素，每一个晋升一位已经聘用的教师的决定，也同样是未来方向与质量的一个决定因素；对那些保证在未来几十年作为大学里从事教学与研究的学术成员的聘任或晋升决定，比任何的大学管理改革或任何的教学大纲与课程计划的修订，更能保证未来一代的学术质量，聘任或晋升的决定，不能带来不合理的预算增加，大学预算的下降，使得聘任决定尤其意义重大。"① 正是由于大学教师聘用制度如此重要，因此每当教师聘用制度发生改革时都会引发社会热议。非终身聘用制已经成为美国公立大学中极为常见的一种人员聘用制度，然而由于受到观念认知、价值追求与利益取舍等因素的影响，美国社会对于这一制度的现实效益与未来走向等问题始终存在着巨大争议。

一　非终身制教师的教育效益：降低成本与损害质量

大学教师聘用制度改革深受各国本身的学术传统、市场观念与民族文化的影响，不同国家进行教师聘用制度改革的推动因素并不相同，"从市场力量的介入程度、国家或政府在制度中的作用程度两方面看，世界各国大学教师聘任制度的类型可以大致划分为市场主导型、国家主导型和市场—国家混合型三种模式，其中美国、加拿大与英国的教师聘任制度属于市场主导型"② 。作为一个典型的市场经济国家，对效益的追求成为美国的一种"国家精神"，这种理念甚至凝结为一种实用主义哲学。美国大学之所以愿意雇佣非终身制教师，是为了缩减学校的办学开支，这是由于相较于终身制教师而言，非终身制教师的用工成本较低，学校能够利用替代效应达到降低支出的目的；同时也是希望通过引入竞争机制来改善终身教职制度所引起的教师教学效率低下与不负责任等问题，进而提升学校的办学效益。然而就现实情况而言，聘用非终身制教师或许能够在短时间内实现降低教育支出的直接目标，不过从长期效果

---

① ［美］希尔斯：《学术的秩序——当代大学论文集》，李家永译，商务印书馆 2007 年版，第 364 页。

② 吴鹏：《学术职业与教师聘任》，中国海洋大学出版社 2005 年版，第 76 页。

来看，这一做法或许会造成大学教育质量的下降，最终将危害美国高等教育的整体利益。

（一）非终身制教师短期内有利于降低大学办学成本

与终身教职制度主要着眼于教师队伍的就业稳定与职业安全不同，非终身教职制度主要为了促进教师队伍的竞争上岗和定期更新，这是两者在制度设计上最为重大的差异。公立大学雇佣非终身制教师的主要原因在于控制办学成本和提升组织灵活性，相对于传统的终身制教师而言，非终身制教师的收入要低得多，并且由于他们签订的几乎都是短期合同，因此就为大学提供了用人方面灵活性，在财政状况动荡不定的年代，非终身制教师获得了大学的普遍欢迎。[1] 由于美国学术劳动力市场目前正处于典型的买方市场阶段，大学在与非终身制教师签订合同时处于优势，这种优势体现在：一是所提供的就业合同的聘期普遍较短（通常为一学期或一学年），这有利于用人单位在很短时期内就可以通过正当途径替换掉那些被证明无法胜任的教师；二是大学提供给教师的薪资[2]水平普遍较低，这极大地减轻了用人单位的人力资本投入。根据美国大学教授协会对 582 所大学中不同类型教师的年平均薪资[3]所做的统计，以兼职教师为代表的非终身制教师的平均收入远低于终身制教师。从表 5 - 1 来看，同样是在具有博士招收资格的公立大学中任教，全职讲师的平均薪资为 63591 美元，终身制正教授的平均薪资为 135741 美元，而兼职教师的平均薪资则为 26321 美元，这还仅是他们在薪资上的差距，并不包含其在各种福利待遇（如养老保险、医疗保险、残疾保障与研究资助等）上的不同。

---

[1] Schuster, Jack H. , " Reconfiguring the Professoriate: An Overview ", *Academe*, 84. 1 (1998): 48 - 53.

[2] "薪资"（salary）一般是指雇主支付给雇员的直接资金报酬，而"薪酬"（Compensation）是指雇员作为雇佣关系的一方所得到的各种收入，前者主要指经济类收入，后者包括经济类与非经济类收入（服务、福利等）。

[3] 由于美国大部分兼职教师的受聘期限都是 9 个月或 10 个月（1 学年而非 1 自然年），因此，该调查中的平均薪资是指每年最多 10 个月或 1 学年的合同薪资，这意味着，该数据低估了终身制教师的实际收益。

表 5 - 1　　　美国不同类型教师薪资情况调查（2015—2016 学年）（单位：美元）

教师类型	学校等级	公立学校	私立学校	宗教学校	平均收入
兼职教师	博士资格	27402	21843	—	26321
	硕士资格	12797	16674	13788	14272
	学士资格	12961	15549	10846	14849
研究生助教（聘用制）	博士资格	14273	14839	—	14345
	硕士资格	9101	7897	—	9011
	学士资格	8407	6060	4579	7042
全职终身正教授	博士资格	125833	158080	137282	135741
	硕士资格	92982	96556	88129	94385
	学士资格	87751	88112	77716	87628
全职讲师	博士资格	56975	76808	83659	63591
	硕士资格	51879	54892	50648	53291
	学士资格	53699	56566	51402	55472

资料来源：American Association of University Professors. Survey Report Tables，https：//www. aaup. org/sites/default/files/SurveyReportTables-MA16. pdf. 2019 - 06 - 10.

（二）聘用非终身制教师威胁美国高等教育办学质量

一些研究表明，尽管聘用非终身制教师能够显著降低公立大学办学成本，然而从长远角度来说，非终身制教师的持续涌入将会威胁到美国大学的教育质量，最终将不利于高等教育长期目标的实现。来自康奈尔大学（Cornell University）的有关四年制院校中学生毕业率的调查显示：就整体效果来说，非终身制教师与大学生的毕业率存在显著负相关，如果一所学校中的兼职教师的比例上升 10%，那么该校学生的毕业率将会下降 2.65%，同样的是，如果学校中全职非终身制教师的比例上升 10%，那么学校的整体毕业率将会下降 2.22%；在美国公立硕士学位大学中，两者的相关程度最高，兼职教师的比例每上升 10%，学生的毕业率将会下降 3%，全职非终身轨道教师的比例每上升 10%，学生的毕业率则会减少 4.4%。[1] 许多研究者都认为大学

---

[1] Ronald Ehrenberg and Liang Zhang，Do Tenured and Tenure-Track Faculty Matter?，http：// www. nber. org/papers/w10695. pdf. 2019 - 05 - 06.

教师的聘用类型与学生的学习效果之间存着在明显关联，相对于终身制教师来说，学生在非终身制教师的指导下更难以达到预期学习目标。

按照美国大学教授协会的分析，雇佣非终身制教师之所以容易引起大学教育质量的滑坡，是因为这些教师从事教学与研究的动力不足。《美国瞭望》（*The American Prospect*）杂志曾对兼职教师进行了一次深入访谈，来自玛丽赫斯特大学（Marylhurst University）的蒂法尼·克拉夫特（Tiffany Kraft）表示：人们似乎并没有认识到工作安全对于从业者的重要意义，兼职教师处于工作关系的末端——不断从一个岗位转向另一个、从一个学校走到另一个，由于缺乏尊重，他们在心理和身体上都疲惫不堪，而且随着时间的推移，这种对于身心的伤害将会愈演愈烈。① 由于缺乏稳定的经济保障，非终身制教师很少有动力投入到教学与研究中，根据一份对教师工作积极性的调查显示，相较于终身制教师，兼职教师几乎在所有有关教学和研究领域的事务中都缺乏兴趣。从表5-2中能够明显看出，在教学方面，终身制教师更愿意进行教学方法的实验与教学内容的变革，并且也更加愿意与学生进行反馈和交流，另外，在启发学生的批判性思考方面，48%的终身制教师愿意进行这种尝试，而兼职教师的比例则为40%；在研究方面，兼职与终身制教师的差别更为悬殊，只有41%的兼职教师愿意进行一项课题研究，而终身制教师的比例为56%，同样，将近65%的终身制教师准备（或已经）公开发表研究成果，而兼职教师的比例则为45%。可以说，不同类型的教师在学校教学与研究两项最重要的活动上的差异是极为明显的，在美国大学教授协会看来，造成这些差异的原因绝非是由于兼职教师自身的态度、水平或是能力不够，而是由于他们既没有时间和意愿，也没有必要的学术资源可以利用，客观生存环境造成兼职教师没有足够的动力来积极参与教学与研究事务。

---

① Justin Miller, *Faculty Join Fast Food in the Fight for* $15, http：//prospect. org/article/faculty-join-fast-food-fight-15. 2020-04-06.

表 5 - 2　　　　　　**美国大学不同类型教师职业投入意愿调查**　　　（单位:%）

	活动名称	兼职教师	终身制教师
教学活动	进行教学方法实验	56	66
	进行教学内容变革	57	67
	启发学生的批判性思考	40	48
	反馈学生作业情况	51	54
	反馈学生课堂表现	49	55
	分析课程成绩	46	47
研究活动	选择研究课题	41	56
	参与学术会议	46	58
	发表研究成果	45	65

资料来源: American Association of University Professors. Higher Education at a Crossroads, http: //www. aaup. org/sites/default/files/2015 - 16 Economic-StatusReport. pdf. 2019 - 05 - 10.

　　非终身制教师除了从事教学与研究的动力不足外，往往也不愿意承担开展学术研究的风险，而学术研究在现代大学中对于教育教学工作的提升具有极为重要的反哺作用。众所周知，大学教师进行学术研究时必然会遇到风险问题，许多研究项目尽管需要付出大量的人力、物力和财力成本，然而却并不一定能够取得预期的研究效果——有的研究项目甚至本身缺乏任何的理论支撑，仅是研究者自身突发奇想或是某一思维火花的闪现，想要进行深入研究必定会冒着巨大的失败的风险，然而许多具有重大创新性的学术成果，正是学者进行高风险性投入的结果。在有关"学术风险尝试"这一问题上，兼职教师与全职教师有着较大差异。从表 5 - 3 的调查结果来看，在研究成果未知的情况下，愿意进行研究材料长期收集工作的兼职教师的比例为 27%，而终身制教师的比例高达 57%；愿意进行研究材料长期分析工作的兼职教师的比例为 25%，而终身制教师的比例为 55%；在知道研究成果将不会公开发表的前提下，兼职教师仍然愿意进行研究工作的比例为 39%，而终身制教师的比例则为 52%。换言之，由于缺乏稳定的工作保障，兼职教师相较于终身制教师而言，更加不愿意进行有风险的研究工作——尽管这些工作或许能够在未来产生较大的学术或社会影响。

表 5 - 3　　　　美国大学不同类型教师研究风险尝试意愿调查　　　（单位:%）

风险类型（结果未知）	兼职教师	终身制教师
研究结果需要进行长期收集	27	57
研究结果需要进行长期分析	25	55
研究结果不会公开发表	39	52

American Association of University Professors. Higher Education at a Crossroads, http：//www. aaup. org/sites/default/files/2015-16 Economic-StatusReport. pdf. 2020 - 05 - 10.

根据美国大学教授协会的说法，使用非终身制教师根本无法提升大学的教育质量，这是由非终身制教师特殊的职业性质和工作状态所决定的。为了获取更多的报酬，非终身制教师不得不承担大量的课程，同时，他们难以从执教学校中获得可供利用的教育资源，另外，只有极少数非终身制教师有和同事或学生进行交流的愿望，这些教师总是奔波于不同的兼职工作之间而不愿将精力用于学术探讨、教学实验以及承担有风险的研究工作之上。总体而言，人们在认识到使用非终身制教师能够降低成本的同时，却很少认识到这一情况所带来的对于美国高等教育整体效益的损害。

二　非终身制教师的未来走向：转为终身制与自然演化

受内外部日益逼仄的发展环境的制约，美国公立大学正越来越多地采用非传统的师资聘用模式，尽管这已经成为一种普遍存在的社会现象，然而目前在美国社会并没有就这一模式的未来走向达成共识。在使用非终身制教师来提高机构灵活性时，公立大学时刻面临着如何确定非终身制教师的身份定位问题，值得指出的是，美国社会并没有有意忽视这一难题，而是围绕其展开了多次深层次的讨论。学术界的部分人士不断呼吁应进一步保护非终身制教师的合法利益，与此同时，越来越多的大学管理者认识到这种增加临时性学术劳动力的做法尽管能够短期内降低学校的办学成本，然而长期来看似乎并没有达成原先设想的增加不同类型教师之间的竞争以提升学校办学效益的目标，与之相反，非终身制教师与终身教职教师之间非但没有达成"互利"与"共赢"，反而陷入一种"囚徒困境"（prisoner's dilemma），两者之间缺乏互动，甚至相互"伤害",因此这一做法应进行必要改革。总体上看,尽管人们能够认识到非终身制教师的大量涌现会产生一系列的问题,也意识到必须采取行动改变这一困局,然而各方在非终身制教师的未来发展方向上却存在着重大分歧。

(一) 应将非终身制教师转为终身制教师

以美国大学教授协会为代表的"转制派"历来反对公立大学将非终身制教师作为"二等公民"对待的做法,认为"大学教师聘任形式的两极化极大地影响了教师本身自我认知、学生对教师的认知以及外部世界对学术界的认知,这些被提出的聘用非终身制教师的理由绝非一无是处,但为了高等教育的良性发展、学术自由的充分保障以及下一代学者和学生的未来,现在应该停止这种聘任的滥用"①。美国大学教授协会呼吁所有大学都应尽可能地将非终身制教师转为全职终身教师,强调这种做法更有利于保持美国高等教育的世界领先地位,其理由是终身教职教师不仅愿意承担更多的研究风险,也更乐意寻找最优化的教学方法来提高学生的学习效果,由于有了工作安全与经济保障,那些曾经的非终身制教师便有了更多的机会与动力来积极做好本职工作,从而为社会创造更多的价值。

在美国大学教授协会看来,将非终身制教师转为全职终身教师将会极大地提升教师的社会声望和职业荣誉感,从而提升高等教育的整体效益,应当说,这种说法是有观念和事实依据的,"无论是传授知识还是创造知识,教授的作用都是主导性的,一个大学究竟是好是坏,教授队伍的组成非常重要,如果一个大学的教授队伍不是由真正具有责任心和使命感的学者型人才组成,或者教授不以学术研究和教书育人为天职,那么这个大学就不能为社会创造价值,不可能真知关心和爱护自己的声誉,因此教授的选拔和激励制度就是大学治理的一个关键环节。"② 按照鲍德温 (Roger G. Baldwin) 等人的观点,一旦能够将非终身制教师成功地转为全职终身教师,将能够极大提升美国社会的创新能力与研究水平,而如果高等学校

---

① American Association of University Professors. Statement on Government of Colleges and Universities, https://www.aaup.org/report/statement-government-colleges-and-universities. 2020 - 02 - 06.

② 张维迎:《大学的逻辑》,北京大学出版社 2012 年版,第 21 页。

（甚至整个教育系统）的教师失去了终身制的保障，大学将无法与其他行业争夺高智力、有才华、能创新的人才，毕竟相较于其他行业来说，教书从来都不是收入最多的行业。[①] 针对人们普遍关心的"转制成本"问题，美国大学教授协会基于美国中学后教育数据综合系统（Integrated Postsecondary Education Data System，简称 IPEDS）的调查数据并结合三所成功实现"教师转制"的学校在转制前后的教育成本状况对这一问题进行了探讨，认为非终身制教师转为全职终身教师并不会引起大学办学成本的激增（详情见表 5－4）。根据美国国家教育数据统计中心的统计，截至 2013—2014 学年，全美一共有 4294 所高等院校，兼职教师的数量约为 752700 人。[②] 按照美国大学教授协会的估算，每所高校平均拥有兼职教师人数为 267 人，就全国平均水平来看，将一名兼职教师转化成终身轨助理教授的费用约为 85389 美元，而将所有兼职教师转变成终身职位的助理教授的成本约占美国高等教育年度总支出的 16.93%；将一名兼职教师转化成终身轨讲师的费用约为 60405 美元，所有兼职教师转变成全职讲师的费用约占美国高等教育年度总支出的 9.13%，因此，兼职教师转制为终身制教师的方案既是有意义的，同时也具有现实可行性。

表 5－4　　　　美国非终身制教师转为全职教师成本情况调查

名称	非终身制教师数量（人）	非终身制教师比例（%）	转化为全职助理教授的花费（Ⅰ）（美元）	Ⅰ型转换占学校总支出的百分比（%）	转化为全职讲师的花费（Ⅱ）（美元）	Ⅱ型转换占学校总支出的百分比（%）
俄亥俄州立大学主校区	1144	34.61	107325	2.51	43954	1.03
圣里奥大学	1129	87.25	70487	52.05	69572	51.38
纽约奥斯威戈学院	228	40.07	78745	10.19	64502	8.34
全国平均	267	47.19	85389	16.93	60405	9.13

资料来源：American Association of University Professors. Higher Education at a Crossroads，http：//www.aaup.org/sites/default/files/2015-16Economic-StatusReport.pdf.2019－03－25.

① Roger G. Baldwin，Jay L. Chronister，*Teaching without Lifelong System：Policy and Practice in the New Era*，Baltimore：Johns Hopkins University Press，2001.179.

② U.S. Department of Education，National Center for Education Statistics. The Condition of Education 2015，http：//nces.ed.gov/programs/coe/indicator_ cuf.asp.2019－02－15.

（二）应让非终身制教师在市场中自由演化

尽管以美国大学教授协会为代表的"转制派"所给出的方案看似切实可行，然而美国社会就非终身制教师在未来是否应该进行"转制"是存在异议的，部分人坚持认为非终身制教师职位总体上代表了一种积极的发展方向，它们使学术职业更符合社会公众的教育需求和 21 世纪高等教育事业的现实状况，因此应当对于这一趋势保持适度乐观并静观其变，而不应采取非市场化手段进行人为干预。詹姆斯（K. Garth-James）便指出，如果我们能够在机构文化、评价体制和制度设计上采取切实措施，那么利用非终身制教师来支持高等教育的使命和目标并不一定是坏事。[①]事实上，在一些学校中，聘用非终身制教师的确推动了大学的良性发展，并且这些教师也在聘用中得到了权益上的充分保障。格罗斯（John G. Cross）等人指出，关于非终身教职教师的辩论过于狭隘和消极，"声称大学管理人员有意通过雇用较便宜的教师来省钱，然后通过高强度教学以换取微不足道的工资、没有福利、工作不安全和二等地位等方式来剥削教师，这根本没有准确描述我们在密歇根或其他地方见识到的真实情况。[②] 总体而言，美国社会（甚至在学术界）始终有支持非终身教职制度持续推进的呼声。

从根本上说，美国大学具有保守性的内在性格，其高等教育的基本组织结构近一个世纪以来没有什么变化，当即将出现新的、重大的要求时，传统的惯例常常通过增加职能来体现新的要求，而不进行根本的改革，已建立的大学极力抵制根本改革，基本模式是通过自然增加来增长，即简单地给现有的学校、系或课程增加新的职能而不必严重打乱或改变秩序。[③] 对于传统的尊重使得那些有文化和历史底蕴的学校从不积极进行"根本改革"甚至天翻地覆式的"革命"，"围绕大学总是存在着两种主要的陈腐看法，一种认为它是激进的机构，而实际上其惯常行为是最

---

① Garth-James, K., "Implementation of the Adjunct Faculty Model", *American Journal of Educational Research*, 4.8（2016）：637－647.

② John G. Cross, Edie N. Goldenberg, *Off-track profs：Nontenured Teachers in Higher Education*, Cambridge：The MIT Press, 2009, p. Ⅷ.

③ ［美］阿特巴赫：《比较高等教育：知识、大学与发展》，人民教育出版社教育室译，人民教育出版社 2000 年版，第 93 页。

保守的；另一种看法是它是自主的，就像修道院一样，然而实际上大学总是对外部集团的愿望和需求做出反应，它是要受历史和现实的制约"①。受保守主义理念的影响，许多人认为"转制"的方式过于激进，它提供的是一种"理想式"蓝图，这一方案过多地考虑了教师群体的利益而忽视了聘用性质的转化所带来的额外成本（如福利和奖金等），也没有注意到不同学校在转化非终身制教师时的情况不同。有人指出，人们不应简单地认为转制就能解决非终身制教师遇到的问题，而是要让大学和教师个体充分利用市场竞争和博弈机制来自由选择，如果非终身制教师不愿意从事这种辛苦的工作或是大学认为聘用非终身制教师并不合算，那么这些当前看到的问题自然会逐渐消失，这种观点可以被称为"自然演化论"，其扎根于美国传统上崇尚自由与竞争的民族文化，有着深刻的社会与思想基础。

值得指出的是，尽管"演化派"不赞成对非终身教职制度进行改革，但他们同样认为当前的状况难以持续，因此以加帕为代表的学者提出四项改善非终身制教师职业地位的建议：第一，应基于教育而非经济的理由来聘用教师，特别是那些有使命感的学术机构应基于工作表现的能力而非专职或兼职的身份来挑拣未来成员；第二，大学必须出台确保所有教师都能被公平对待的聘用政策与施行方法，并且能充分地满足他人工作所需要的必备条件，这些政策与方法并不意味着各种教师享受同等待遇，却应根据实际运行进行定期审视和更新；第三，机构出台的聘用政策与施行方法应提供给不同性质的兼职岗位，包括短暂的临时性聘用和为特殊学术目的而设立的长期聘用岗位；第四，应将所有类型的专职教师整合与学术机构之内，培养各种类型教师的机构归属感。② 除此之外，现代语言协会下属的专业临时工委员会（MLA Committee on Contingent Labor in the Profession）则提出改革非终身制的新的设想："非终身制教师应尽可能通过长期规划的方式聘用；应以三年合同聘用，并享受

---

① ［美］克拉克·科尔：《大学的功用》，陈学飞等译，江西教育出版社 1993 年版，第 68 页。

② Gappa, J. M., and Leslie, D. W., *The Invisible Faculty: Improving the Status of Part Timersin Higher Education*, San Francisco: Jossey-Bass, 1993, p. 97.

全额福利；应尽可能充分融入系内生活，应有固定的办公室、邮箱、部门通信通道、电话和计算机通道、停车许可证、图书馆通道、下班后进入大楼的通道以及部门员工的通道；应为非终身制教师提供入职培训、指导、专业支持和发展机会，包括校园补助计划、休假机会、研究旅行支持以及参加专业会议的支持；非终身制教师应充分了解其雇佣条款，并充分了解部门审查的可能性和后果；应获得就工资水平和专业晋升机会进行审查的机会，各部门应制定申诉或申诉程序。"① 总体上说，尽管目前已经有了基于不同指导理念而推行的改革尝试，但美国大学非终身制教师聘用制度的未来走向仍不明朗。克拉克·科尔曾警告人们："当涉及像现代美国大学这样处于不断变化环境中的生机勃勃的事物时，任何预言都是要冒风险的。"② 在不断发展的现代社会中，没人能够准确预测高等教育的未来，"似乎没有必要说我们身陷巨大的教育不确定性之中，这种不确定性很可能为过去的时间里所仅见，这里不存在已被接受的自明的东西、不会引起质疑的东西，很少有什么东西未曾被实际攻击过"③。这样一种充满不确定性的命运同样适用于当前美国大学教师聘用制度。

第二节 非终身聘用制度争议的学理分析

不同于早期的中世纪大学，现代大学早已不是那种"象牙塔"式的超越于世俗生活的精神性场所，而已经成为所在社会良性发展的"轴心机构"，是社会大系统中的一个复杂子系统。④ 随着高等教育的不断发

---

① MLA Committee on Contingent Labor in the Profession, "Professional Employment Practices for Non-Tenure-Track Faculty Members: Recommendations and Evaluative Questions", *Profession* (2011): 259 – 263.

② ［美］克拉克·科尔：《大学的功用》，陈学飞等译，江西教育出版社 1993 年版，第62 页。

③ ［美］杜威：《杜威全集·晚期著作（1925—1953）》第六卷（1931—1932），马迅等译，华东师范大学出版社 2014 年版，第63 页。

④ 叶赋桂等：《大学的兴衰》，清华大学出版社 2016 年版，第219 页。

展，人们对大学的理解与认识也越来越深刻，"大学是一个运动变化着的世界，某些改革对研究领域起着革命性的作用；偶然之间可能产生一些新学科；有些改革也可能是昙花一现，转瞬即逝；一些新思想，可能使许多与旧方式利害攸关的人的生活变得痛苦不堪，于是在新、旧思想的拥护者之间不断产生矛盾与冲突，每一个学者在其一生中都要面对这种基本的挑战"①。持续推进的高等教育改革既促进了社会进步，也引起一些难以解决的矛盾和危机，有关大学非终身制教师兴起的争论便是其中极富代表性的问题之一。从本质说，教师聘用制度改革不仅涉及大学教师的切身利益，更关涉一个社会对于高等教育的功能定位与理念选择。

一 终身制与合同制：高等教育发展理念上的分歧

正如历史学者威廉·麦克尼尔（William Hardy McNeill）所言："一种早已经成为社会常识的价值，还时时为人重新提及，一定是在抽象理论和具体实践关系之间出现了问题。"② 美国社会围绕非终身教师聘用制度的争论不仅是一个现实利益上的取舍之争，其背后更是凸显出各方对高等教育发展理念上存在的深层分歧。

在那些支持非终身教职制度的人看来，这一制度是对传统的终身教职制度的重大革新，它以正面痛击的方式将后者的缺陷全方位地展现在世人面前。基于对终身教职制度难以根除的弊端之不满，越来越多的人认为那种拥有终身聘用权利的大学教师占着职位却不对任何人负有责任的状况不可接受，"呼吁废除终身任期制与强化学习一起，都是来自政府的要使大学更具效率和负有责任的更大压力的一部分，大学管理者更喜欢基于像财政紧急或计划多余这样的新款项来增加在解雇人力资源方面的管理灵活性，并应用在提高那些不属于任期制范围之内的教师比例方面"③。非终身教职制度被大学高层管理人员视为缓解甚至解决终身教

---

① ［美］亨利·罗索夫斯基：《美国校园文化：学生·教授·管理》，谢宗仙、周灵芝、马宝兰译，山东人民出版社1996年版，第143页。

② ［美］麦克尼尔：《哈钦斯的大学：芝加哥大学回忆录》，肖明波、杨光松译，浙江大学出版社2013年版，第4页。

③ ［美］阿诺夫，托雷斯主编：《比较教育学：全球化与本土化的辩证关系》，冯增俊等译，人民教育出版社2012年版，第414页。

职教师聘用制度隐含问题的一剂良药。

然而随着近年来非终身制教师数量的快速增长，围绕着这种制度的公正性和有效性的讨论也逐渐增多：一方面是人们逐渐认识到非终身制教师的合法权益难以得到有效保护，在一些独立组织的推动下，越来越多的社会机构、政府部门与个人都开始正视非终身制教师与终身制教师之间存在的巨大差异，而这种差异在一向标榜"公平""平等"与"公正"等理念的美国社会显得格外刺眼；另一方面是对非终身制教师的增加所引起的消极后果的注意，许多研究机构明确指出非终身制的大行其道将会给美国高等教育带来一系列系统性问题，正如有学者指出的那样，"大学的急剧扩展使得大学成为更复杂和更官僚的机构，由于片面强调竞争，引入企业的短期聘用制与奖励机制，把教授分为三六九等，这样就极大地扩大了中高级行政人员的权力，把教师降到了实际上的雇员地位，从而使得大学决策日益官僚化"①。在这些人看来，非终身聘用制的持续推进将最终伤害高等教育所有相关部门和领域的根本利益。

可以说，尽管短期内美国大学仍然会以终身制和合同制作为吸引和雇佣教师的最为重要的两种方式，但是社会不同组织与个体围绕着上述两种方式的认同感在不断分化，这种"分化"表现在双方各自基于自身立场（或理念）而拥护其中一种制度并坚决抵制另一种，如有调查表明只有3%左右的大学高层管理人员认为终身教职制度远优于合同制并且准备在所属机构推行师向终身制教师的"转制"，与此同时，以美国大学教授协会为代表的教师权益组织则宣称合同制是一种短视行为，是对教师合法权益的侵害。从某种程度上说，有关终身制与聘用制的分歧已经超越制度层面的探讨，而上升到对美国高等教育未来应当如何发展的理念层面的选择。

二 理念分歧之根源：高等教育存在价值的认知差异

教师是影响大学成败兴衰的重要因素，但有关教师的地位与作用的评判问题历来容易引发争论。霍华德（Howard Bowen）等人在《美国教

---

① 王英杰：《美国高等教育的发展和改革》，人民教育出版社2002年版，第229页。

授：国家资源岌岌可危》（*American Professors：A National Resource Imperiled*）一书中写道："每个人都承认社会来的教师中的许多人都非常有能力并提升了大学的办学质量，全国最杰出、最有能力的医生、律师、科学家和公众人物可能都在其中；但另一方面，某些人的确才智平庸，甚至有人怀疑他们的平均能力水平低于一般大学教师，还有就是这些人通常不会成为学术界的一员。"[1] 围绕非终身制教师的争论表面上反映的是美国不同群体对于大学教师的职业发展路径和存在方式的认知不同，实际上凸显的是各种教育利益团体对于大学教师甚至整个高等教育的存在价值（特别是高等教育与社会发展之间的关系）的理解存在差异。

对于抵制终身制的个体（或组织）来说，高等教育绝非市场经济的"法外之地"，其功能的发挥与作用的实现离不开市场这一"看不见的手"的调整和裁定，大学教师作为一种重要的"人力资源"和"校园资产"同样应该接受市场竞争的检验，唯有打破终身教职制度的庇护，实现教师内部的优胜劣汰，作为职业人的教师个体价值才能得到最有效的发挥，高等教育也才能借由人力资本的最优配置而取得更高的收益，换言之，高等教育无非是市场经济的众多组成部分之一，尽管其有自身特殊性，然而这种特殊性并不足以确保其参与者享受有别于其他职业的"特权"。

对于支持终身教职制度的人而言，终身教职制度关涉到高等教育整体价值的实现，它不仅有助于维护教师队伍的稳定，同样能够激励这一群体向着未知领域与事业发起冲击，高等教育当然是社会的有机组成部分之一，然而其作用却不应只是为社会和经济发展提供动力和资源，也不能只满足于"加油站"和"蓄水池"的功能，而是要成为整个社会未来发展的"灯塔"，要为个体的世俗生活提供一种宗教信仰般的慰藉，正如赫钦斯（Robert M. Hutchins）所说："只有一些院校足够强大和目标足够明确到不为外界所动，并向我们的人民显示什么是高等教育，我们

---

[1]　Howard R. Bowen, Jack H. Schuster, *American Professors：A National Resource Imperiled*, New York：Oxford University Press, 1986, pp. 64 – 65.

才能做到为自己所要实现的那种国家生活做出贡献。作为教育，就是真诚地追求知识；作为学术，就是真诚地献身于知识的进步。高等院校只有献身于这些目标，我们才能对美国高等教育的未来充满希望。"① 许多人坚称，如果人们承认教士的职责与身份是终身的，那么我们就要保护大学教师的职业安全，从而为高等教育提供一批坚定的守护人，在市场经济大行其道的现代社会，终身教职制度将是维护高等教育存在价值的最后一道防线。

在现代社会中，大学是一种具有建制特征、专业利益、资本分配和转换机制的场域，相对独立于政治、经济和社会权力场域，但又与后者有着千丝万缕的联系，同时存在着各种利益相关者，当外部场域凭借自身优势对大学实施干预的时候，大学和其他事物的"边界冲突"就会发生。② 随着社会发展日趋多元，高等教育介入外部世界的程度也在逐步加深，在这一过程中，大学的发展始终存在着两种相互抵牾、取向迥异的价值理念：一种是纯粹的对于永恒真理的追求，它符合人类种群将历史性存在的长期利益；另一种是要为人们所生存的当下社会提供服务，这种服务维系着个体与群体之间的短暂连接，"现代大学是一个庞大的、四方延伸的、多面孔的机构，既从事教学，也从事研究，既包括学术科系，又包括专业学院，有些科系遵从传统的学术目标——超越利益的真理追求，还有些科系则不过是乔装打扮的职业学校"③。值得注意的是，两种理念之间往往是对立的，这种对立不仅是浅层次上的教育与研究、学术与职业、知识与专业之间的冲突，同时也是深层次上的教育理念之间的对抗。终身制与合同制之争便是有关"高等教育存在价值"这一历史命题的现实延伸，是不同利益团体基于自身对于高等教育价值判断所做出的制度选择，就长期角度来说，这种争论必将永恒存在，在美国这样一个多元、民主的社会中，想要达成教育理念上的共识是极为困难的，"美国教育改革的前景极有可能掌握在那些熟知教育问题的政治价值的

---

① ［美］赫钦斯：《美国高等教育》，汪利兵译，浙江教育出版社2001年版，第19页。
② 叶赋桂等：《大学的兴衰》，清华大学出版社2016年版，第248页。
③ ［美］科塞：《理念人——一项社会学的考察》，郭方等译，中央编译出版社2004年版，第305页。

人手中，而不是掌握在那些真正关注教育问题的人手中"①。不同观念群体想要达成利益取舍上的共识必然要具备足够的智慧与付出极大的代价。

三　多元中求共识：大学教师聘用制度改革需各方协商与妥协

得益于信息时代的技术福利，高等教育机构已经由小规模的、选拔性的、关系松散的社会组织发展成为具有重大社会经济意义的庞大系统，"高等教育机构不再是远离动态社会现实的避难所，接受大学教育已是进入大多数技术工作和成为中产阶级成员的最低要求；就这样，高等教育从美国社会的边缘走向了核心，大学不能再纯粹按照自己古老的传统和神秘的决策程序来运作，与美国经济的所有其他部门一样，它存在于竞争激烈的市场中，必须适应迅速改变市场条件的环境力量"②。自从高等教育在 20 世纪经历大发展以来，大学便始终处于美国社会的中心位置，它不仅是一处生产知识的机构，同样是孕育民主与公民身份的空间，是一处借由认知的斗争来展开现代性计划的场所，同时培育出占主导地位的社会文化模式。③ 围绕大学的论题不但成为芸芸大众街谈巷议的热门话题，也是少数利益团体与政治组织借以宣传和推行自身主张的重要途径。耶鲁大学前校长诺亚·伯特（Noah Bert）曾说："高等教育从来没有吸引如此多的人进行如此热切的思考，在过去的几年中，高等教育激发了有史以来最为积极的争论，引起最多样化的批评，学院和大学教育不仅仅是被改革所改变，而且是被'革命'所震撼。"④ 吊诡的是，尽管大学教师是高等教育改革的直接参与者与利益攸关者，然而其作用却并未得到过多彰显，大学教师似乎成为纯粹的被改革者与被调整人。

美国学术职业在当今社会面临着严重挑战，然而这种挑战却似乎并

---

① ［美］韦恩·厄本等：《美国教育：一部历史档案》，周晟等译，中国人民大学出版社 2008 年版，第 498 页。

② Roger G. Baldwin, Jay L. Chronister, *Teaching without tenure*: *policies and practices for a new era*, Baltimore: The Johns Hopkins University Press, 2001, p. 1.

③ ［美］卡尔霍恩等：《进阶社会学手册》，陈雅馨等译，台北：韦伯文化国际 2010 年版，第 873 页。

④ ［美］劳伦斯·维赛：《美国现代大学的崛起》，栾鸾译，北京大学出版社 2018 年版，第 1 页。

没有引起世人的警觉，"美国高等教育卓越地位正日益遭受不断碎片化和削弱化的教师职业所威胁，极具讽刺意味的是，绝大多数美国人都相信其他国家都在以效仿美国高等教育模式并将这一模式作为增强他们全球竞争力的国家，与此同时，这群人却又眼睁睁地看着自身优势地位被削弱而无动于衷"①。在人才和知识日益重要的后现代社会中，无论是教育机构还是企业，它们都在寻求留任那些能力已经得到认可的个体，回望现实，持续不定的制度变革无疑正在消磨精英人才进入学术职业的信心，正如阿特巴赫所言："学术职业所面临的挑战就是要使其能够吸引才华横溢、抱负远大的教师、学者和研究人员，令人不解的是，为什么在一个高等教育对未来知识社会的重要性得到普遍认同的时代，学术职业却发现自身陷入了困境？"② 发展中遇到的问题需要在发展中寻求应对的策略，对于美国大学教师聘用制度的未来发展来说，既不应当笼统地提出某种不切实际地"理论蓝图"，试图一劳永逸地予以解决；也不应局限于眼前状况盲目寻找临时解药来"头痛医头，脚痛医脚"。

学术界包括许多压力点，这些压力点会造成身处其中的个体处于紧张和分裂状态，由终身任职资格定义的两个教师群体的出现为传统压力源增加了另一个紧张因素，这需要人们整合不同类型的教师来为高等教育持续变革做好准备，从而更好地满足快速变化的社会的需求。终身制教师和非终身制教师绝非难以共存的关系，而是可以相互促进，布伦特·斯特普斯（Brent Staples）认为："终身制并不保障具有活力和丰富多彩的教学，但是如果用'看不见的教师'系统取而代之，就更不能保障最好的教学成为可能，大学应该在教师的流动和稳定之间找到均衡，不能要么都是一潭死水的老面孔，要么是来去匆匆的过客。"③ 无论是专职教师还是兼职教师，无论是处于终身轨道之中的教师还是已经获得终身教职的教师，他们的未来与待遇都必须基于教师的自我选择与学术机

---

① Finkelstein, Martin J. , "The American Academic Profession at Risk", *International Higher Education* 89（2017）：10 – 11.

② ［美］阿特巴赫：《高等教育变革的国际趋势》，蒋凯主译，北京大学出版社 2009 年版，第 148 页。

③ ［美］罗德斯：《创造未来：美国大学的作用》，王晓阳等译，清华大学出版社 2007 年版，第 190 页。

构的现实需求来考虑，"借着一个适当与公平的资源的投资，所有的教师，不论是专职与兼职，有终身任职资格与非终身任职资格的人员，都能齐心协力地提升其大学与学院的整体质量"①。美国大学教师聘用制度未来发展的观点是寻找到大学与教师队伍和谐发展的平衡点——它既能够保证教师职业具有一定的稳固性，为促进其事业发展提供保证，同时又能够满足大学不断发展的需求，使大学在面对市场经济的风云变幻中更加灵活。② 大学教师聘用制度成功与否的衡量标准应是看其能否吸引与留住最具禀赋的优异人才、能否整合教师力量提升学校办学水平、能否切实推动教师个体的专业水平、能否帮助教师成为彼此学术事业的真正合作伙伴。那种将部分教师排除在专业发展、决策制定和基本保障之外的做法，不但限制了教师的活力，也削弱了大学的专业资源。

与此同时，校园氛围、学校文化、历史传统与当前状况皆构成大学教师聘用制度改革的基础，探索大学教师聘用制度改革的未来走向，需要尽快建立一个多元的发声渠道，让各种利益不同、取向各异的社会力量都提出自身的质疑与评判，并在各种不同声音中寻找一种"底线共识"。高等教育正处于一个多元化的社会之中，其牵扯的利益和涉及的因素复杂多样，由一种统一的力量——无论是来自政府的所谓的"顶层设计"，还是来自民间的所谓的"底层推动"——来规划教师未来发展之路都是片面而危险的，理性的做法是让每种关心这一问题的个体（与组织）都有途径来阐明自身的认识与观点，并且在融合多元声音的基础上协调各方利益进而达成相互妥协基础上的能够被各方共同接受的方案。由于美国素来以保障言论自由为"政治正确"，其在协调各方利益方面已经摸索出许多实用性经验，这些经验既能维系各方对于美国高等教育的信心，也是促使美国大学始终位于世界领先位置的重要因素，从这一角度来说，人们似乎也不应对美国大学教师聘用制度改革的前景过于悲观。

---

① ［美］斯马特：《高等教育学》，吴娟等译，江苏教育出版社2010年版，第320页。
② 王怀宇：《教授群体与研究型大学》，华中科技大学出版社2008年版，第11页。

第三节 大学教师聘用制度改革之省思

现代大学无时无刻不处于变革之中，正如科尔告诫人们的："大多数变革的外因带来了一些非常严重的问题：怎样识别'好的'与'坏的'，怎样接受好的与抵制坏的，这些责任——挑选好的、拒绝坏的，把握变化的速度，寻找只会给传统的进程造成最小破坏的变革方法等——主要是落在管理者那勉为其难的肩上。"① 尽管大学在未来社会仍将是决定人类中心事务的重要力量，但没人能够真正认清大学的发展方向与前进路径，在光鲜亮丽的丰硕成果之后，现代大学实则潜藏着深层矛盾——作为研究机构的学术逻辑与作为社会机构的生存逻辑之间的冲突。教师作为大学不可或缺的成员，每时每刻都经受着来自多种外部力量的干预和影响，正是在这种氛围下，各国都在以聘用制度改革为抓手对传统大学教师身份进行再定义，如果说大学教师在过去年代曾被视为自由职业代表的话，那么在当今（及未来）社会中，这种闲暇的场景已经很难复现。20 世纪末期开始，中国大学教师也在经历一轮又一轮的聘用制度改革，这些改革既有成功的经验，更有失败的教训，但总体而言，改革的成效未及预期，可以预计，未来中国的大学教师仍将面临更加复杂的职业生态，也必将面临深层的制度调整。作为一个高等教育大国，中国大学教师聘用制度改革不仅具有本土意义，更有全球价值，我们在进行改革时不得不慎之又慎。

一 紧张的大学与焦虑的教师

近几十年来，随着经济发展理念的转型，许多国家的高等教育机构过去曾享受的大众化进程所带来的红利日趋衰竭，来自政府和社会的资源渠道日趋狭窄，由于公共经费对高等教育的支持减弱，越来越多的公

---

① [美]克拉克·科尔：《大学的功用》，陈学飞等译，江西教育出版社 1993 年版，第 11 页。

立和私立大学不得不通过采取市场化行为来重组和竞争关键资源，降低教学成本和扩大经济收入便成为高等教育系统的共同主题。为了摆脱资金压力，许多国家的大学通过雇用更多临时员工作为"权宜之计"来应对财政不安全情况，"国际学术共同体也不平静，在英国，学术终身制的保护已经对新进的学者终止了；在美国，终身制任期面临不确定的未来，获取市场地位的努力已经导致有些学术专业接受了企业化的方式"①。从世界范围上看，大学教师作为学术劳动力，其聘用模型正发生着巨大变化，各国高等教育系统正在寻找方法来建立一支教研投入更加平衡、灵活性更强、成本更低的教师队伍。

　　大学教师聘用问题绝非只是关系到一个人担任某一特殊岗位的资格问题，更关乎大学甚至整个一国高等教育的整体生态问题，一个国家大学教师的质与量代表着这个国家的文化素质和经济水平，人们可以凭借对大学教师的判断来预测一国在未来时代中的发展潜力与远景。如果大学教师不能树立一个无私、耐心、诚实并时而是技艺高超地从事严肃的教学和审慎的发现的典范，不能树立一个致力于高于短暂的时尚的事务、致力于高于一个政党或宗派利益的事务、不仅仅是为了保住一个舒适而报酬颇丰的职位的典范，它们就会完全丧失尊重，一所大学每一次或随随便便或任人唯亲或有蓄意的政治倾向的聘用，都会在很大程度上损害这所大学未来的学术能力和名望。② 在当今社会中，大学作为一个社会化机构，时刻面临着内外部改革的压力，对几乎所有大学来说，对资源的竞争是生存的前提，为此，纠结与焦虑成为整个大学人普遍的存在状态。现代大学无时无刻不生活在紧张与焦虑之中，这种紧张感源于大学被深深地裹挟进社会进程之中，"大学已经成为现代社会最复杂的机构之一，比大多数公司和政府复杂得多，它由许多活动组成，有些是非营利性的，有些是受政府监管的，还有一些是在竞争激烈的市场上运作的，

---

　　① ［美］罗斯布莱特：《现代大学及其图新》，别敦荣译，北京大学出版社 2013 年版，第418 页。

　　② ［美］希尔斯：《学术的秩序——当代大学论文集》，李家永译，商务印书馆 2007 年版，第378—379 页。

用系统术语来说，现代大学是一个'松耦合的、适应性的生态系统'"①。大学的紧张感通过多种途径被传递给大学中的每一个人，并且通过改革将这种状况予以制度性确认，从而完成了大学、制度、理念与个体的多维耦合。滥觞于19世纪初期的现代大学已经进入变革时代，随着大众化的潮流席卷全球，高等教育的资助方式也日益多样，大学开始有了截然不同的内涵，人们对大学与教师职业的认识也发生了变化。

大学自产生以来，凭借其无与伦比的影响力很快便成为一个社会关注的焦点，"我们必须求助于大学而不是教会甚至政府，因为我们个人或社会行为的成功最终都建立在我们对自然、宇宙的认识之上；建立在我们对历史长河中的人类的命运的真实信念之上；建立在关于善与恶以及如何区分善恶、关于真理以及区别真理与谬误的认识之上，在以往的时代，这些问题的答案看管人是牧师和各王朝的国王、皇帝、朝臣、官吏和部长，但今天，所有这些人都必须让位给全体学者"②。在大学发展的整个历史过程中，大学理念和大学制度是被周期性讨论的两个活跃的主题，当大学受到教会、国家或者后来的商业这些社会主导性机构攻击的时候，此种讨论变得更为激烈。③ 与轰轰烈烈的大学发展速度相比，大学教师职业从世界范围内却普遍面临着越来越大的挑战，对这些挑战可以从多个维度进行分析，但总体上看，财政压力是造成大学教师身陷困局的首要因素。大学教师特别是教授岗位曾经享受的传统的自由闲暇的生活目前几乎已经成为无法实现的梦想，教师们的"黄金时代"正在远去，此起彼伏的大学教师聘用制度改革正式为这一时期画上了一个终结性的句号。

不同于一般的社会组织，大学自中世纪产生以来，始终以拥有漫长的历史和悠久的传统而骄傲，在这一点上，即使饱受现代性冲击而视"进步"为要义的个体也愿意承认大学的保守有其合理性，"大学内部僵

---

① James J. Duderstadt. The Third Century：A Roadmap to the Future of the University of Michigan，http：//milproj. dc. umich. edu/pdfs/2014/2014％20Third％20Century. pdf. 2021 – 03 – 26.

② ［美］布鲁贝克：《高等教育哲学》，郑继伟等选译，浙江教育出版社2001年版，第140页。

③ ［英］史密斯、韦伯斯特主编：《后现代大学来临？》，侯定凯等译，北京大学出版社2014年版，第125页。

化的趋势以及缺陷与防御的混合解释了为什么大学的结构会如此固执地抵制变革和改进，对于复杂的问题来说，僵化暗示我们，一开始运行良好的某种机制随着时间的流逝最终可能会机能不良，为此，任何改革大学治理方式的实际方案需要尊重其厚重的历史和实际的细节"①。在许多人看来，大学却是一个不热衷于改革甚至反改革的地方，当20世纪中期以后，改革的风潮再次向大学袭来，大学再也无法将保守作为抵挡外界纷扰的海堤，新自由主义思潮的强劲力量已经席卷全球，世界各地的大学纷纷以争创"世界一流"为目标，大学自然无法独善其身，"教育的转型始终是社会转型的结果与征候，要从社会转型的角度入手来说明教育的转型，要想让一个民族在一个特定的时间环节上感受到改变教育体系的需要，就必须有新的观念、新的需要浮现出来，使此前的体系再也无法满足需要"②。尽管大学或许并不情愿加入改革的浪潮，但除了改革已别无他法，拥抱改革已经成为大学和学者难以拒绝的现实使命。在新的全球经济中，以终身职位为标志的工作安全前景是越来越罕见和珍贵的商品，从某种意义上说，大学环境的优越性，加上某种程度的工作保障，使得学术工作曾经成为比以往任何时候都更令人向往的职业选择，然而这一叙述正越来越多的远离事实，新的学术任命和角色正在出现。

二 中国大学聘用制度改革应慎终追远

"美国大学所面对的困境是全球大学正在或即将面临的共同课题，美国大学从人事制度上截流的实践对中国高等教育人事制度的改革提供一种可能的借鉴，可以说，没有严格的教师队伍分层，没有大学教师的合理职业流动，就不可能有世界一流大学。"③ 大学教师聘用制度改革是大学制度改革的重要组成部分，研究美国之经验与做法，根本上还是要寻

---

① ［美］埃伦伯格主编：《美国的大学治理》，沈文钦等译，北京大学出版社2010年版，第54页。

② ［法］涂尔干：《教育思想的演进》，李康译，商务印书馆2016年版，第245页。

③ 林曾：《美国大学面对财政危机的人事对策：兼职教授与教授终身制》，《清华大学教育研究》2010年第6期。

求中国大学教师聘用制度可资借鉴之做法与措施。从非终身教职制度在美国高等教育中兴起的过程、影响及引发的争议来看，以市场为导向、强调竞争和效率的大学教师聘用制改革绝非一剂包治百病的灵丹妙药，尽管它在一定程度上确实解决了传统教师终身聘用制所被人诟病的僵化、低效与封闭的问题，但不可否认的是这一制度所引发的教学质量下降与教师共同体的瓦解等问题已经深深地伤害到美国高等教育的整体利益。对于中国大学教师聘用制度改革来说，美国非终身教职制度的兴起提供了一个极有参考价值的现实范例。

受计划经济体制和传统文化理念的束缚，大学教师长期被视为国家公职人员，曾由政府人事部门和教育部门统一分配、统一管理、统一任用，并且在工资、晋升和福利方面享受着不同于一般社会组织的"特殊待遇"，"中国大学组织长期以来一直是以事业单位的面目存在，大学教师是'单位人'，其聘任管理是国家干部管理体制的一部分，沿袭的是行政管理体制，大学教师职务的评审权由政府控制"①。在市场经济与全球化背景下，体制人的身份特征与整个社会的发展趋势越来越不相适应，制度性障碍成为制约大学教师聘用制度改革的瓶颈问题，"随着高等教育进入内涵式发展阶段，长期困扰高校发展的体制机制性障碍，特别是用人机制的瓶颈性因素进一步凸显，建设现代大学制度，完善大学内部治理结构，迫切要求加快高校人事分配制度改革步伐，深入推进新一轮高校人事制度改革不可避免地提上教育综合改革的日程。"② 20 世纪 80 年代我国出台《关于实行专业技术职务聘任制度的规定》以来，大学人事制度改革的基本方向已经确定——以适应市场经济为前提、以激励、竞争、淘汰为手段，以平等协商为指引。21 世纪以来，在致力于"打破铁饭碗"的大学人事制度改革背景下，越来越多的大学开始采用"预聘"与"长聘"相结合的聘用制度，目前为止，各高校的聘用制改革在"全景式"的考核评价、经济驱动的学术激励、"非升即转"或"非升即走"的竞争性压力等方面都对大学教师日常学术工作产生了无法规避的

---

① 吴鹏：《学术职业与教师聘任》，中国海洋大学出版社 2005 年版，第 121 页。

② 管培俊：《关于新时期高校人事制度改革的思考》，《教育研究》2014 年第 12 期。

影响。① 整体而言，大学教师正从计划经济体制下的单位身份转向市场经济体制下的契约身份，教师与大学间由行政性任用关系逐渐向协商性合同关系转化，大学由依靠行政手段对教师进行控制转变为依靠合同约定对教师进行管理。

当今中国大学教师聘用制度呈现出以下新的特征：首先，劳动关系不再是教师与国家及其代理机构的关系，而是教师与工作单位的关系，大学教师的干部身份逐步消退；其次，劳动关系的内容不再由国家直接规定，而是由教师和工作单位通过平等协商确定；最后，劳动关系具有个体性与属人性，同一学校之内不同岗位甚至同一岗位的劳动关系的内容存在差异。② 总体而言，中国大学教师聘用制度改革仍然没有达到预期目标，究其原因，根本上则是中国大学尚未完全结束"单位时代"，或者说，中国大学仍然停留在"单位时代"，大学教师一方面享受着作为单位人的特权，另一方面也深受单位的束缚，"目前中国高等教育领域中政府主导力量依然强盛，市场的影响也日渐渗入，但学术力量相对比较势弱——学术权力的弱化、学术评审机制的异化、学术规范和学术自由的制度保障的欠缺和理念上的偏离，使得大学教师聘用制改革中合法性机制未能起到有效制约和平衡作用，因而改革举步维艰"③。按照孙立平的说法，要真正推进大学教师聘用制度改革，其首要问题是解决大学的官本位问题，然后是以此为基础建立一种公正而有效的学术评价机制，这时才轮到有关职称晋升和淘汰的人事制度的改革，或者说是竞争机制的建立。④ "我国学术聘任制度具有其特殊性，而且就目前而言，尚处于不定型的状态，这种状态的优势在于它可以赋予高校探索改革以更多的空间，赋予聘任形式以更多的灵活性和多样性，但其劣势却在于无论对个体还是高校都存在无法预见的不确定性风险；不过，这种风险相

---

① 黄亚婷：《聘任制改革背景下我国大学教师的学术身份建构——基于两所研究型大学的个案研究》，《高等教育研究》2017年第7期。
② 缪榕楠：《学术组织中的人——大学教师任用的新制度主义分析》，南京师范大学出版社2014年版，第271页。
③ 郭丽君：《大学教师聘任制：基于学术职业视角的研究》，经济管理出版社2007年版，第2页。
④ 孙立平：《北大教改的启示》，《经济观察报》2003年6月30日第4期。

当部分还是源于高校人事制度改革过程中所面临的体制性障碍，譬如高校作为事业单位的定性、法人地位、真正意义上的办学自主权如经费使用与用人自主、高校教师身份确认等等。"① 这是我们理解和推进中国大学教师聘用制度改革时必须认清的现实。

学术职业是高等教育的核心，大学教师是教师聘用制度改革的利益相关者，聘用制度改革是关乎大学教师乃至大学未来发展的重要因素，究其原因，是因为这一制度牵扯到大学存在与发展的根本性内容：首先是维护学术自由，学术自由是大学生命力的根源，没有学术自由大学也就丢失自身悠久的传统，因此，大学教师聘用制度改革的前提条件就是不能危害学术自由；同时要履行社会责任，学术自由是与社会责任紧密相连的，高校教师享受到自由权利，也必然要履行自由的责任代价；另外是提升自我能力，聘用制度的核心是以外部督促的方式推动高校教师不断实现自主发展进而带动学术事业的进步，自我提升始终应成为聘用制度改革的中心环节。② 未来中国大学的教师聘用制度改革应以是否能够真正吸引那些有潜质、有学术抱负与工作激情的青年人加入教师队伍为根本标准，应以建设具有世界一流品质和彰显中国特色为价值追求，既要凸显学术职业和学术工作的特殊性，更要符合大学教师成长规律，"要基于学术组织特性与学人成长规律来予以全面反思，重新考虑制度设计取向的合理性，使之如何能够体现工具效用与价值内涵、人才选拔与培养、物质回报与精神激励、约束规范与自由宽松的对立统一"③。与此同时，要避免以持续地施压为导向进行政策设计与制度建构，更要坚决脱离功利化取向。

比较研究的宗旨绝不仅是弄清他者的现状，也不只在于知识上的扩充，而是聚焦于己方的实践，从异域的世界里寻找解答本土问题的方案，它为人们解决问题提供一种批判性视角——比较意味着审慎地对经验、模式和实践进行评价，外来经验的价值则以正面和负面双重性映入研究

---

① 阎光才：《学术聘任制度及其政策风险》，《高等教育研究》2016 年第 5 期。

② 吴鹏：《学术职业与教师聘任》，中国海洋大学出版社 2005 年版，第 1 页。

③ 阎光才：《高校教师聘任制度改革的轨迹、问题与未来去向》，《中国高教研究》2019 年第 10 期。

者视野。① 正如美国大学非终身教职制度兴起一样，中国大学教师聘用制度也在经历艰难的震荡期，通过分析美国的情况，我们在一定程度上能够看清改革的方向与前景，尽管近代以来，中国大学的发展几乎整个沿袭了外国的理念、制度与模式，然而在具体发展路径和演化方向上仍然呈现出与西方社会迥然有别的特性，未来中国大学教师聘用制改革决不能以市场主义为根本导向，这一强调效益优先、竞争为本、产出导向的制度架构即使在其适宜的社会土壤（指美国社会）中都难以结出丰硕果实，更遑论将其移植到以平等为宗旨的东方大地之上。"中国的问题是非常特定的问题，对中国进行分析不能完全套用西方的观念和术语，因为这里有一个术语的语境转化问题，对中国学者而言，学习西方社会科学固然重要，但研究中国问题更为重要，观察研究是中国学者的责任，这种研究对世界而言又是如此关键。"② 我们确信，中国大学教师聘用制度改革必须有着和西方特别是美国大学不同的理念和路径，它可以吸收所有文明的成果，但却必须以中国现实国情和人心向背为起点和旨归。

总之，大学教师聘用制度改革绝非仅是一个简单的制度设计问题，而是一项极为复杂的关乎高等教育发展全局的系统工程，我们认为：强调竞争上岗与绩效优先的末位淘汰制改革方向绝非是一种一劳永逸式的解决大学教师发展问题的最佳方案，这种依托于自由市场理论的制度尽管能在短期内达到降低学校办学成本、提升教师职业压力与危机意识的目的，然而却抹杀了大学教师有别于其他行业的特殊性，进而从长期效果上给社会带来无可挽回的伤害。换言之，无论是政府还是个体，在极力倡导教师聘用制度改革时应更多地做好调研与分析工作，广泛吸取各种利益群体的声音，否则很可能会遇到难以预计的困难和失败，或许美国大学教授协会对美国高等教育领域所做出的"处于十字路口"的警示，同样适用于当下的我们。

---

① ［美］阿特巴赫：《比较高等教育：知识、大学与发展》，人民教育出版社教育室译，人民教育出版社 2000 年版，第 3 页。
② 俞立中主编：《智慧的圣坛》，华东师范大学出版社 2008 年版，第 220 页。

参考文献

一　中文类

（一）著作

巴玺维：《日本大学的教师任期制》，华夏出版社 2007 年版。

陈伟：《西方大学教师专业化》，北京大学出版社 2008 年版。

陈学飞：《美国高等教育发展史》，四川大学出版社 1989 年版。

储朝晖：《理想大学》，北京师范大学出版社 2012 年版。

顾建民等：《大学治理模式及其形成机理》，浙江大学出版社 2017 年版。

郭健：《哈佛大学发展史研究》，河北教育出版社 2000 年版。

郭丽君：《大学教师聘任制：基于学术职业视角的研究》，经济管理出版社 2007 年版。

哈佛燕京学社主编：《人文学与大学理念》，江苏教育出版社 2007 年版。

和震：《美国大学自治制度的形成与发展》，北京师范大学出版社 2008 年版。

刘爱生：《美国大学治理：结构、过程与人际关系》，中国社会科学出版社 2017 年版。

刘海峰、史静寰等：《高等教育史》，高等教育出版社 2010 年版。

马万华主编：《多样性与领导力：马丁·特罗论美国高等教育和研究型大学》，教育科学出版社 2011 年版。

缪榕楠：《学术组织中的人——大学教师任用的新制度主义分析》，南京师范大学出版社 2014 年版。

乔玉全编著：《21 世纪美国高等教育》，高等教育出版社 2000 年版。

沈红：《美国研究型大学形成与发展》，华中理工大学出版社 1999 年版。

孙建荣、冯建华等：《憧憬与迷惑的事业：美国文化与美国教育》，中国社
　会科学出版社 2000 年版。

孙宽平主编：《转轨、规则与制度选择》，社会科学文献出版社 2004 年版。

陶遵谦主编：《国外高等学校教师聘任及晋升制度》，华东师范大学出版社
　1984 年版。

王春艳：《美国高校学术职业解读》，东南大学出版社 2012 年版。

王定华：《美国高等教育：观察与研究》，人民教育出版社 2016 年版。

王逢振主编：《美国大学批判》，天津人民出版社 2003 年版。

王怀宇：《教授群体与研究型大学》，华中科技大学出版社 2008 年版。

王英杰、刘宝存主编：《中国改革开放 30 年：高等教育卷》，北京师范大
　学出版社 2009 年版。

王英杰：《美国高等教育的发展与改革》，人民教育出版社 2001 年版。

吴鹏：《学术职业与教师聘任》，中国海洋大学出版社 2005 年版。

徐贲：《统治与教育：从国民到公民》，中央编译出版社 2016 年版。

叶赋桂等：《大学的兴衰》，清华大学出版社 2016 年版。

张斌贤主编：《美国高等教育史》，教育科学出版社 2019 年版。

张宛：《美国大学教师职业生涯发展历程：知识分子视角下的历史考察》，
　科学出版社 2017 年版。

张维迎：《大学的逻辑》，北京大学出版社 2012 年版。

赵世奎等：《美国博士教育的规模扩张》，北京大学出版社 2016 年版。

［德］迈耶：《自由的文化：古希腊与欧洲的起源》，史国荣译，北京时代
　华文书局 2015 年版。

［法］涂尔干：《道德教育》，陈光金等译，上海人民出版社 2006 年版。

［法］波丢：《人：学术者》，王作虹译，贵州人民出版社 2006 年版。

［法］费尔南·布罗代尔：《文明史：人类五千年文明的传承与交流》，常
　绍民等译，中信出版社 2017 年版。

［法］马鲁：《古典教育史（希腊卷）》，龚觅等译，华东师范大学出版社
　2017 年版。

［法］皮埃乐·布迪厄等：《实践与反思》，李猛译，中央编译出版社 1998
年版。

［法］涂尔干：《教育思想的演进》，李康译，上海人民出版社 2006 年版。

［加拿大］比尔·雷丁斯：《废墟中的大学》，郭军等译，北京大学出版社
2008 年版。

［美］S.E.佛罗斯特：《西方教育的历史和哲学基础》，吴元训等译，华夏
出版社 1987 年版。

［美］阿罗诺维兹：《知识工厂：废除企业型大学并创建真正的高等教育》，
周敬敬、郑跃平译，高等教育出版社 2012 年版。

［美］阿特巴赫：《比较高等教育：知识、大学与发展》，人民教育出版社
教育室译，人民教育出版社 2000 年版。

［美］阿特巴赫：《高等教育变革的国际趋势》，蒋凯主译，北京大学出版
社 2009 年版。

［美］阿特巴赫：《国际学术职业：十四个国家和地区概览》，周艳等译，
中国海洋大学出版社 2008 年版。

［美］埃伦伯格主编：《美国的大学治理》，沈文钦等译，北京大学出版社
2010 年版。

［美］奥恩斯坦：《教育基础》，苏娟译，江苏教育出版社 2013 年版。

［美］博克：《回归大学之道》，侯定凯等译，华东师范大学出版社 2012
年版。

［美］布尔斯廷：《美国人：殖民地历程》，时殷弘等译，上海译文出版社
2009 年版。

［美］布鲁贝克：《高等教育哲学》，郑继伟等选译，浙江教育出版社 2001
年版。

［美］丹尼尔·J. 布尔斯廷：《美国人：民主的历程》，谢延光译，上海译
文出版社 2012 年版。

［美］杜威：《杜威全集·晚期著作（1925—1953）》第六卷（1931—
1932），马迅等译，华东师范大学出版社 2014 年版。

［美］冈伯特主编：《高等教育社会学》，朱志勇等译，北京大学出版社
2013 年版。

［美］格拉汉姆、戴蒙德：《美国研究型大学的兴起：战后年代的精英大学及其挑战者》，张斌贤等译，河北大学出版社 2008 年版。

［美］亨利·罗索夫斯基：《美国校园文化：学生·教授·管理》，谢宗仙、周灵芝、马宝兰译，山东人民出版社 1996 年版。

［美］简·柯里等：《全球化与大学的回应》，王雷等译，北京大学出版社 2010 年版。

［美］杰弗雷·盖尔特·哈派姆：《人文学科与美国梦》，生安锋等译，社会科学文献出版社 2019 年版。

［美］卡尔霍恩等：《进阶社会学手册》，陈雅馨等译，台北韦伯文化国际，2010 年版。

［美］科塞：《理念人——一项社会学的考察》，郭方等译，中央编译出版社 2004 年版。

［美］克拉克：《象牙塔的变迁：学术卡里斯玛与研究性大学的起源》，徐震宇译，商务印书馆，2013 年版。

［美］克莱顿·M.克里斯坦森等：《创新型大学：改变高等教育的基因》，陈劲等译，清华大学出版社 2017 年版。

［美］克雷明：《美国教育史（殖民地时期的历程)》，周玉军等译，北京师范大学出版社 2003 年版。

［美］克龙曼：《教育的终结：大学何以放弃了对人生意义的追求》，诸惠芳译，北京大学出版社 2013 年版。

［美］孔洛斯等：《芝加哥学术生涯规划》，吴波等译，高等教育出版社 2012 年版。

［美］拉格曼：《一门捉摸不定的科学：困扰不断的教育研究的历史》，花海燕等译，教育科学出版社 2006 年版。

［美］赖肯：《入世的清教徒》，杨征宇译，群言出版社 2011 年版。

［美］劳蒂：《学校教师的社会学研究》，饶从满等译，人民教育出版社 2011 年版。

［美］劳伦斯·维赛：《美国现代大学的崛起》，栾鸾译，北京大学出版社 2018 年版。

［美］理查德·布瑞德利：《哈佛规则》，梁志坚译，北京大学出版社 2009

年版。

［美］理查德·霍夫施塔特：《美国生活中的反智主义》，何博超译，译林
　　出版社 2021 年版。

［美］刘易斯，赫恩：《美国公立研究型大学：为新时代公共利益服务》，
　　杨克瑞、王晨译校，河北大学出版社 2007 年版。

［美］路易斯·梅南德：《观念的市场：美国大学的改革与阻力》，田径译，
　　四川人民出版社 2019 年版。

［美］罗宾：《现代大学的形成：知识变革与道德的边缘化》，尚九玉译，
　　贵州教育出版社 2004 年版。

［美］罗伯特·M. 洛森茨维格、芭芭拉·特林顿：《研究型大学及其赞助
　　者》，张斌贤等译，河北大学出版社 2008 年版。

［美］罗德斯：《创造未来：美国大学的作用》，王晓阳等译，清华大学出
　　版社 2007 年版。

［美］罗杰·盖格：《大学与市场的悖论》，郭建如、马林霞等译，北京大
　　学出版社 2013 年版。

［美］罗斯布莱特：《现代大学及其图新》，别敦荣译，北京大学出版社
　　2013 年版。

［美］迈克尔·罗斯：《超越大学：博雅教育何以重要》，陈凤姣译，中国
　　社会科学出版社 2017 年版。

［美］麦克伦尼：《哲学·宗教学》，孙喆译，浙江大学出版社 2015 年版。

［美］麦克尼尔：《哈钦斯的大学：芝加哥大学回忆录》，肖明波、杨光松
　　译，浙江大学出版社 2013 年版。

［美］纳尔逊·曼弗雷德·布莱克：《美国社会生活与思想史》，许季鸿等
　　译，商务印书馆，1994 年版。

［美］塞林：《美国高等教育史》，孙益、林伟、刘冬青译，北京大学出版
　　社 2014 年版。

［美］斯蒂文·M. 卡恩：《君子与顽童：大学教师的职业伦理》，王彦晶
　　译，北京大学出版社 2021 年版。

［美］斯劳特·莱斯利：《学术资本主义》，梁骁、黎丽译，北京大学出版
　　社 2014 年版。

［美］斯马特：《高等教育学》，吴娟等译，江苏教育出版社 2010 年版。

［美］泰克希拉：《理想还是现实：高等教育中的市场》，胡咏梅等译，北京师范大学出版社 2008 年版。

［美］唐纳德·肯尼迪：《学术责任》，阎凤桥等译，新华出版社 2002 年版。

［美］韦恩·厄本等：《美国教育：一部历史档案》，周晟等译，中国人民大学出版社 2008 年版。

［美］沃特·梅兹格：《美国大学时代的学术自由》，李子江等译，北京大学出版社 2010 年版。

［美］希尔斯：《论传统》，傅铿、吕乐译，上海人民出版社 2014 年版。

［美］希尔斯：《学术的秩序——当代大学论文集》，李家永译，商务印书馆，2007 年版。

［美］亚瑟·科恩：《美国高等教育通史》，李子江译，北京大学出版社 2019 年版。

［美］约翰·博耶：《反思与超越：芝加哥大学发展史》，和静、梁路璐译，生活·读书·新知三联书店，2018 年版。

［美］约瑟夫·本－戴维：《科学家在社会中的角色》，赵佳苓译，四川人民出版社 1988 年版。

［美］詹姆斯·杜德斯达、弗瑞斯·沃马克：《美国公立大学的未来》，刘济良译，北京大学出版社 2006 年版。

［英］鲍曼：《立法者与阐释者：论现代性、后现代性与知识分子》，洪涛译，上海人民出版社 2000 年版。

［英］大卫·帕尔菲曼编：《高等教育何以为"高"》，冯青来译，北京大学出版社 2011 年版。

［英］格林：《教育与国家形成：英、法、美教育体系起源之比较》，王春华译，教育科学出版社 2004 年版。

［英］拉斯达尔：《中世纪的欧洲大学——大学的起源》，崔延强等译，重庆大学出版社 2011 年版。

［英］兰德尔·柯伦：《教育哲学指南》，彭正梅等译，华东师范大学出版社 2010 年版。

［英］罗素：《罗素论教育》，杨汉麟译，人民教育出版社 2009 年版。

［英］史密斯、韦伯斯特主编：《后现代大学来临?》，侯定凯等译，北京大
学出版社 2014 年版。

（二）论文

Brian P. McCall、蓝文婷：《变化的美国博士劳动力市场：趋势与特征》，
《学位与研究生教育》2020 年第 9 期。

艾军：《美国高校终身教职运行机制的特点及争论探析——以东南密苏里
州立大学为例》，《外国教育研究》2020 年第 4 期。

安德鲁·阿伯特、刘文楠、周忆粟：《专业知识的未来》，《清华社会学评
论》2019 年第 2 期。

高惠蓉、单婧：《美国大学终身教职时钟暂停政策研究》，《比较教育研究》
2021 年第 11 期。

耿益群：《美国高校终身教授制度的困境与出路》，《比较教育研究》2006
年第 2 期。

耿益群：《美国研究型大学学术职业的历史沿革及特点分析》，《比较教育
研究》2008 年第 5 期。

谷贤林：《在自治与问责之间：美国公立研究型大学与州政府的关系》，
《比较教育研究》2007 年第 10 期。

顾建民：《美国大学终身教职制度改革》，《清华大学教育研究》2006 年第
1 期。

管培俊：《关于新时期高校人事制度改革的思考》，《教育研究》2014 年第
12 期。

管培俊：《新论高校人事改革的方向和推进策略》，《北京大学教育评论》
2015 年第 1 期。

郭峰：《美国大学教师聘任制的实施及其启示》，《高教探索》2003 年第
4 期。

黄亚婷：《聘任制改革背景下我国大学教师的学术身份建构——基于两所
研究型大学的个案研究》，《高等教育研究》2017 年第 7 期。

贾永堂：《坚守还是弱化终身教职制度——美国高校教师聘任制改革动

向》,《高等教育研究》2008 年第 12 期。

李长华:《美国高校教师管理的新变化及原因探究》,《比较教育研究》
　　2002 年第 6 期。

李子江、杨雪芬:《美国大学非终身教职教师权益保障研究——基于美国
　　大学教授协会的经验与反思》,《中国高教研究》2021 年第 1 期。

林曾:《美国大学面对财政危机的人事对策:兼职教授与教授终身制》,
　　《清华大学教育研究》2010 年第 6 期。

刘鸿:《美国高校教师聘用类型的分层》,《中国高教研究》2014 年第
　　12 期。

刘献君:《我国高校教师聘任制的特点及实施策略选择》,《高等教育研究》
　　2003 年第 5 期。

罗向阳、支希哲:《终身教职制度的两面性及效率条件》,《江苏高教》
　　2013 年第 1 期。

罗新祜、陈亚艳:《美国高等教育绩效拨款政策的变迁》,《比较教育研究》
　　2017 年第 5 期。

王保星、张斌贤:《"大学教师终身教职"的存废之争——美国大学教师学
　　术自由权利保障的制度分析》,《教育研究》2004 年第 9 期。

王保星:《殖民地时期美国高等教育发展的基本特征》,《清华大学教育研
　　究》2000 年第 2 期。

王传毅、杨佳乐、李伊明:《美国在学博士规模究竟有多大:测算模型及
　　其应用》,《研究生教育研究》2019 年第 1 期。

王寰安:《高校实施教师聘任制的现状调查及政策建议》,《高等教育研究》
　　2008 年第 2 期。

吴慧平:《双梯制下美国大学教师的生存图景透视》,《高教探索》2014 年
　　第 5 期。

阎凤桥:《学术劳动力市场的特性与研究型大学的教师聘用制度》,《北京
　　大学教育评论》2005 年第 3 期。

阎光才:《学术聘任制度及其政策风险》,《高等教育研究》2016 年第
　　5 期。

阎光才:《学术职业选择、阶层趣味与个人机遇》,《华东师范大学学报》

（教育科学版）2017 年第 6 期。

阎光才：《"要么发表要么出局"，研究型大学内部的潜规则?》，《比较教育研究》2009 年第 2 期。

约瑟夫·赫曼诺维奇、郭二榕：《学术职业的概念化：主观职业生涯的意义》，《北京大学教育评论》2020 年第 3 期。

岳英：《美国大学的"非升即走"制度及其期限设置的合理性》，《北京大学教育评论》2015 年第 2 期。

张茂聪、李睿：《人力资本理论视域下高校教师的流动问题研究》，《高校教育管理》2017 年第 5 期。

张伟、刘宝存：《臆断与启示：美国大学教师经济地位探析》，《高等教育研究》2016 年第 1 期。

张伟：《美国高校兼职教师的兴起、争议及启示》，《外国教育研究》2017 年第 3 期。

张伟：《美国高校兼职教师崛起的原因与影响探微》，《比较教育研究》2020 年第 6 期。

周文霞：《美国教授终身制及其对中国高校教师任用制度改革的启示》，《中国人民大学学报》2003 年第 5 期。

周作宇：《大学治理的文化基础：价值坐标与行动选择》，《清华大学教育研究》2021 年第 6 期。

周作宇：《论大学组织冲突》，《教育研究》2012 年第 9 期。

朱家德：《美国大学终身教职制度的变迁逻辑》，《现代大学教育》2010 年第 1 期。

卓泽林、柯森：《"紧缩时代"下美国公立研究型大学的应对策略研究——基于密歇根大学的经验、影响及启示》，《现代大学教育》2014 年第 6 期。

二　英文类

（一）著作

Altbach, Philip, et al., eds., *The Global Future of Higher Education and the*

Academic Profession：*The BRICs and the United States*，Springer，2013.

Biles G. E. ，Tuckman H. P. ，*Part-Time Faculty Personnel Management Poli-cies*，New York：Macmillan Publishing Company，1986.

Bowen H. R. ，Schuster J. H. ，*American Professors*：*A National Resource Imper-iled*，Oxford：Oxford University Press，1986.

Burton A. Weisbrod，Jeffrey P. Ballou，*Mission and Money*：*Understanding the University*，Cambridge：Cambridge University Press，2010.

Burton R. Clark，*The Academic Life*：*Small Worlds*，*Different Worlds*，*Law-renceville*：*Carnegie Foundation for the Advancement of Teaching*，1987.

Burton R. Clark，*The Academic Profession*：*National*，*Disciplinary*，*and Institu-tional Settings*，Berkeley：University of California Press，1987.

Charles J. Clotfelter，*Buying the Best*：*Cost Escalation in Elite Higher Education*，Princeton：Princeton University Press，1996.

Childress H，*The Adjunct Underclass*：*How America's Colleges Betrayed Their Fac-ulty*，*Their Students*，*and Their Mission*，Chicago：University of Chicago Press，2019.

Frederick Rudolph，*The American College and University*：*A History*，New York：Knopf，1962.

Gappa J. M. ，Austin A. E. ，Trice A. G. ，*Rethinking Faculty Work*：*Higher Education's Strategic Imperative*，New York：Jossey-Bass，2007.

Gappa J. M. ，Leslie D. W. ，*The Invisible Faculty. Improving the Status of Part-Timers in Higher Education*，San Francisco：Jossey-Bass Inc. 1993.

George Schmidt，*The Old Time College President*，New York：Columbia Univer-sity Press，1930.

Guglielmo，Letizia，and L. Gaillet，eds. ，*Contingent Faculty Publishing in Community*：*Case Studies for Successful Collaborations*，Springer，2014.

Hertzog M. J. ，*Protections of Tenure and Academic Freedom in the United States*：*Evolution and Interpretation*，Springer，2017.

Howe N. ，Strauss W. ，*Millennials Rising*：*The Next Great Generation*，New York：Vintage Books，2000.

James L. Bess, *Foundations of American Higher Education*, New York: Simon & Schuster Custom Publishing, 1991.

John G. Cross and Edie N. Goldenberg, *Off-Track Profs: Nontenured Teachers in Higher Education*, Cambridge: The MIT Press, 2009.

John Seiler Brubacher, Willis Rudy, *Higher Education in Transition: A History of American Colleges and Universities*, New Brunswick: Transaction Publishers, 1997.

John W. Burgess, *Reminiscences of an American Scholar: The Beginnings of Columbia University*, New York: Columbia University Press, 1934.

Judith M. Gappa, *Off the Tenure Track: Six Models for Full-Time Non-tenurable Appointments*, New Pathways: Faculty Career and Employment for the 21st Century Working Paper Series, Inquiry #10, Washington, DC: American Association for Higher Education, 1996.

Kathleen Barker, Kathleen Christensen, *Contingent Work: American Employment Relations in Transition*, Ithaca: Cornell University Press, 1998.

Logan Wilson, *The Academic Man: A Study in the Sociology of a Profession*, New York: Oxford University Press, 1942.

Lotte Bailyn, *Breaking the Mold: Women, Men, and Time in the New Corporate World*, Now York: The Free Press, 1993.

Martin J. Finkelstein, *The American Academic Profession: A Synthesis of Social Scientific Inquiry Since World War II*, Columbus: Ohio State University Press, 1984.

Merritt Chambers, Edward C. Elliott, *Charters and Basic Laws of Selected American Universities and Colleges*, New York: The Carnegie Foundation for the Advancement of Teaching, 1934.

Nerad, M., & Heggelund, M., *Toward a Global PhD? Forces and Forms in Doctoral Education Worldwide*, Seattle: University of Washington Press, 2008.

Philip G. Altbach, *Comparative Higher Education: Research Trends and Bibliography*, London: Mansell, 1979.

Philip G. , Altbach, *Gregory Androushchak. The Global Future of Higher Education and the Academic Profession*, New York: Palgrave Macmillan, 2013.

Rhoades, G. , *Managerial Professionals: Unionized Faculty and Restructuring Academic Labor*, Albany: State University of New York Press, 1998.

Richard Chait, Cathy A. Trower, *Where Tenure does not Reign: Colleges with Contract Systems*, Sterling: Stylus Publishing, 1997.

Richard Hofstadter, *Academic Freedom in the Age of the College*, New York: Columbia University Press, 1969.

Richard Hofstadter, *American Higher Education*, *a Documentary History*, Chicago: The University of Chicago Press, 1961.

Richard P. Chait, *The Questions of Tenure*, Cambridge: Harvard University Press, 2005.

Robert T. Blackburn, *Tenure. Aspects of Job Security on the Changing Campus*, Atlanta, Ga: Southern Regional Education Board, 1972.

Roger G. Baldwin, Jay L. Chronister, *Teaching without Tenure: Policies and Practices for a New Era*, Baltimore: The Johns Hopkins University Press, 2001.

Schuster, J. H. and Martin J. Finkelstein, *The American Faculty: The Restructuring of Academic Work and Careers*, Johns Hopkins University Press, 2006.

Scott W. R. , *Institutions and Organizations: Ideas*, *Interests*, *and Identities*, Los Angeles: Sage publications, 2013.

Talcott Parsons and Gerald M. Platt, *The American University*, Cambridge: Harvard University Press, 1973.

Van Dusen G. C. , *The Virtual Campus: Technology and Reform in Higher Education*, Washington, DC: The George Washington University, 1997.

W. E. B. Du Bois, *The Souls of Black Folk*, New York: Tribeca Books, 2013.

William G. Tierney, Estela Mara Bensimon, *Promotion and Tenure: Community and Socialization in Academe*, Albany, NY: State University of New York Press, 1996.

William Harold Cowley, *Presidents*, *Professors*, *and Trustees*, San Francisco:

Jossey-Bass Publishers, 1980.

Yudkevich, Maria, Philip G. Altbach, and Laura E. Rumbley, eds., *Young Faculty in the Twenty-first Century: International Perspectives*, New York: SUNY Press, 2015.

(二) 论文

Alisa Hicklina1, Kenneth J. Meier. Race, "Structure, and State Governments: The Politics of Higher Education Diversity", *The Journal of Politics*, 2008 (3): 851 – 860.

Alleman N, Allen C C, Haviland D., "Full Time, Non-Tenure Track Faculty, Service, and Organizational Commitment", *Journal of the Professoriate*, 2020, 11 (1): 49 – 77.

Ann E. Austin, R. Eugene Rice., "Making Tenure Viable: Listening to Early Career Faculty", *American Behavioral Scientist*, 1998, 41 (5), 736 – 754.

Austin, A. & Rice, R. E., "Making Tenure Viable: Listening to Early Career Faculty", *American Behavioral Scientist*, 1998 (5): 736 – 754.

Baruch Y, Hall D T., "The Academic Career: A Model for Future Careers in Other Sectors?", *Journal of Vocational Behavior*, 2004, 64 (2): 241 – 262.

Bland C. J., Center B. A., Finstad D. A., et al., "The Impact of Appointment Type on the Productivity and Commitment of Full-time Faculty in Research and Doctoral Institutions", *The Journal of Higher Education*, 2006, 77 (1): 89 – 123.

Bolitzer L A., "What We Know (and don't know) About Adjunct Faculty as Teachers at Four-year Institutions", *The Review of Higher Education*, 2019, 43 (1): 113 – 142.

Cherrie Y. N. Kwok., "Psychological Experiences of Contingent Faculty in Oppressive Working Conditions", *Journal of the Professoriate*, 2018 (2): 1 – 27.

Clark, B. R., "The Academic Life: Small Worlds, Different Worlds", *Edu-

cational Researcher, 1989, 18 (5), 4 – 8.

Curtis, J. W. , & Thornton, S. , "Here's the News: The Annual Report on the Economic Status of the Profession, 2012 – 13", *Academe*, 2013, 99 (2), 4 – 19.

De Fuentes C, Dutrénit G. , "Best Channels of Academia-industry Interaction for Long-term Benefit", *Research Policy*, 2012, 41 (9): 1666 – 1682.

Delaney J. A. , Doyle W. R. ,"State Spending on Higher Education: Testing the Balance Wheel Over Time", *Journal of Education Finance*, 2011 (4): 343 – 368.

D'este P, Perkmann M. , "Why do Academics Engage with Industry? The Entrepreneurial University and Individual Motivations", *The Journal of Technology Transfer*, 2011, 36 (3): 316 – 339.

Don Haviland, Nathan F. Alleman, Cara Cliburn Allen,"Separate but Not Quite Equal: Collegiality Experiences of Full-Time Non-Tenure-Track Faculty Members", *The Journal of Higher Education*, 2017, 88 (4), 505 – 528.

Ehrenberg R. G. , Zhang L. , "Do Tenured and Tenure-track Faculty Matter?", *Journal of Human Resources*, 2005, 40 (3): 647 – 659.

Eric Ashby,"A Hippocratic Oath for the Academic Profession", *Minerva*, 1968 (7): 64 – 66.

Eugene Rice,"The Academic Profession in Transition: Toward a New Social Fiction", *Teaching Sociology*, 1986, 14 (1): 12 – 23.

Fagrell P. , Geschwind L. , Jörnesten A. , "Industrial Adjunct Professors in Sweden: Meeting Many Goals Despite Unexpressed Expectations", *Nordic Journal of Studies in Educational Policy*, 2016, (2 – 3): 1 – 9.

Feldman D. C. , Turnley W. H. , "Contingent Employment in Academic Careers: Relative Deprivation Among Adjunct Faculty", *Journal of Vocational Behavior*, 2004, 64 (2): 284 – 307.

Frontczak D. M. ,"Adjuncts and the Chimera of Academic Freedom", *Journal of Collective Bargaining in the Academy*, 2020, 11 (1): 8.

Garth-James K. , "Implementation of the Adjunct Faculty Model", *American*

Journal of Educational Research, 2016, 4 (8): 637 – 647.

George F. Magoun, "The Making of a Christian College", *Education II*, 1891 (1): 335 – 336.

Gonzales L. D. , "Framing Faculty Agency Inside Striving Universities: An Application of Bourdieu's Theory of Practice", *The Journal of Higher Education*, 2014, 85 (2): 193 – 218.

Henningsson M. , Geschwind L. , "Senior Industry Practitioners as Part-time Visiting Professors: the Various Benefits of Collaboration", *Higher Education Policy*, 2019, 32 (1): 109 – 128.

Hollenshead C. , Waltman J. , August L. , et al. , "Making the Best of Both Worlds: Findings from a National Institution-level Survey on Non-tenure-track Faculty", Ann Arbor, MI: Center for the Education of Women, 2007.

Huisman J. , De Weert E. , Bartelse J. , "Academic Careers from a European Perspective: The Declining Desirability of the Faculty Position", *The journal of higher education*, 2002, 73 (1): 141 – 160.

James Castagnera, "Organizing of Teaching Faculty in Private Higher Education Bucks a Long-Standing Historical Trend in American Unionization", *Journal of Collective Bargaining in the Academy*, 2020 (11): 1 – 5.

James Monks James, "The Relative Earnings of Contingent Faculty in Higher Education", *Journal of Labor Research*, 2007, 28 (3): 487 – 501.

Jan Currie, "Globalization Practices and the Professoriate in Anglo-Pacific and North American Universities", *Comparative Education Review*, 1998, 42 (1), 15 – 29.

Kezar A, Maxey D. , "Missing from the Institutional Data Picture: Non-tenure-track Faculty", *New Directions for Institutional Research*, 2012, (155): 47 – 65.

Kezar A. , Sam C. , "Understanding Non-tenure Track Faculty: New Assumptions and Theories for Conceptualizing Behavior", *American Behavioral Scientist*, 2011, 55 (11): 1419 – 1442.

Kezar A. , "Spanning the Great Divide Between Tenure-track and Non-tenure-track Faculty", *Change: The Magazine of Higher Learning*, 2012, 44 (6): 6 – 13.

Lenore O'Boyle, "Learning for Its Own Sake: The German University as Nineteenth-Century Model", *Comparative Studies in Society and History*, 1983, 25 (1): 3 – 25.

Leslie D. , Gappa J. , "Education's New Academic Work Force", *Planning for Higher Education*, 1994 (4): 1 – 6.

Leslie D. W. , Gappa J. M. , "Part-Time Faculty: Competent and Committed", *New Directions for Community Colleges*, 2002, 118: 59 – 68.

Levin J. S. , Shaker G. G. , "The Hybrid and Dualistic Identity of Full-time Non-tenure-track Faculty", *American Behavioral Scientist*, 2011, 55 (11): 1461 – 1484.

Liu X. , Zhang L. , "Flexibility at the Core: What Determines Employment of Part-time Faculty in Academia", *Relations Industrielles/Industrial Relations*, 2013, 68 (2): 312 – 339.

Martin J. Finkelstein, "The American Academic Profession at Risk", *International Higher Education*, 2017 (1): 10 – 11.

Maxey D. , Kezar A. , "Revealing Opportunities and Obstacles for Changing Non-tenure-track Faculty Practices: An Examination of Stakeholders' Awareness of Institutional Contradictions", *The Journal of Higher Education*, 2015, 86 (4): 564 – 594.

Megan Kimber, "The Tenured 'Core' and the Tenuous 'Periphery'", *Journal of Higher Education Policy and Management*, 2003, 25 (1): 41 – 50.

Michael Fischer, "Defending Collegiality", *Change: The Magazine of Higher Learning*, 2009, 41 (3): 20 – 25.

Musselin C. , "Redefinition of the Relationships Between Academics and Their University", *Higher Education*, 2013, 65 (1): 25 – 37.

Neale-McFall C. , "Job Satisfaction, Enrichment, and Institutional Policy: Listening to Faculty Mothers", *Journal of Women and Gender in Higher Education*, 2020, 13 (1): 56 – 71.

Paul D. Umbach, "How Effective Are They? Exploring the Impact of Contingent Faculty on Undergraduate Education", *The Review of Higher Education*, 2007, 30 (2): 91 – 123.

Purcell M. , "Skilled, Cheap, and Desperate: Non-tenure-track Faculty and the Delusion of Meritocracy", *Antipode*, 2007, 39 (1): 121 – 143.

Rhoades G. , "Bargaining Quality in Part-time Faculty Working Conditions: Beyond Just-in-time Employment and Just-at-will Non-renewal", *Journal of Collective Bargaining in the Academy*, 2013, 4 (1): 1 – 14.

Rhoades G. , Sporn B. , "New Models of Management and Shifting Modes and Costs of Production: Europe and the United States", *Tertiary Education & Management*, 2002, 8 (1): 3 – 28.

Rothengatter M. , Hil R. , "A Precarious Presence: Some Realities and Challenges of Academic Casualisation in Australian Universities", *Australian Universities' Review*, 2013, 55 (2): 51 – 59.

Schuster J. H. , "Reconfiguring the Professoriate: An Overview", *Academe*, 1998, 84 (1): 48 – 53.

Stromquist N. P. , "The Professoriate: The Challenged Subject in US Higher Education", *Comparative Education*, 2017, 53 (1): 132 – 146.

Tuckman H. P. Caldwell J, Vogler W. , "Part-timers and the Academic Labor Market of the Eighties", *The American Sociologist*, 1978, 13 (4): 184 – 195.

Tuckman H. P. , "Part-Time Faculty in American Higher Education", *The Journal of Higher Education*, 1983 (2): 237 – 239.

Van Arsdale, G. , "De-professionalizing a Part-time Teaching Faculty: How many, Feeling Small, Seeming Few, Getting Less, Dream of More", The American Sociologist, 1978, 13 (4): 195 – 216.

Waltman J. Bergom I. Hollingshead C. et al. , "Factors Contributing to Job Satisfaction and Dissatisfaction Among Non-tenure-track Faculty", *The Journal of Higher Education*, 2012, 83 (3): 411 – 434.

Wigton R. S. , Waldman R. S. , "An Innovative Faculty Appointment System at

the University of Nebraska", *Academic Medicine*, 1993, 68 (3):
190 – 191.

William F. Massy, Andrea K. Wilger, "Productivity in Postsecondary Education:
A New Approach", *Educational Evaluation and Policy Analysis*, 1992 (4):
361 – 376.

三　其他

Allison M., Lynn R., Hoverman V., "Indispensable but invisible: A report
on the working climate of non-tenure track faculty at George Mason Universi-
ty", http://www.unitedwork-erscongress.org/uploads/2/4/6/6/24662736/
gmu-contingent-faculty-study.pdf.2021 – 02 – 04.

American Association of University Professors. 1940 Statement of Principles on
Academic Freedom and Tenure, (1997 – 05 – 16). https://www.aaup.org/
report/1940-statement-principles-academic-freedom-and-tenure.2020 – 12 – 07.

American Association of University Professors. AAUP Contingent Faculty Index
2006, https://www.natcom.org/sites/default/files/pages/NCA_ Career_
Center_ AAUP_ Contingent_ Faculty_ Index_ 2006.pdf.2020 – 11 – 09.

American Association of University Professors. Higher Education at a Crossroads,
(2016 – 03 – 25) [2017 – 12 – 01], https://www.aaup.org/sites/ de-
fault/files/2015—16EconomicStatusReport.pdf.

American Association of University Professors. Visualizing Change: The Annual
Report on the Economic Status of the Profession, 2016 – 17, (2016 – 07 – 01)
[2017 – 09 – 03], https://www.aaup.org/file/-FCS_ 2016 – 17_ nc.pdf.

American Federation of Teachers. American academic: The state of the highered-
ucation workforce 1997 – 2007, https://www.aft.org/sites/default/files/
aa_ highedworkforce0209.pdf.2021 – 01 – 12.

American Institutes for Research. The Shifting Academic Workforce: Where Are
the Contingent Faculty?, https://deltacostproject.org/sites/default/files/
products/Shifting-Academic-Workforce-November-2016_ 0.pdf.2021 – 05 – 21.

Cynthia Field, Glen A. Jones. A survey of sessional faculty in Ontario publicly-funded universities, https：//www. oise. utoronto. ca/hec/UserFiles/File/ Sessional_ Faculty _ _ OHCRIF _ Final _ Report _ _ July _ 2016. pdf. 2021 – 03 – 31.

David D. Perlmutter. Career Lingo："Potential", https：//chroniclevitae. com/ news/1652-career-lingo-potential. 2016 – 12 – 14.

Finkelstein M, Schuster J. A new higher education：the "next model" takes shape, https：//origin-www. tiaainstitute. org/sites/default/files/presenta- tions/2017-02/ahe_ nextmo del0411. pdf. 2020 – 03 – 11.

House Committee on Education and the Workforce Democratic Staff. A Staff Re- port Summarizing Forum Responses on the Working Conditions of Contingent Faculty in Higher Education, https：//edlabor. house. gov/imo/media/doc/ 1. 24. 14-AdjunctEforumReport. pdf. 2020 – 10 – 02.

Jack H. Schuster. Higher education in the United States：Historical excursions, http：//redie. ens. uabc. mx/vol3no2/contents-schuster. html. 2021 – 04 – 23.

Jack H. Schuster, Martin J. Finkelstein. On the Brink：Assessing the Status of the American Faculty, ttps：//cshe. berkeley. edu/sites/default/files/publi- cations/rop. schuster. 3. 07. pdf. 2020 – 12 – 12.

Judith A. Rile. The Changing Role of The President in Higher Education, http：//newfoundations. com/OrgTheory/Rile721. html. 2017 – 01 – 12.

Kezar A. Changing faculty workforce models, https：//www. tiaa. org/public/ pdf/-changing-faculty-workforce-models. pdf. 2021 – 07 – 11

Liu Xiangmin, Zhang Liang. What Determines Employment of Part-Time Faculty in Higher Education Institutions?, https：//ecommons. cornell. edu/bits- tream/handle/1813/74597/ cheri_ wp105. pdf? sequence = 1&isAllowed = y. 2021 – 05 – 08.

Michael McPherson, Morton Owen Schapiro. Tenure Issues in Higher Education, http：//citeseerx. ist. psu. edu/viewdoc/download? doi = 10. 1. 1. 586. 3774& rep = rep1&type = pdf. 2019 – 06 – 01.

National Center for Education Statistics. Characteristics of Postsecondary Faculty, https：//nces. ed. gov/programs/coe/indicator_ csc. asp. 2021 – 04 – 11.

National Center for Education Statistics. Number of faculty in degree-granting postsecondary institutions, fall 1970 through fall 2015, https：//nces. ed. gov/programs/digest/d16/tables/-dt16_ 315. 10. asp. 2018 – 12 – 11.

Ronald G. Ehrenberg. Rethinking the Professoriate, https：//ecommons. cornell. edu/bitstream/ handle/1813/74625/cheri _ wp133. pdf? sequence = 1. 2021 – 04 – 12.

Scott Carlson. When College Was a Public Good, https：//www. chronicle. com/ article/ when-college-was-a-public-good/. 2021 – 04 – 21.

Street S, Maisto M, Merves E, et al. , Who is Professor "Staff" And how can this person teach so many classes?, https：//www. natcom. orgwww. natcom. org/sites/ default/files/pages/NCA_ Career_ Center_ Who_ Is_ Professor_ Staff_ Report. pdf. 2021 – 02 – 13.

Teachers Insurance and Annuity Association. Taking the measure of faculty diversity, https：//www. tiaainstitute. org/sites/default/files/presentations/2017-02/taking_ the_ measure_ of_ faculty_ diversity. pdf. 2022 – 02 – 04.

The Chronicle of Higher Education. 25 Years of Declining State Support for Public Colleges, （2014 – 03 – 03） ［2019 – 01 – 05］, https：//www. chronicle. com/ interactives/statesupport? -cid = wsinglestory.

The Coalition on the Academic Workforce. A Portrait of Part-Time Faculty Members：A Summary of Findings on Part-Time Faculty Respondents to the Coalition on the Academic Workforce Survey of Contingent Faculty Members and Instructors, http：//www. academicworkforce. org/CAW_ portrait_ 2012. pdf. 2021 – 04 – 12.

后　记

　　每个国家，当其变得具有影响力时，都趋向于在其所处的世界上发展居于领导地位的治理机构，伟大的大学是在历史上伟大政治实体的伟大时期发展起来的。

——克拉克·科尔《大学的功用》

　　大学是一个有着鲜活生命印记的社会组织，"如果一个机构适应了这个世界，它就会给这个机构的日常活动留下制度化的烙印，即单一的模式化复制，同时，在这个世界里，机构也形成了解决危机、应对环境变化、理解问题和寻求解决方案的一套制度化方式；无论什么时候出现危机，在危机的本质被彻底认识和理解之前，机构总是本能地借助经验，做出习惯性的反应。"① 正如大学一样，学术职业深受历史和现实的双重影响，随着高等教育进入新时代，大学教师也进入新的发展时期，它的未来比以往任何时期更加充满不明确性，"在近千年的学术职业历史中，从来没有一个时代发生过如此迅速的变革"。② 几乎所有人都承认教师是办好一所大学的最重要因素，"衡量大学状况最可靠的指标，是大学教师队伍的优秀程度，这几乎能决定其余的一切：一切优秀的教师队伍将能够吸引来优秀的学生、基金以及校友和公众的支持，并能博得国内和国际的承认，保持和提

---

　　① ［英］史密斯、韦伯斯特主编：《后现代大学来临?》，侯定凯等译，北京大学出版社 2014 年版，第 43 页。

　　② Schuster, J. H. and Martin J. Finkelstein. The American Faculty: The Restructuring of Academic Work and Careers ［M］. Johns Hopkins University Press, 2006. 1.

高学校声誉的最有效的办法就是去改善教师队伍的质量。"① 然而同样几乎在所有国家,对于高等教育的讨论常常忽视学术职业。

身为一名大学教师,研究学术职业的行为始终难以避免身份带来的局限性,在伊瓦尔·伯格(Ivar berg)为凡勃仑(Thorstein B Veblen)的名作《学与商的博弈:论美国高等教育》一书再版所撰写的长篇序言中,他曾一针见血地对拥有教育学博士学位的"大先生"们进行了无情地揶揄——"即使他们按照理想的标准去做,他们也不可能做得很好,因为他们通常会将其研究的过程同社会主流文化的发展隔离起来,他们倾向于在教育系统内部来探究原因和结果,而不是在更广泛的文化和社会系统内进行。"② 伯格的这一论断极具洞察力,是对研究者的一次警醒,任何的研究都应避免指点江山的豪迈,也应留意自身的盲点,"我们比过去写了更多的书和文章,但产生新观念的速度并没有比过去更快,这种增长之所以毫无意义,正是由于这些工具把早先的伟大成就变成了今天商品化的简单事物供初学者使用,这就好像高中生能将他们的物理作业发表一样,对我们许多人来说,创造的不是更多科学,而是更多鸡毛蒜皮的结论,以及更多愚蠢。"③ 学术职业对于从事学术职业的人来说意味着一个直接体验,因此想要不受个人印象和主观观念的影响,将学术职业作为一个专业研究主题去思考几乎是不可能的,同时,在这一问题上,个人的介入既代表着一个威胁,也意味着一种机会。人类在经验的累积中学会将有害的"教训"与有益的"经验"区分开来,我们把过去的事情分别称作"教训"或"经验",包含着我们在当下对过去的人或事的评价,这种评价包含着评价者对自己生活世界中的理解和期待,因此成为一种联结过去与当下的现实问题思考。④ 人们选择的结果之所以难以预料,有时候往往不是因为我们缺乏智慧,而是因为缺乏经验,毕竟没有经验便不可能有充分的智慧。

---

① [美]亨利·罗索夫斯基:《美国校园文化:学生·教授·管理》,谢宗仙、周灵芝、马宝兰译,山东人民出版社1996年版,第200—201页。

② [美]凡勃仑:《学与商的博弈:论美国高等教育》,惠圣译,上海人民出版社2008年版,第9页。

③ 安德鲁·阿伯特、刘文楠、周忆粟:《专业知识的未来》,《清华社会学评论》2019年第2期。

④ 徐贲:《统治与教育:从国民到公民》,中央编译出版社2016年版,第23页。

　　公允地说，任何一种制度的存废兴衰都有与之相适应的社会土壤，即使是一种已经在他国被实践证明较为成功的制度，当其被移植到本国中时仍然不能直接照搬，而是必须要对制度的适切性问题进行追问，"即使能从国外借鉴良好的正式规则，如果本地非正式规则因为惰性而仪式难以变化，那么新借鉴的正式规则和旧有的非正式规则就势必产生冲突，其结果，借鉴来的制度根本无法执行。"[①] 中国大学教师聘用制度改革有着自身特殊语境，实践的艰难体现出教师聘用制改革存在着某种难以克服的内在困境，正如有学者所指出的，"这种困境既是大学、学者乃至整个高深学问的研究横亘历史发展的内在规律的延伸，又不可避免地根植于具体的现实，反映特定环境的特殊历史背景，表现不同的问题形势。"[②] 面对困境，维特根斯坦（Ludwig Josef Johann Wittgenstein）曾告诫我们："洞见或透识隐藏于深处的棘手问题是艰难的，因为如果只是把握这一棘手问题的表层，它就会维持原状，仍然得不到解决，因此，必须把它'连根拔起'，使它彻底地暴露出来；这就要求我们开始以一种新的方式来思考。"[③] 有鉴于此，我们试图通过比较的"新方式"，引入异域的视角来观照本土难题，从而寻得解开枷锁的钥匙。

张　伟
2022 年 6 月

---

　　① 孙宽平主编：《转轨、规则与制度选择》，社会科学文献出版社 2004 年版，第 52 页。
　　② 郭丽君：《大学教师聘任制：基于学术职业视角的研究》，经济管理出版社 2007 年版，第 2 页。
　　③ ［法］皮埃乐·布迪厄等：《实践与反思》，李猛译，中央编译出版社 1998 年版，第 1 页。